Management von Projekten

SCHÄFFER
POESCHEL

Dietmar Lange (Hrsg.)
Bundesverband Deutscher Unternehmens-
berater BDU e.V.
GPM Gesellschaft für Projektmanagement

Management von Projekten

Know-how aus der Berater-Praxis

1995
Schäffer-Poeschel Verlag Stuttgart

Die Deutsche Bibliothek – CIP-Einheitsaufnahme
Management von Projekten : Know-how aus der Berater-Praxis
/ Bundesverband Deutscher Unternehmensberater BDU e. V. :
GPM Gesellschaft für Projektmanagement . Dietmar Lange (Hrsg.).
- Stuttgart : Schäffer-Poeschel, 1995
ISBN 3-7910-0948-6
NE: Lange, Dietmar [Hrsg.]: Bundesverband Deutscher
Unternehmensberater

Gedruckt auf chlorfrei gebleichtem Papier

ISBN 3-7910-0948-6

Einbandgestaltung: Willy Löffelhardt
Satz: Schreibbüro Eva Burri, Stuttgart
Druck und Bindung: Franz Spiegel Buch GmbH, Ulm
Printed in Germany

Schäffer-Poeschel Verlag Stuttgart

Ein Tochterunternehmen der Verlagsgruppe Handelsblatt
und der Spektrum Fachverlage GmbH

Geleitwort

Mit dieser Buchveröffentlichung legen die Fachgruppen »Projektmanagement« des Bundesverband Deutscher Unternehmensberater BDU e.V. und »Berater im Projektmanagement« der GPM Gesellschaft für Projektmanagement INTERNET Deutschland e.V. einen gemeinsamen Appell für branchenübergreifendes Projektmanagement mit Beratern vor. Dieses Ereignis ermöglicht es, in kompakter Weise einerseits Gemeinsamkeiten in den Philosophien, Methoden und Instrumentarien des Projektmanagement zu erkennen. Andererseits vermitteln die branchenbezogenen Beiträge Einblicke in die Besonderheiten der Projekte u.a. der Bau- und Anlagenbaubranche, der Software-Entwicklung in Versicherungskonzernen und der F + E-Aktivitäten der pharmazeutischen Industrie.

Projekte werden von Unternehmensorganisationen initiiert, geplant, realisiert, gesteuert und genutzt. Art, Anzahl und Umfang der Projekte haben maßgeblichen Einfluß auf den Bestand und die Entwicklung der beteiligten Unternehmen. Daher bedingen sich das Projektmanagement und die Unternehmensberatung gegenseitig. So ist es nur folgerichtig, daß projektorientierte Mitglieder des BDU und unternehmensorientierte Mitglieder der GPM in diesem Fachbuch zusammengefunden haben. Sie vermitteln dem Leser wichtige Zusammenhänge zwischen Projekten und Unternehmen und zeigen ihm die vielfältigen Facetten der unternehmerischen Betätigung in Projekten.

Grundraster der Beiträge ist eine Gliederung nach Projektphasen »Vor dem Start« und »Projektdurchführung« und darin nach Arbeitsfeldern sowie Projekt- und Unternehmensumfeld.

Anstelle einer Konzentration auf die Phasen der Projekte einerseits und auf die Handlungsbereiche/Arbeitsfelder andererseits wird der Bogen weit gespannt.

Durch Einbeziehung u.a. von Themen, wie gesammelte Erfahrung und Wissen gespeichert und dauerhaft genutzt werden können, welche Bedeutung dem Business Reengineering beizumessen ist oder wie Projektkultur nutzbar und steuerbar gemacht werden kann, wird die Aufmerksamkeit auf neue Entwicklungen gelenkt, die zur Bewahrung der Wettbewerbsfähigkeit des jeweils eigenen Unternehmens erkannt, geprüft und je nach Prüfergebnis in Unternehmens- und Projektkonzeptionen einbezogen werden müssen.

Als Kenner insbesondere von Unternehmen und Projekten der Baubranche wünsche ich diesem Buch viel Erfolg durch weite Verbreitung zur Erleichterung des branchenübergreifenden Aufeinanderzugehens.

Univ.-Prof. Dr.-Ing. C. J. Diederichs
1. Vorsitzender des
Deutschen Verbandes der Projektsteuerer DVP e.V.
Lehrstuhl für Bauwirtschaft
Institut für Qualität im Bauwesen
Bergische Universität Wuppertal

Vorwort

»Nichts ist mehr Routine – alles ist Projekt«. Mit diesem Stoßseufzer quittierte ein Kollege die Erkenntnis, daß Projekte heute kaum noch »*außergewöhnliche Vorhaben*« sind, sondern eher »Stand der Technik«.

Auch ein weiteres Buch über Projektmanagement ist so außergewöhnlich nicht. Aber durch die »*Einmaligkeit der Bedingungen*« wird es wirklich zum »*Projekt*«: 16 Autoren aus den Reihen der 24 Mitglieder der Fachgruppe »Projektmanagement« des Bundesverband Deutscher Unternehmensberater BDU e.V. und der Fachgruppe »Berater im Projektmanagement« der GPM Gesellschaft für Projektmanagement e.V. haben Gedanken aus dem internen Erfahrungsaustausch seit 1992 für Sie als Leser aufbereitet.

Autoren und Herausgeber sind überzeugt, daß mehr Projektorientierung im Unternehmen (aber auch in Institutionen der öffentlichen Hand oder Nonprofit-Organisationen) hilfreich ist und daß die Bedeutung des Projektmanagement im 21. Jahrhundert eher zunimmt als abnimmt...

Daher möchten die Autoren Ihre Akzeptanz für den vermehrten Einsatz von Projektmanagement gewinnen und Sie über das »*Prinzip Projektmanagement*« und seine Anwendungsbreite informieren – je größer die gemeinsame (Wissens-)Basis wird, um so leichter fällt Ihnen der Umgang mit Projektmanagern, Spezialisten im Projektmanagement und uns Beratern.

Die erste Gruppe von Beiträgen gilt dem Anfang des Projekt-Lebenszyklus. Lange vor Beginn der Projektarbeit werden schon die Weichen für den Projekterfolg gestellt. R. Kaestner in »Projektinitiierung und Projektzielsetzung – Chancen und Risiken beim Projektstart« legt den Schwerpunkt auf die Schritte, wie eine inhaltliche Zielsetzung für ein Projekt erarbeitet werden sollte; Th. Köbberling legt ihn in »Wirtschaftlichkeit von Projektideen« eher auf die Bewertung der erwarteten Ergebnisse und auf die Auswahl zwischen mehreren Projekten. D. Lange in »Projekte frühzeitiger ›controllen‹ « ergänzt sie aus der Sichtweise des Management um Aspekte der Organisation und des Controlling von (DV-)Projekten. Die Abstimmung unter den Projektvorschlägen und die Suche nach Lücken in den Vorschlägen erweitert die strategische

Sicht, bis schließlich mit der Freigabe des Projekts das operative Projektcontrolling startet und die Durchführung des Projekts begleitet.

Diese Projekt-Durchführung steht im Mittelpunkt der zweiten Gruppe von Beiträgen. W. Böhm in »Projektmanagement – der Weg zum dynamischen Unternehmen« beschreibt die Revitalisierung und Restrukturierung eines Dienstleisters und E. Schott in »Projektmanagement und Informationssysteme – die Mischung macht's« die Umgestaltung und Erweiterung des bisherigen Projektmanagement-Systems durch mehr DV-Unterstützung – Aspekte, die eher branchenneutral zu sehen sind. Branchenspezifischer dagegen berichten W. Doetsch in »Claim-Management – eine Methode zur Verbesserung der Ertragssituation bei Anlagen- und Bauprojekten«, B. R. Schwander in »Leistungsverrechnung von Software-Entwicklung in Versicherungskonzernen – Projektmanagement, ein mögliches Steuerungssystem« sowie S. Wahl in »Projektmanagement und Finanzcontrolling in F&E Pharma« und zeigen, was die Anwendung des *»Prinzips Projektmanagement«* in Bilanz und Gewinn- und Verlustrechnung des Unternehmens bewirkt.

Besonders aktuellen Bezug weisen die beiden nächsten Themen auf: Auch Qualitätsmanagement und Business Reengineering bringen mit Projektmanagement bessere Ergebnisse; so jedenfalls beschreiben R. Ottmann in »Qualitätsmanagement mit DIN EN ISO 9000 – mit Projektmanagement effizient einführen« sowie N. Grau und R. Ottmann in »Die Bedeutung des Projektmanagement beim Business Process Reengineering« ihre Erfahrungen als Berater.

Das *»Prinzip Projektmanagement«* als Denk- und Arbeitsweise läßt sich zwar in einzelnen Projekten isoliert einsetzen, wirkt aber sehr viel effizienter, wenn das Umfeld des Projektes mit in die Betrachtung einbezogen wird; so etwa lautet der Tenor im dritten Teil.

»Projektmanagement im Unternehmen richtig einführen – eine Herausforderung für Unternehmensleitung und Unternehmensberater« ist nach K. J. Bechler nicht nur eine wesentliche Anwendung des Projektmanagement selbst, sondern oft eine nicht endenwollende, womit auch die Grenzen von Projekt und Daueraufgabe angesprochen werden. Auch das Sammeln von Erfahrung und Wissen, die in einem Team beim Managen des Projekts gewonnen werden, und das Weitergeben an andere – Thema von Chr. Lauer und U. Techt in »Erfahrungen und Wissen sichern und nutzen« – ist zugleich ein Aspekt der Projekt-Kultur, den R. Heß in »Wandel der Projekt-Kultur – Dynamik und Creativität per selbstgestaltetem Projekt-Design« aufgreift und in Verbindung zur Organisationsentwicklung stellt.

Die verstärkte Orientierung des ganzen Unternehmens auf Projekte hin ließ sich schon an mehreren Beiträgen verfolgen, so bei W. Böhm in »Projektmanagement – der Weg zum dynamischen Unternehmen« und bei S. Wahl in »Projektmanagement und Finanzcontrolling in F&E Pharma« an eher harten Faktoren wie Änderung der Organisationsstruktur oder bei R. Heß in »Wandel der Projektkultur – Dynamik und Creativität per selbstgestaltetem Projekt-Design« an eher weichen Faktoren wie der Denkweise der Mitarbeiter in den Projekten.

M. Saynisch zeigt in »Das projektorientierte Unternehmen – Management by Projects« die Wirkung von mehr Projektmanagement breiter auf und schließt auch den Erfahrungsteil ab mit einem Ausblick, wie Projektmanagement zum Veränderungsmanagement werden kann: »Business Reengineering – Radikale Veränderungsprozesse mit Projektmanagement 2. Ordnung«.

Die Rolle der Beratung und des Beraters wird in jedem Beitrag offengelegt, knapper bei Beiträgen, die Erfahrungen mit Methoden behandeln, ausführlicher bei Beiträgen, die Ergebnisse von Projekten präsentieren. Den Umgang von Unternehmern und Beratern miteinander hat Chr. Weyrather in »Erfolgreiche Zusammenarbeit mit Unternehmensberatern« zusammengefaßt.

Den Autoren, der BDU-/GPM-Redaktionskonferenz mit Klaus J. Bechler, Edward Gilor und Günter Rackelmann, den übrigen Mitgliedern der beiden Fachgruppen von BDU und GPM, dem Team vom Schäffer-Poeschel Verlag mit Martina Gronau und Michael Justus sowie Eva Burri danke ich für die engagierte Zusammenarbeit, die den geplanten Erscheinungstermin halten ließ. Mein Dank gilt H.-Wolfgang Klein für das Lektorat und die Abstimmung mit den Autoren, Susanne Schmitt sorgte für die bei Terminen stets erforderliche »liebenswürdige Penetranz« und Thomas Koller half mir bei der technischen Realisierung.

Ohne sie alle wäre das Buch nicht entstanden – aber ohne Sie als Leser wäre es dennoch nutzlos. Ihnen gilt mein Dank besonders.

Dr. Dietmar Lange
ICCON International Consulting Cooperation GmbH
Unternehmensberatung BDU

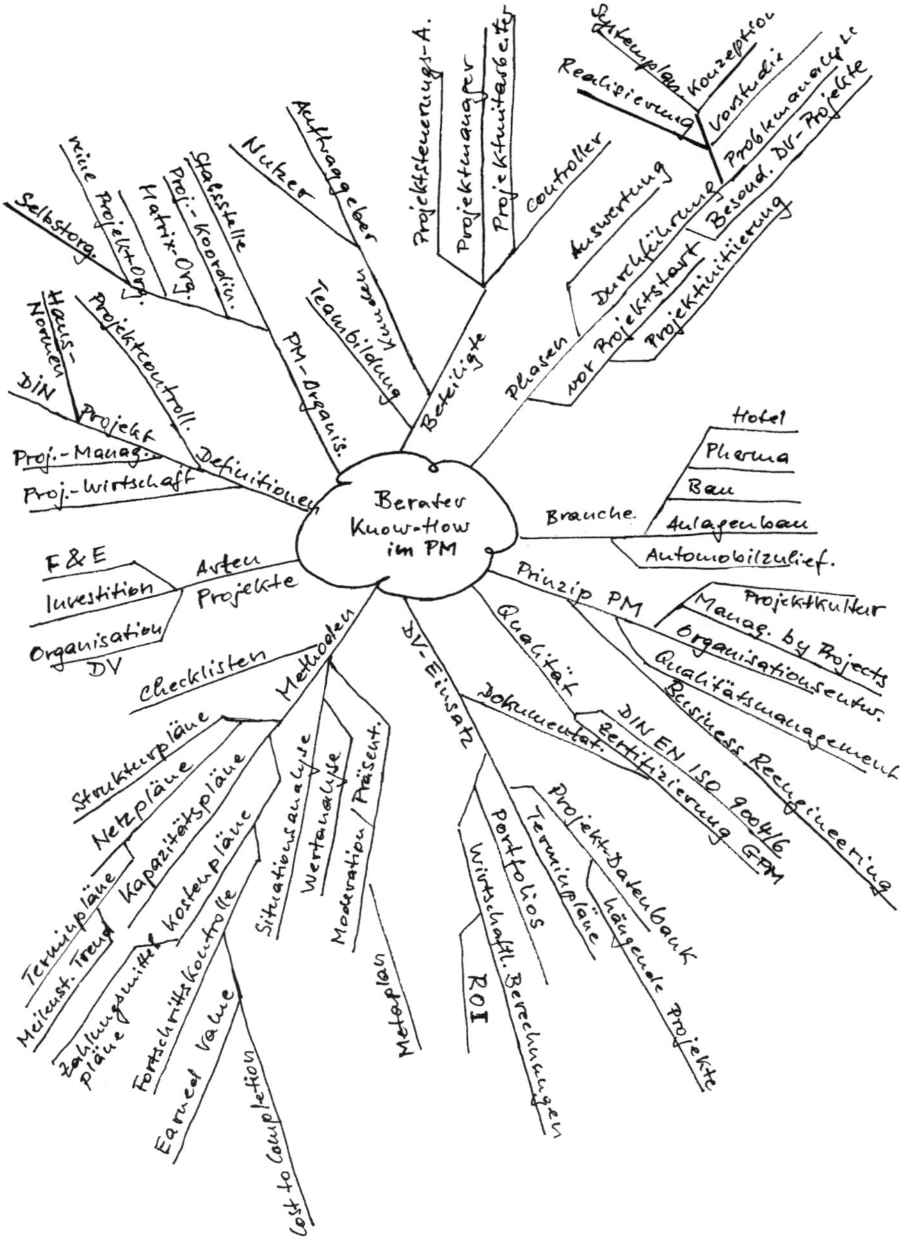

Abb. 1: Mind Map zum Management von Projekten

Inhaltsverzeichnis

Projektinitiierung und Projektzielsetzung – Chancen und Risiken beim Projektstart

Dipl.-Volksw. Rolf Kaestner
Projekt Partner, Hamburg

Auf die Frage »...und wie wird bei Ihnen im Hause über die Erfüllung von Aufgaben in Form von Projekten gedacht?« gibt es fast ebensoviele unterschiedliche Antworten wie Gesprächspartner.

Erkennbar ist allerdings, daß die Chancen, durch Projekte die entscheidenden Beiträge zur Unternehmensentwicklung zu leisten, nicht ausreichend genutzt werden.

Die Gründe hierfür sind:

- Aufgaben werden nicht in Form von Projekten erfüllt, weil »keiner daran gedacht hat«.
- Projekte werden nur als Lösungsweg für spezielle Aufgaben betrachtet.
- Projekte werden als so komplex angesehen, daß sie nur etwas für Spezialisten sind.
- Projekte kosten scheinbar immer viel Geld.
- Projekte dauern anscheinend immer länger als ein »normaler« Lösungsweg.

Schlechte Erfahrungen, die »Geheimniskrämerei« um Projektarbeit und Projektmanagement, die Abneigung, externes Know-How hinzuzuziehen, zeigen Wirkungen.

Mehr Gelassenheit und vor allem das Wissen, »was geht und was geht nicht« bei Projekten, könnten helfen, Erfolg wieder planbarer zu machen. Eine Schlüsselfunktion im Rahmen eines Projektprozesses hat dabei der professionelle Projektstart.

Der Projektauftrag 1

Bevor ein Projekt erkennbar beginnt, ist schon viel passiert: Sie sind mit einem bestehenden Zustand unzufrieden, Wünsche nach neuen Geschäften, Märkten oder Produkten kommen ins Gespräch, oder es werden Fragen gestellt. Bekanntes und Erprobtes reicht nicht mehr aus, Neuerungen werden gefordert, Wissenslücken sollen geschlossen werden. – Schließlich erteilen Sie einen ersten *Projektauftrag* und oft beginnen »Ihre Leute« gleich schon die »praktische Arbeit« mit allen fatalen Konsequenzen:

Szenario 1:

Im Rahmen der Produktplanung des Büromöbelherstellers steht die Entscheidung über ein Nachfolgemodell im EDV-Möbelprogramm an.

In der Vergangenheit dauerten die Entwicklungsarbeiten bis zur Produktionsaufnahme durchschnittlich drei Jahre.

Vom Marketing über das Controlling und den Entwicklungsbereich bis hin zur Fertigungssteuerung reichen die Zuständigkeiten für das geplante neue Produkt.

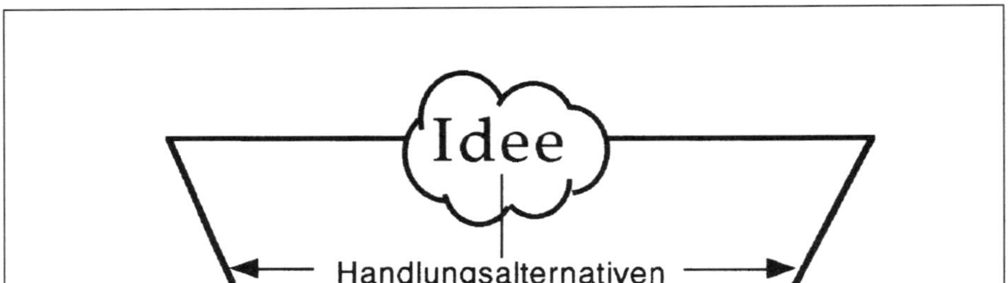

Abb. 1: Handlungsspielräume werden im Projektverlauf immer kleiner

Nach der grundsätzlichen Entscheidung der Geschäftsleitung, die Produktentwicklung freizugeben, gibt der zuständige Vorstand den Auftrag an seine Entwicklungsabteilung, sich um das Projekt zu kümmern, erste Produktvorschläge zu erarbeiten und vorzulegen. »Aus Wettbewerbsgründen ist dieser Auftrag natürlich absolut vertraulich zu behandeln...«

Persönliche Kontakte und »Kantinengespräche« führen dazu, daß Produktideen und Überlegungen zu Vorstudien in der Fertigungssteuerung, im Marketing und im Controlling doch bekannt werden. Die Vertraulichkeit wurde nicht gewahrt, und für das Entwicklungsprojekt gibt es auf einmal eine erkennbare Umwelt, die anfängt, das Projekt unsystematisch, informell und ohne angemessene Hintergrundinformation zu beeinflussen.

Ein Projekt existiert also in einer *Umwelt*. Dabei ist es völlig egal, ob Sie oder Ihr Projektleiter diese Einflüsse wünschen oder nicht. Im Szenario 1 hat sich zu diesem frühen Zeitpunkt erst die unmittelbare Unternehmensumwelt bemerkbar gemacht. Die weitere Projektumwelt außerhalb des Unternehmens hat bisher noch keinen sichtbaren Einfluß genommen. Das heißt allerdings nicht, daß hier keinerlei potentielle *Störgrößen* für das Projekt existieren.

Erhebliche nicht vorgesehene Zusatzkosten in späteren Projektphasen können hier ihre Ursache haben. Welche Methode hilfreich ist, die jeweiligen Projektumweltfaktoren zu ermitteln, kann allerdings immer nur von Fall zu Fall entschieden werden. Der weitverbreitete Wunderglaube an ein Verfahren, eine Methode, kann ebenfalls die Projektkosten ungeplant erhöhen. In diesem Fall ist der Schlüssel zum erfolgreicheren Projektstart die »Interessenhalter-Analyse« (engl. orig. *Stakeholder*).

Interessenhalter und Projektanforderungen 2

Beim Projektstart sind so detailliert und erfüllbar wie möglich alle Anforderungen und Ziele zu formulieren. Voraussetzung dafür ist zuerst die genaue Beschreibung des Problems bzw. der Aufgabe. An der Aufgabenbeschreibung des Projektes, also der Ausformulierung des Projektauftrages, sind wie im Szenario 1 gesehen bereits viele Bereiche des Unternehmens interessiert. Wenn die Unternehmensbereiche dazu die Aufgabenbeschreibung auch noch kennen, können sie auch ihre Anforderungen an die späteren Projektergebnisse formulieren.

Ihr Projektleiter muß daher sicherstellen, daß alle vom Projekt betroffenen Bereiche frühzeitig und angemessen von dem Projekt erfahren und mit den Unternehmensbereichen deren Anforderungskataloge an das Projekt erarbeitet werden.

Diese Anforderungen, Bedingungen für das Projekt sind dabei nicht nur »hausgemacht«. Sie haben im Beispielprojekt ihre Ursachen auch in der weiteren Projektumwelt, den Käuferentscheidungen, in den Aktivitäten der Konkurrenz, den Interessen der Hausbank, – kurz: der Markt gehört hier mit zur Projektumwelt und setzt Bedingungen.

Weitere Anforderungen können aus der Wissenschaft (neue Erkenntnisse), aus der Technik (neue bzw. geänderte Verfahren/Produkte) oder aus der Politik (gesetzliche Regelungen, Akzeptanz in der Bevölkerung) auf ein Projekt einwirken.

Szenario 2:

Der Abteilungsleiter Entwicklung lädt die Kolleginnen und Kollegen vom Marketing, der Fertigungssteuerung und dem Controlling zu einem *Projektstart-Workshop* ein. Wir bereiten den Workshop auf der Grundlage des gemeinsam ausgewählten Analyseverfahrens vor.

Der Projektauftrag wird visualisiert und eine Landkarte zur Ermittlung der unmittelbaren und weiteren Projektumwelt entworfen.

Gemeinsam wird in dem Workshop in den nächsten zwei Tagen ermittelt, was die Umwelt dieses Projektes ausmacht, welche Interessenhalter in der Projektumwelt identifiziert werden können und welche Interessen sie an dem Projekt wahrscheinlich haben bzw. haben werden.

Mit einer Reihe von Arbeitsvereinbarungen trennen sich die Teilnehmer, um noch offene Fragen detaillierter zu bearbeiten und beantworten zu können.

Einigkeit besteht darin, daß eine Reihe von Projektanforderungen nur als »Momentaufnahmen« existieren und deren Einflußgrößen kontinuierlich während des Projektlebenslaufes beobachtet werden müssen. Damit kann sichergestellt werden, daß Veränderungen dieser Projektanforderungen auch zu einem späteren Zeitpunkt schnell wahrgenommen werden können.

Die Chance, sich einige Anpassungskosten zu einem späteren Zeitpunkt zu ersparen, wird einhellig begrüßt.

Gerade die Anforderungen an ein Projekt aus seiner weiteren Umwelt stellen in vielen (den meisten?) Fällen eine Black Box dar. Umso überraschender kann es für Sie sein, Gefährdungspotentiale für ein Projekt zu entdecken, die unmittelbar nichts mit dem eigenen Unternehmen zu tun haben.

In anderen Fällen wurden aus der weiteren Projektumwelt im Rahmen einer systematischen Analyse zum Projektstart Vereinfachungen und Hilfen für die eigene Projektentwicklung entdeckt, die die ursprünglichen Budgetentwürfe deutlich schrumpfen ließen.

Das Projektmanagement muß also zum Projektstart neben der direkten Beschreibung des Projektzieles und der offen ausgesprochenen Projektanforderungen weitere Aufgaben erfüllen:

1. Die Projektumweltbedingungen zum Projektstart erfassen und

2. Anforderungen aus der Projektumwelt ermitteln.

Für den weiteren Projektverlauf ist sicherzustellen, daß möglicherweise projektentscheidende Veränderungen in den Anforderungen frühzeitig erkannt werden. Dies erfordert ein kontinuierliches Monitoring der näheren und weiteren Projektumwelt.

In allen Fällen muß das Projektmanagement letztlich über Form, Ausmaß und Zeitraum der Informationssammlung zur Projektzielvereinbarung entscheiden.

Erst wenn die Informationssammlung – hier im Beispiel zum Projektauftrag »Neues Produkt« – eindeutig und vollständig ist, kann der Projektauftrag in einer wirklich umsetzbaren Zielbeschreibung spezifiziert werden.

In diesem Zusammenhang müssen Sie auch bereits vereinbaren, wie für das Projekt wichtige Informationen über Veränderungen der Anforderungen bekannt werden. – Eine Hilfe bieten hierfür z.B. Prognosen über die Projektumgebung zur Zeit der Projektfertigstellung. Für die Auswahl eines Prognoseverfahrens sollten Sie auf externe Unterstützung mit nachweisbaren Erfahrungen und Erfolgen auf diesem Arbeitsgebiet zurückgreifen.

Szenario 3:

Durch die regelmäßige Mitarbeit in einer Verbandsfachgruppe weiß der Mitarbeiter der Fertigung, daß mehrere Empfehlungen zur Ergonomie von Büroarbeitsplätzen überarbeitet werden.

Eine Produktentwicklung sollte allerdings bei Markteinführung den aktuellen Normen und Standards entsprechen. Daher vereinbaren der Projektleiter »Entwicklung« und seine Kolleginnen und Kollegen, daß die Mitarbeit in dem Arbeitskreis intensiviert wird.

Das Spektrum der aktuell diskutierten ergonomischen Anforderungen soll nach den Unterlagen der Fachgruppe vorläufig nach dem weitreichendsten Erkenntnisstand für das neue Produkt berücksichtigt werden.

In der weiteren Detaillierung der Zielbeschreibung könnte dann je-

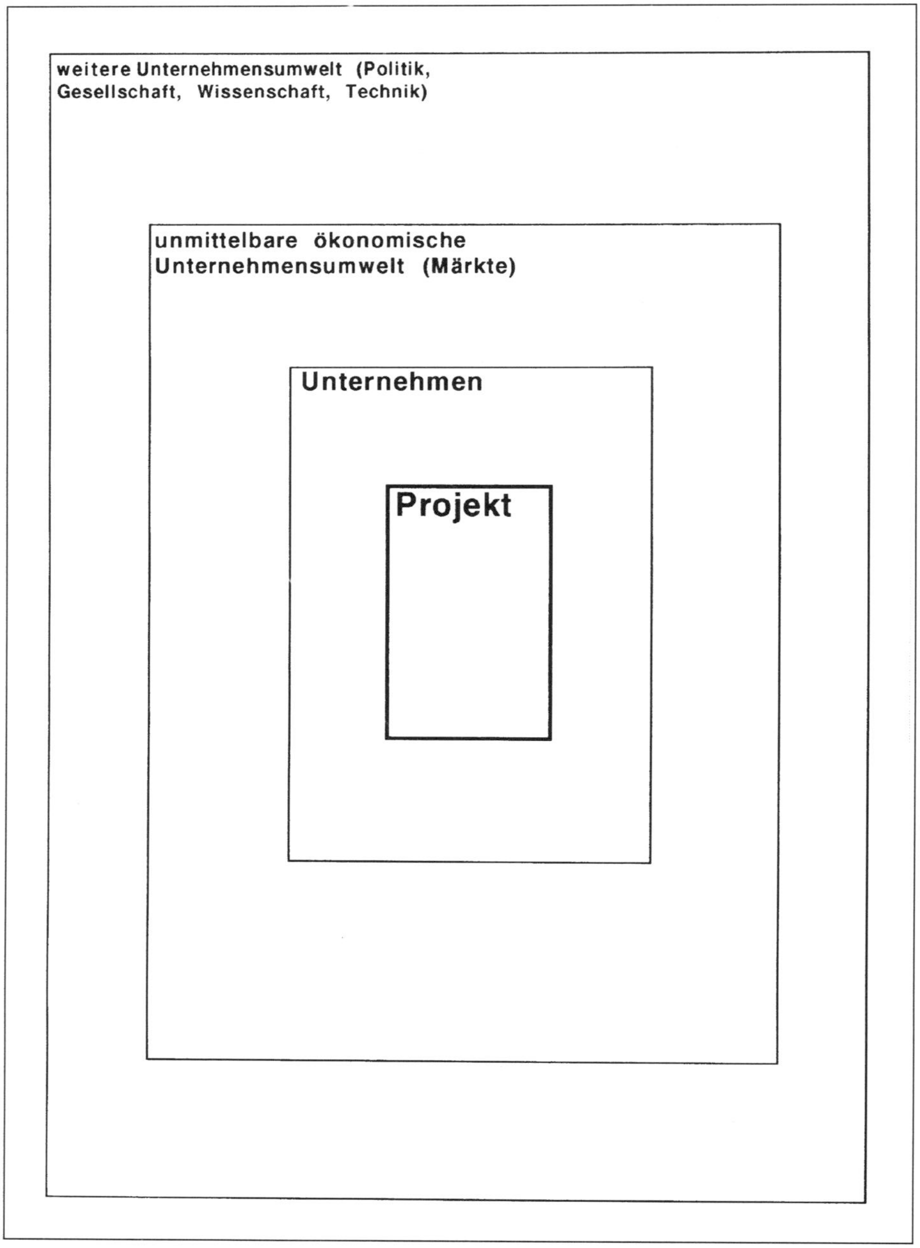

Abb. 2: Arbeitsblatt zum Eintrag von Projektanforderungen oder Interessenhaltern (Beispiel)

weils begründet die eine oder andere Anforderung an das neue Produkt zurückgenommen werden.

Im Projektbeispiel »Neues Produkt« können also durch direkte Mitarbeiterbeteiligung an einer überbetrieblichen Arbeitsgruppe einige Schlüsselanforderungen an das Projekt »unter Kontrolle gehalten« werden.

Die Schere zwischen den prinzipiell zu erfüllenden Anforderungen an ein Projekt, den technisch möglichen Lösungen und dem maximal zur Verfügung stehenden Budget existiert allerdings nicht nur bei sich in der Zukunft des Projektes noch ändernden Anforderungen. Auch sichere Projektanforderungen, z.B. aus der Materialwirtschaft, nur Vorprodukte nach den Listen vorhandener Bauteile einzusetzen, können nicht immer erfüllt werden.

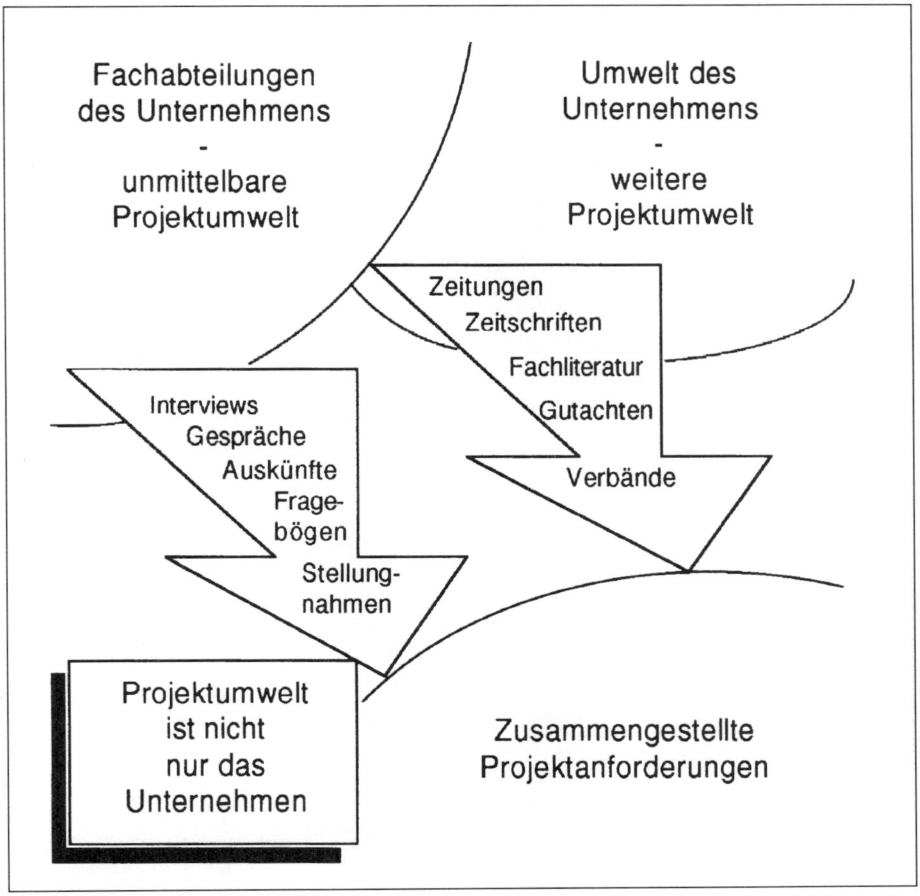

Abb. 3: Quellen zur Ermittlung von Projektanforderungen

Bevor durch zuviele Projektanforderungen die »Quadratur des Kreises« und damit eine Projektzielsetzung »zu Tode« gefordert wird, ist eine weitere Hilfestellung für die spätere Projektsteuerung erforderlich.

Für viele Projekte wurde bereits in der Zielformulierung durch überhöhte K.O.-Kriterien in Form von Projektanforderungen das Desaster vorprogrammiert. Externe Entscheidungsunterstützung kann dies verhindern helfen.

3 Rangfolge der Projektanforderungen

Um mit den vielfältigen Projektanforderungen angemessen umgehen zu können, müssen die einzelnen Anforderungen gewichtet werden. Hier soll eine Rangfolge gebildet werden: von den unbedingt zu erfüllenden Projektanforderungen bis hin zu den »kleinen Wünschen«. Diese Rangfolge muß natürlich immer wieder geprüft und gegebenenfalls angepaßt werden.

Szenario 4:

Der Entwicklungsleiter verständigt sich mit seinen Kolleginnen und Kollegen auf ein einfaches Punkteverfahren, um die jeweils aus ihrer Sicht unbedingt zu erfüllenden, wünschenswerten und nicht absolut notwendigen Projektanforderungen eingrenzen zu können.

Die Ergebnisse der Einzelbewertungen führen dazu, daß sowohl von den zu verwendenden Bauteilen über die Mindestanforderungen an die äußere Form aus Sicht des Fertigungsbereichs (Montagefreundlichkeit) bis hin zu den zu verwendenden Farben nach den Forderungen des Vertriebs eine handhabbare Struktur der Projektanforderungen erkennbar wird. – Mit dieser Arbeitsunterlage sieht die bevorstehende Zielbeschreibung schon wieder deutlich machbarer aus. Es scheint also doch keine »Quadratur des Kreises« erforderlich zu sein.

In aller Regel wird kein Projekt alle Anforderungen erfüllen können, die ihm »mit auf den Weg« gegeben werden. Trotzdem sollte keine Projektanforderung zu Beginn des Projektes einfach weggelassen werden.

Zusammengefaßt sollen die Projektanforderungen die Fragen beantworten:

Wo liegen jetzt die Stärken und die Schwächen des bestehenden Systems, das Gegenstand der künftigen Projektarbeit sein soll?

Werden die Stärken und Schwächen in der Zukunft anders zu bewerten sein?

Welche Probleme bestehen jetzt und in der Zukunft in dem Arbeitsgebiet für das die Projektergebnisse entwickelt werden sollen?

Gibt es andere Arbeitsgebiete für die die Projektergebnisse anwendbar wären? – Wenn ja, welche Probleme lassen sich dort erkennen?

Jede gestellte Frage und Antwort im Rahmen des Projektstarts bietet Ihnen möglicherweise andere Standpunkte der Betrachtung und etwas mehr Sicherheit, in die richtige Richtung weiterzudenken.

Projektanforderungen ergeben Projektziele 4

»Und wann geht's los?« – Sie werden langsam unruhig. Beruhigen Sie sich: Sie sind schon mittendrin im Projektstart.Wenn die Projektanforderungen zusammengestellt sind, ist schon ein Teil der Projektdefinition geleistet. Wir haben eine Menge unsichtbarer Klippen umschifft. Der zweite Teil ist die Formulierung der Projektziele. – So entsteht eine

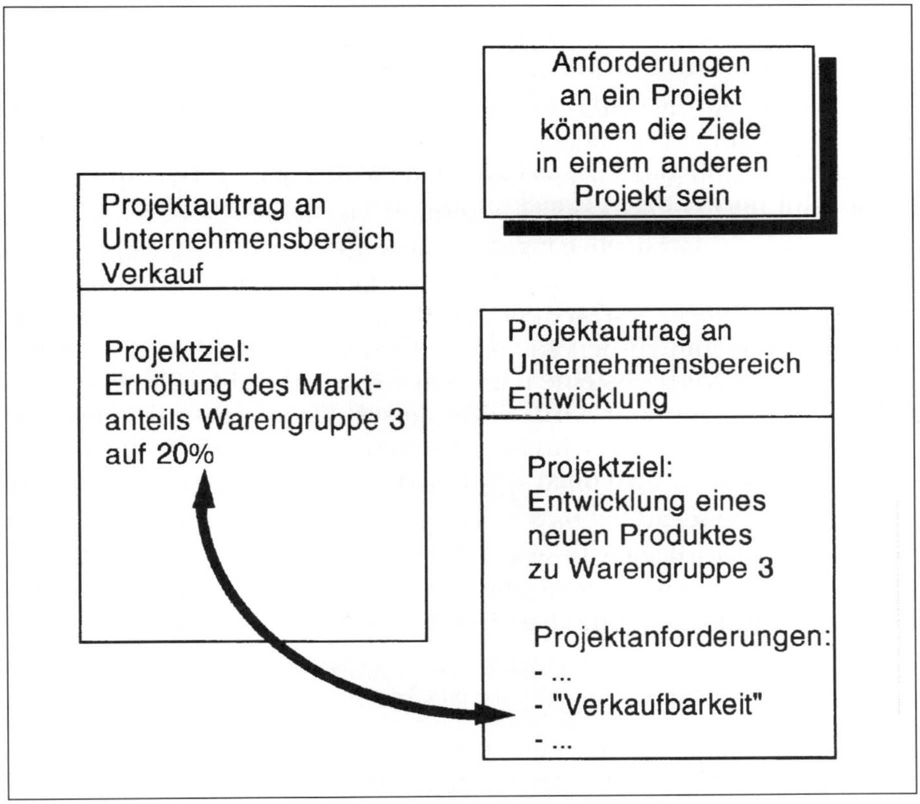

Abb. 4: Der Zusammenhang zwischen Projektanforderungen und Projektzielen

komplette detaillierte Projektzielvereinbarung als Voraussetzung, um die Projektarbeit fortsetzen zu können.

Um Projektanforderungen erfüllen zu können, muß das Projekt Ziele in genau bestimmbaren Formen erreichen. Die Projektziele sind die erfaßbaren (oft sogar im Wortsinn »anfaßbaren«) Projektergebnisse, die die Projektanforderungen erfüllen. Anforderungen und Ziele sind dabei aus dem Blickwinkel des Projektauftrages voneinander abzugrenzen.

Der Projektauftrag und die Projektanforderungen stellen ein umfangreiches Bedingungswerk dar, das bei einer widerspruchsfreien Projektzielbeschreibung beachtet werden muß. Mit diesem Projektstart erhalten Sie einen sehr guten Rahmenvertrag, der mit der – noch zu findenden – genauen Zielbeschreibung inhaltlich ausgefüllt wird.

Ebenso wie die Projektanforderungen auf unterschiedlichen Wegen zusammengestellt werden können, sind die Projektziele auf unterschiedlichen Wegen zu ermitteln. Von der genialen Zielfindung »im stillen Kämmerlein« bis zur arbeitsintensiven »bürokratischen« Untersuchung aller vorliegenden Informationen und Projektanforderungen auf Zielhinweise und deren Sammlung und Analyse reichen Ihre Möglichkeiten.

Der »geniale Wurf« wird sicherlich in Einzelfällen immer mal wieder gelingen. – Aber möglicherweise können Sie sich einen »Colani« nicht leisten. Es ist also höchst riskant, darauf zu vertrauen, daß »irgend jemandem schon etwas einfallen wird«. – Also müssen auch die Projektziele systematischer ermittelt werden. Ebenso wie bei der Ermittlung von Projektanforderungen »Do-it-Yourself«-Verfahren nach Checklisten und Handbüchern kaum zum Erfolg führen, sollten Sie für die Ermittlung sicherer Projektziele auf externe Experten nicht verzichten.

Das Untersuchungsfeld für die Projektziele wird nach einer Vielzahl von Kriterien eingegrenzt und beschrieben. Wenn das Untersuchungsfeld für die Projektziele vollständig beschrieben ist, ist der erste Schritt zur Zielfindung getan. Diese quantitative Einschränkung der Zielfindung ist nun noch zu ergänzen durch qualitative Einschränkungen.

Die qualitativen Einschränkungen bestehen in den Projektanforderungen, die für das Projektziel bereits Hinweise auf dessen »Profil« liefern.

Die bereits erwähnten Zielhinweise, die in Projektanforderungen enthalten sein können, gilt es im nächsten Schritt zu ermitteln. Außerdem existieren eine Reihe weiterer Quellen für Zielhinweise.

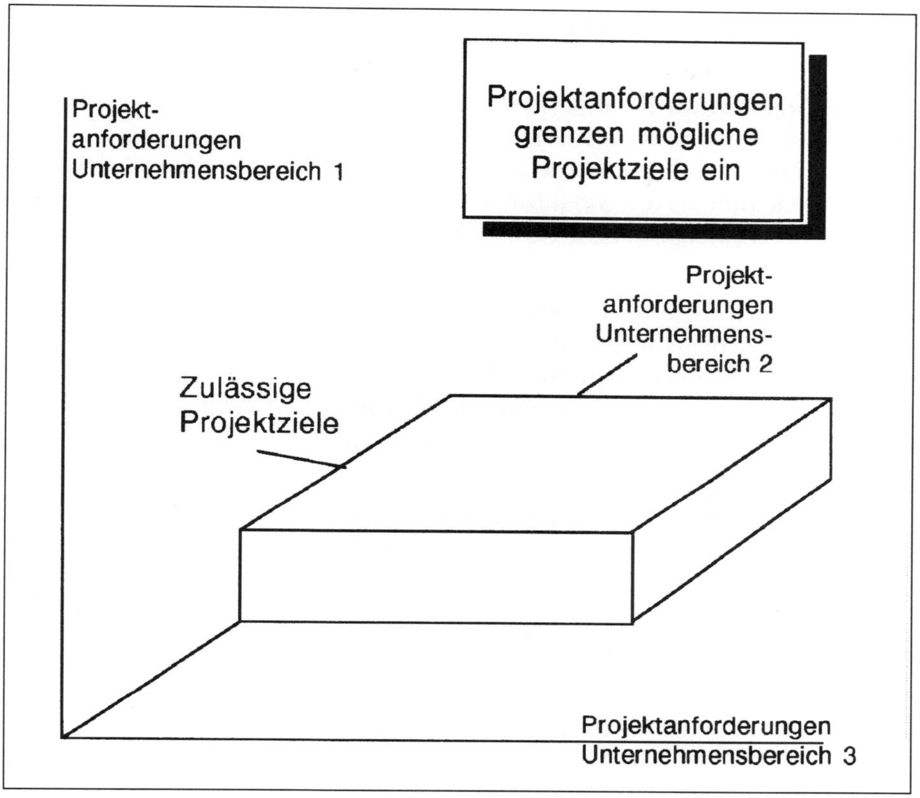

Abb. 5: Projektanforderungen grenzen den Lösungsraum ein

Der Lösungsraum für Ihre konkrete Projektzielfindung ist durch das abgegrenzte Untersuchungsfeld und die qualitativen Anforderungen an das Projektziel eingegrenzt. In den Lösungsraum eingeordnet sind die ermittelten Zielhinweise. Sie können zur aktiven Zielsuche übergehen (lassen).

Das gewünschte Ergebnis der Zielsuche ist je nach Projekt eine Sammlung von möglichen Problemlösungen, Ideenskizzen und/oder Entwürfen. Diese Ergebnisse der Zielsuche liegen dabei bereits innerhalb des ermittelten Lösungsraumes. Sie bilden die Grundlage für die weitere Projektarbeit und sind für Sie eine wichtige Zwischeninformation über den weiteren Verlauf des Projektstarts und die Chancen auf eine spätere Realisierung.

Die Zielsuche ist ihrem Wesen nach ein kreativer Prozeß. Da es im Rahmen eines Projektes, wie bereits erwähnt, zu unsicher ist, darauf zu hoffen, daß »irgend jemandem schon etwas einfallen wird«, muß die

Zielsuche durch Verfahren zur Förderung der *Kreativität* unterstützt werden.

Das Angebot an Kreativitätsverfahren ist außerordentlich umfangreich. Neben einer Unzahl von spielerischen Varianten zu Oldtimern wie »Brainstorming« gibt es echte Verfahrensunterschiede. Aus der Fülle der unterschiedlichen Verfahren für eine konkrete Aufgabenstellung das erfolgversprechendste Verfahren auszuwählen, ist Expertenarbeit, die Sie sich »zukaufen« sollten.

Die Auswahl eines Kreativitätsverfahrens wird dabei durch zwei Dimensionen bestimmt. Einmal gilt es, sehr genau die Aufgabenstellung zu analysieren, um Ausgangslage und gewünschte Ergebnisse einzugrenzen. Zum anderen sind die Teilnehmer eines solchen Prozesses, eines solchen Kreativitätsverfahrens, genau zu betrachten.

Je nach Aufgabenstellung, gewünschten Ergebnissen und Persönlichkeitsmerkmalen der Teilnehmer fällt die prinzipielle Verfahrensentscheidung und die konkrete Auswahl eines Instrumentes aus.

Entweder basieren die Verfahren auf spontanen Eingebungen, dann wird von intuitiven Methoden gesprochen oder es geht um logische, kombinatorische Denkprozesse, dann wird von diskursiven Methoden gesprochen.

Szenario 5:

Leider sind die Türen zur Entwicklungsabteilung ins Schloß gefallen. Durch die frühzeitige Einbindung fühlen sich auch die übrigen Beteiligten an ihre Schweigepflicht gebunden. Wie es weiterging, wird sich später zeigen.

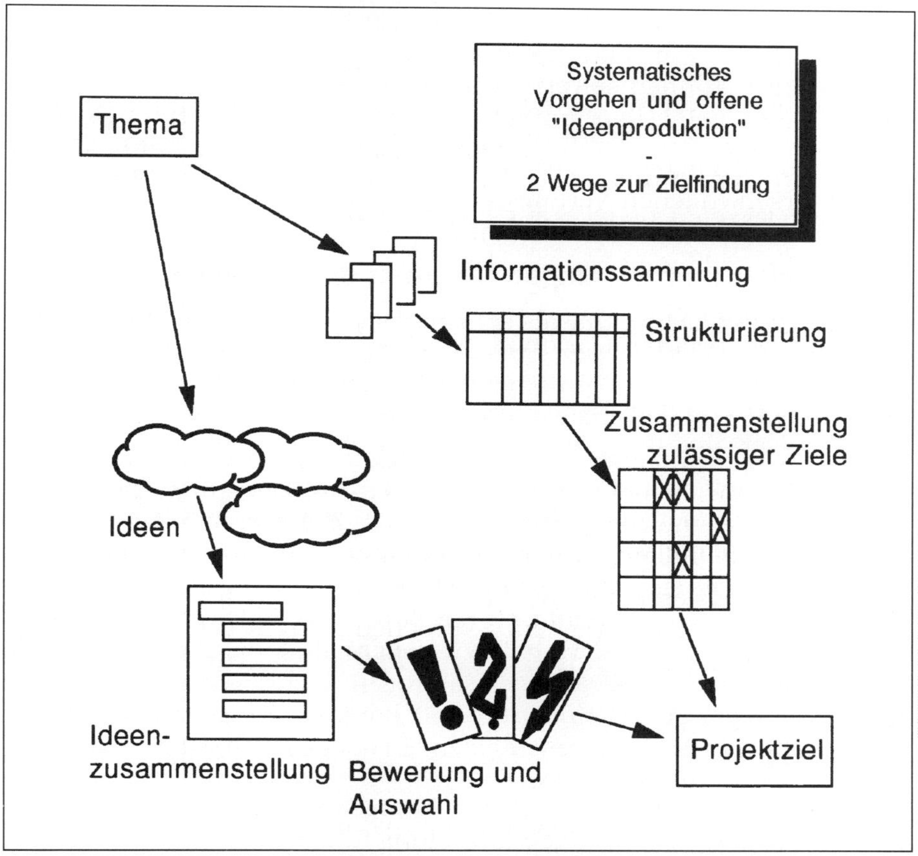

Abb. 6: Diskursive und intuitive Verfahren zur Projektzielfindung – Prinzipvergleich

Tendenziell lassen sich die diskursiven Methoden besser bei Weiterentwicklungen und technischen Systemen einsetzen. Intuitive Methoden helfen dagegen, »querzudenken« und völlig neue Produktfelder zu erschließen.

Statt »...na, dann machen Sie mal 'n Brainstorming...« sollten Sie künftig sagen, »...und dafür sprechen Sie mal mit unserem Projektberater, was in diesem Fall das beste Verfahren ist!«

Nach dem Einsatz der Kreativitätstechniken für die Projektzielfindung stehen zwar viele Zielbeschreibungen zur Verfügung, aber je nach Verfahren sind davon viele nicht – andere aber auch sehr gut geeignete Zielbeschreibungen.

Sie müssen die Zielbeschreibungen für die weitere Arbeit differenzierter auf ihre Projektfähigkeit prüfen und bewerten (lassen). Diese Bewertungen können sowohl in Einzelarbeit als auch in Gruppen erfolgen. Da es sich immer um informationsarme Entscheidungen handelt, sollte bevorzugt in der Gruppe bewertet werden. Dafür können Sie das Entscheidungsrisiko z.B. durch unterschiedliche Punktwertverfahren (*Scoring-Modelle*) zumindest deutlich abmildern.

5 Projektzielbeschreibungen beenden den Projektstart

Der Prozeß der Zielfindung als schöpferische Tätigkeit führt zu erreichbaren Projektzielen. Dieser »erste Wurf« der Projektzielbeschreibungen ist allerdings für die weitere Projektarbeit oft noch zu roh. Die ermittelten erreichbaren Projektziele müssen noch bearbeitet werden.

Die für den Projektverlauf verbindlichen Zielbeschreibungen können für Sie nur die dokumentierten Vereinbarungen über die Projektziele sein. Die Anforderungen, die Sie an Zielvereinbarungen stellen sollten, sind detailliert wieder nur abhängig vom einzelnen Projekt zu beschreiben. Die Gestaltungsmöglichkeiten reichen vom formalen Vertrag bis zur stillen Übereinkunft (im Sinne von: Ihr Schweigen bedeutet Zustimmung). Die Merkmale für die Qualität von Zielvereinbarungen können auf Projektzielbeschreibungen übertragen werden. – Zielvereinbarungen sollen eindeutig und konkret die Ziele nach Inhalt, Zeitvorgabe und Ausmaß beschreiben. Es handelt sich dabei ausschließlich um beobachtbare Merkmale.

In den Begriffen des Projektmanagements geht es darum, das Projektziel vollständig und eindeutig mit Ergebnis, Endtermin und Kosten zu beschreiben. Die Anforderungen an die Zielbeschreibung gelten dabei sowohl für das Gesamtprojektziel als auch für die einzelnen Teilziele, in die das Gesamtprojektziel zerlegt werden kann.

Bei den Projektzielvereinbarungen sollten Sie immer berücksichtigen, daß auch Vereinbarungen getroffen werden, wie mit Zielveränderungen während des Projektlebenslaufes umgegangen werden soll.

Mit den Projektzielbeschreibungen in der gewünschten Genauigkeit wird ein wesentlicher Beitrag für das weitere Management Ihres Projektes geleistet. Genauer gesagt, für die Wahrnehmung der Führungsaufgaben. Für alle weiteren Tätigkeiten im Projekt bilden die Zielbeschreibungen den Maßstab für

- das Ausrichten der einzelnen Tätigkeiten im Projektverlauf
- das Bewerten der einzelnen Arbeitsergebnisse
- das widerspruchsfreie Zusammenführen von Arbeitsergebnissen
- das Steuern der Gesamtentwicklungsrichtung.

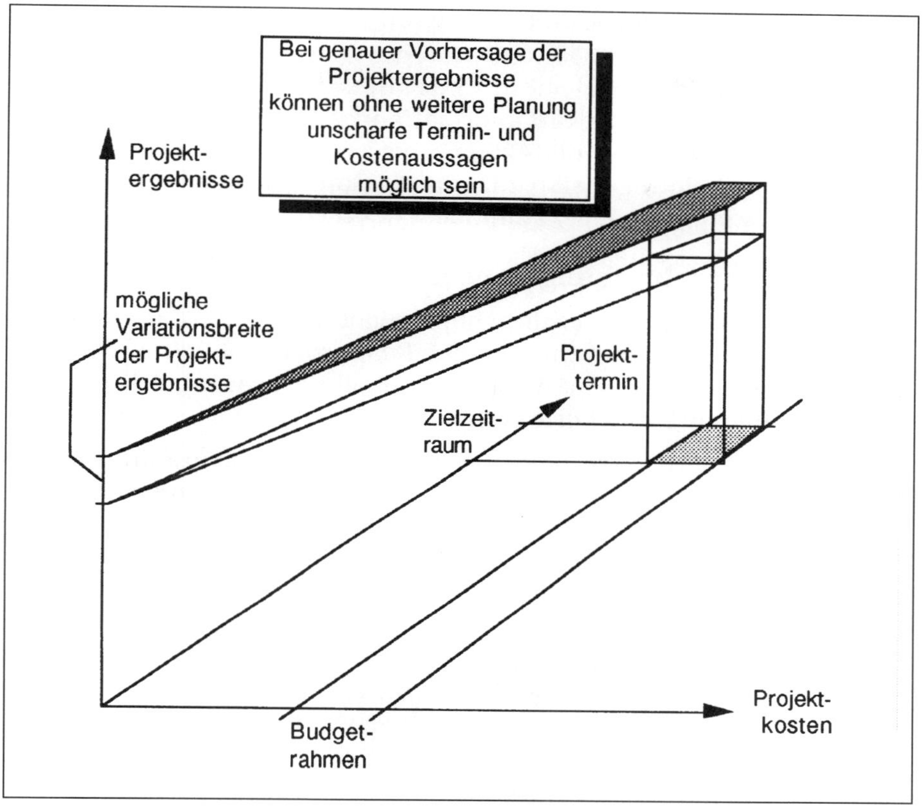

Abb. 7: Der Projektzielkorridor

Das Projektergebnis steht im Mittelpunkt der Projektzielbeschreibung. Je nach Ihrem Projekttyp wird ein Produkt, ein technisches System oder ein organisatorischer Zustand mit seinen Eigenschaften beschrieben. Diese »technische« Beschreibung wird ergänzt durch die erwarteten Wirkungen. Diese erwarteten Wirkungen sind teils direkt beschrieben in den Projektanforderungen zu finden, stellen Zusammenfassungen von Projektanforderungen dar und/oder lassen sich aus Projektanforderungen ableiten. Mehr können Sie nicht verlangen – weniger sollten Sie aber auch nicht verlangen.

Der Projektendtermin in der Projektzielbeschreibung ist je nach der Planungsgenauigkeit und der Gesamtprojektdauer als Zielzeitraum beschrieben. In der frühen Projektlebensphase, in der die Ziele beschrieben werden, kann der Projektendtermin eigentlich nur eine Absichtserklärung sein. Eine verbindliche Vereinbarung ist normalerweise erst nach weiteren Projektleistungen möglich. Allerdings können Sie aus strategischen Gründen durchaus schon zu diesem Zeitpunkt einen verbindlichen Schlußtermin fordern. Sie müssen dann allerdings auch bereit sein, das höhere Risiko zu tragen, daß möglicherweise später Anpassungskosten erforderlich werden, weil der Termin nur mit Zusatzarbeit (und Ärger?) zu halten ist.

Ähnlich schwierig ist der Umgang mit den Projektkosten. Die Projektkosten können in der ersten detaillierten Projektzielbeschreibung in zwei Formen erscheinen. Einmal können Sie einen Budgetrahmen vereinbaren, der im Projektverlauf detaillierter (und i.d.R. größer) wird oder das *Projektkostenziel* durch ein Budget mit fester Obergrenze beschreiben. Ein solches »hartes« Projektkostenziel ergibt ein »Design-to-Cost-Project«. Doch das ist ein anderes hochinteressantes Thema mit anderen Methoden und Verfahren.

Insgesamt hat Ihre Projektzielbeschreibung zu diesem Zeitpunkt des Projektverlaufes eine deutlich höhere Qualität als Ihr ursprünglicher Projektauftrag. Sie können das Projektergebnis, die Projektleistung nunmehr klar vereinbaren. Dies gilt umso mehr, wenn Sie auch vereinbaren, wie mit Zielveränderungen während des Projektlebenslaufes umgegangen werden soll.

Für das Projektterminziel und das Projektkostenziel sind Vereinbarungen zu diesem Zeitpunkt des Projektverlaufes zwar denkbar, aber eigentlich auch so unsicher, daß möglichst nur begründete Absichtserklärungen abgegeben werden sollten. Ihre Zielbeschreibung sollte daher zu diesem Zeitpunkt ergänzt werden um eine Prioritätenvereinbarung.

In der Zielbeschreibung könnte dazu ergänzend festgelegt werden, welche Rangfolge innerhalb der voneinander abhängigen Projektziele berücksichtigt werden soll, wenn ein Projektziel nicht mehr zu erreichen ist. In dieser Rangfolge ist zu beschreiben, welches Ziel in welchem Ausmaß über- bzw. unterschritten werden darf und welche Voraussetzungen dafür erfüllt sein müssen. – Ein Projekt mit verbindlich vereinbarten Projektergebnissen, Projektendtermin und Projektkosten ohne eine solche »Wenn-dann«-Vereinbarung fortzusetzen, ist zu diesem Zeitpunkt nicht zu vertreten. Das Scheitern des Projektes und die »Suche nach Schuldigen« ist vorhersehbar.

Wenn Sie den Risikogedanken mitberücksichtigen, umfaßt Ihre Projektzielbeschreibung:

1. Die Vereinbarung des Projektergebnisses bzw. der Projektleistung,
2. die Festlegung oder Absichtserklärung zum Projekttermin,
3. die Festlegung oder Absichtserklärung zum Projektbudget sowie
4. die Vereinbarung zum Lösen eines möglichen Zielkonflikts zwischen Leistung, Termin und Kosten.

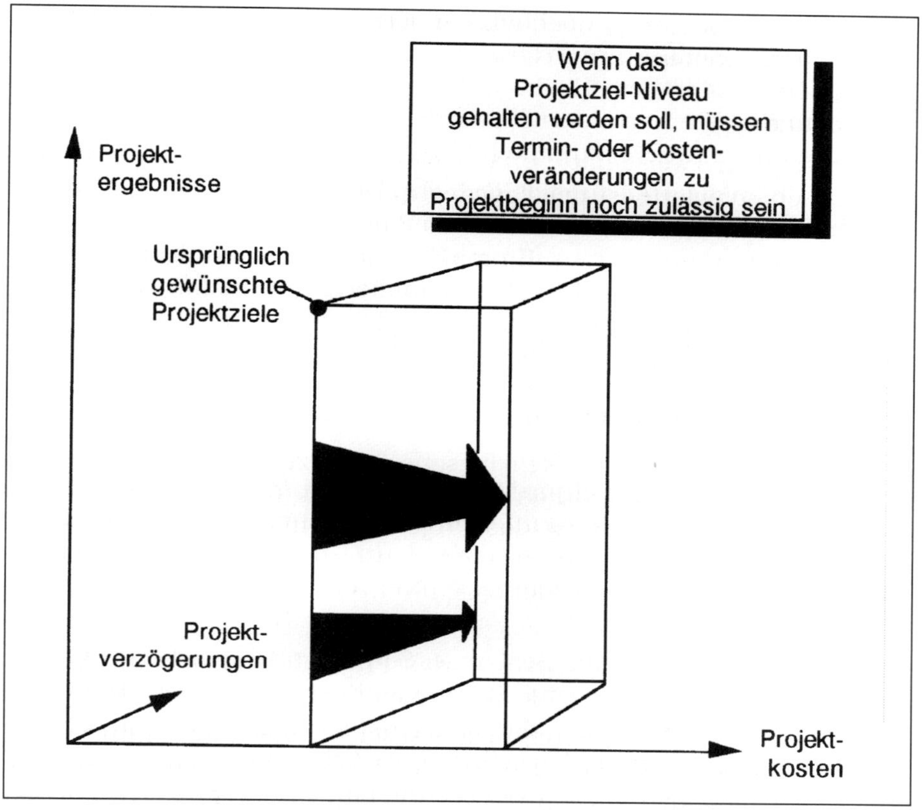

Abb. 8: Auflösung von Projektzielkonflikten

Bei Punkt 1, dem Projektergebnis, der Projektleistung sollten Sie außerdem zwei Teile berücksichtigen:

Einmal beschreiben Sie das Produkt, das technische System oder den organisatorische Zustand mit seinen Eigenschaften. Diese Beschreibung umfaßt sowohl die Funktionalität als auch die Einbindung des Projektergebnisses in seine spätere Umwelt.

Dazu beschreiben Sie die erwarteten Wirkungen des Projektergebnisses. Diese Beschreibung umfaßt in erster Linie die zu erreichenden wirtschaftlichen Ziele. Das ausgegebene Geld soll schließlich auch einmal wieder zurückfließen.

Mit der schließlich fertiggestellten Projektzielbeschreibung existiert die Grundlage für die weitere Projektarbeit. Ihr Projektstart ist geglückt, und eine Vielzahl von Stolpersteinen ist bereits aus dem Weg geräumt.

Ach ja, Sie wollten ja noch wissen, wie es in dem Projekt »Produktentwicklung« weitergegangen ist:

Szenario 6:

Unglücklicherweise hatte unsere Geschichte einen anderen Verlauf genommen als ursprünglich gedacht. Der Abteilungsleiter Entwicklung hat den Sprung zum Szenario 2 nicht geschafft und seine Kolleginnen und Kollegen nicht zum Projektstart-Workshop eingeladen.

Die Folgen waren fatal:

Die ursprünglichen Zeitvorstellungen des Vorstandes konnten nicht eingehalten werden.

Der Zeitplan der Entwicklungsabteilung war schließlich um Monate überschritten.

Die Anlaufserie sollte eigentlich während der Produktionsferien noch getestet werden. Nun konnten nur nach einer Wochenendprüfung auf mögliche Funktions- und Fertigungsmängel letzte Anpassungen an der neuen Werkzeugmaschine vor Betriebsbeginn am Montag vorgenommen werden.

Produktentwicklung und Beginn der Serienfertigung waren schließlich – wenn auch verspätet und zu höheren Kosten – fast abgeschlossen.

Die Schlüsselfehler konnten wir erst nachträglich im Rahmen einer Projektrevision klären. Zurückhaltend ermittelt, lagen die vermeidbaren Projektkosten bei mehr als 300.000.— DM. Eine externe Projektmanagementunterstützung hätte, bezogen auf das Gesamtprojekt, nur knapp ein Drittel davon gekostet.

Inwieweit zusätzlich »normal« geplante Projektkosten noch hätten eingespart werden können, wurde schließlich nicht weiter untersucht.

In einem anderen Projekt konnte z.B. durch eine frühzeitige Revision und Überplanung des Projektes das bereits angesetzte Budget um ein Drittel reduziert werden und das Terminziel um ein dreiviertel Jahr vorgezogen werden.

Erfolgversprechender können Ihre Projekte sein, wenn Sie und Ihre Mitarbeiter zum Projektstart zumindest die Arbeitsfolge beherzigen:

Nach dem Projektauftrag...

...die Umfeldanalyse...

...danach die Projektanforderungen zusammenstellen...

...angemessene Zielfindung möglich machen...

...und zum Schluß des Projektstarts...

...die vollständige Projektzielbeschreibung, eine Vereinbarung!

Weiterführende Literatur 6

Cleland, D.I.: Project Stakeholder Management. In: Project Management Handbook, herausg. von D.I. Cleland/W.R. King. New York 1989

Krüger, W. (Hrsg.): Projekt-Management in der Krise: Probleme und Lösungsansätze. Frankfurt 1986

Reschke, H./Svoboda, M.: Projektmanagement: Konzeptionelle Grundlagen. In: Frankfurter Allgemeine Zeitung, Blick durch die Wirtschaft, hrsg. von der Frankfurter Allgemeinen Zeitung, 2. Aufl. München 1984

Wirtschaftlichkeit von Projektideen

Dipl.-Kfm. Thomas Köbberling

MICHEL-INSTITUT für Unternehmensberatung GmbH, Rattelsdorf

Wieviele Projekte wollen Sie erfolgreich abschließen? Sind Sie sicher, daß Sie die knappen Ressourcen auch optimal einsetzen? Ist die Wirtschaftlichkeit der Projekte – wenn überhaupt – mit Hilfe ganz verschiedener Verfahren ermittelt? Wird bei Ihnen die einmal prognostizierte Wirtschaftlichkeit je wieder überprüft?

Der folgende Beitrag stellt die wesentlichen Methoden zur Ermittlung der Wirtschaftlichkeit von Projekten vor, zeigt Möglichkeiten auf, wie das Vorgehen institutionalisiert werden kann, und zeigt auf, wie die Priorisierung von sehr unterschiedlichen Projekten möglich ist.

Ausgangssituation 1

Als Anfang der 70-er Jahre die Projektarbeit fast inflationär um sich griff, erhoffte man sich wieder einmal Wunderdinge. Eine Aufgabe wurde kurzerhand als Projekt definiert – und schon mußte sich der Erfolg einstellen. Glücklicherweise hat sich dieser Irrglaube mittlerweile relativiert. Das bedeutet leider noch nicht, daß Projekte heute so beurteilt und durchgeführt werden, wie es notwendig wäre, um wirklichen Erfolg damit zu haben.

Ein ganz entscheidener Aspekt kam mit den ersten Mißerfolgen: Projekte wurden zu teuer, hohe Nutzenerwartungen wurden nicht erfüllt, Projekte scheiterten, das eingesetzte Geld und Human Kapital stellte sich als Fehlinvestition heraus.

So sah man sich in den Unternehmen gezwungen – was bei einfachen Investitionen eine Selbstverständlichkeit ist –, Wirtschaftlichkeitsbetrachtungen auch für Projekte einzuführen.

Somit ist heute ein zunehmend großer Kreis von Mitarbeitern mit dem Thema Wirtschaftlichkeit konfrontiert, denen es häufig an der erforderlichen kaufmännischen Vorbildung mangelt.

Folgende Defizite sind in der Praxis anzutreffen:

- Methoden zur Wirtschaftlichkeitsermittlung von Projekten sind in der betrieblichen Praxis kaum bekannt, bzw. wenn bekannt, werden sie nicht eingesetzt.

- Oftmals werden Methoden nicht nach dem Kriterium sachlich zweckmäßig, sondern gefühlsmäßig »aus dem Bauch heraus« eingesetzt.
- Methoden sind vielfach in den Unternehmen weder schriftlich fixiert noch institutionalisiert.
- Kurzfristige Kostenüberlegungen gehen in der Regel vor strategischen Nutzenüberlegungen.
- Die Informationsbeschaffung stellt oftmals ein größeres Problem dar als die Auswertung der Informationen.
- Die einmal prognostizierte Wirtschaftlichkeit wird nicht wieder geprüft.

Diese Praxiserfahrungen machen deutlich, daß bei der Bewertung von Projekten große Defizite bestehen. Millionen werden falsch investiert. Doch nur wenige Projekte beinhalten und benötigen oftmals Investitionen zur Zielerreichung.

Im folgenden genannten Methoden gelten sowohl für Projekte als auch für Investitionen.

2 Praxisgerechte Vorgehensweise

Die Ausführungen sind aus den Erfahrungen mit unseren Kunden im Schwerpunkt aus dem Finanzdienstleistungsbereich entstanden. Unsere praxisgerechte Vorgehensweise zum Thema Wirtschaftlichkeit gliedert sich in folgende Schritte:

Workshop, Informationsveranstaltung, Seminare, Coaching-Maßnahmen.

2.1 Workshop

Als ersten Schritt führen wir in der Regel einen oder mehrere Workshops mit den Entscheidungsträgern im jeweiligen Unternehmen durch:

Im Rahmen eines solchen Workshops versuchen wir zunächst eine *Informationsmatrix* – welche Informationen benötige ich für eine Wirtschaftlichkeitsbetrachtung, und woher bekomme ich diese Informationen – aufzubauen (–> Kap. 3 Informationsmanagement).

Der nächste Schritt des Workshops beinhaltet die Festlegung auf eine oder mehrere *Methoden* zur Ermittlung der Wirtschaftlichkeit für das jeweilige Unternehmen (–> Kap. 4 Methoden zur Ermittlung der Wirtschaftlichkeit).

Danach entwickeln wir mit den Entscheidungsträgern einen individuellen *Controlling-Kreislauf* (-> Kap. 5 Wirtschaftlichkeitsbetrachtung: Ein permanenter Prozeß).

Am Ende eines Workshops versuchen wir im Unternehmen ein Instrumentarium zum Aufbau eines *Bewertungsschemas* von unterschiedlichen Projektanträgen festzulegen (-> Kap. 6 Priorisierung von Projektanträgen).

Die Ergebnisse eines solchen Workshops mit den Entscheidungsträgern müssen im jeweiligen Unternehmen eingeführt werden.

Informationsveranstaltungen 2.2

Meist führen wir nach den Workshops Informationsveranstaltungen für einen größeren Kreis von Mitarbeitern durch.

Seminarreihe 2.3

In einer von uns durchgeführten Seminarreihe vermitteln wir dann die Methoden zur Wirtschaftlichkeitsbetrachtung im gesamten Unternehmen.

Coaching 2.4

Die praxisgerechte Umsetzung in das Projektmanagement im Unternehmen wird von uns durch Coaching-Maßnahmen begleitet.

Der Aufwand für eine solche Einführung zum Thema methodische Bewertung von Projekten ist abhängig von der jeweiligen Unternehmensgröße.

Informationsmanagement 3

Meist sind es die Projektleiter oder diejenigen, die ein Projekt beantragen und versuchen ins Leben zu rufen, die eine erste Aussage zur Wirtschaftlichkeit treffen müssen.

Sie stehen vor zwei Fragen:

- Welche Informationen benötige ich, um die Wirtschaftlichkeit von meinem Projekt zu ermitteln?
- Wo finde ich in meinem Unternehmen diese Informationen?

Die benötigten Informationen lassen sich in leicht und schwer quantifizierbare Größen aufteilen:

Quantifizierbare Größen		**Schwer quantifizierbare Größen**	
Kosten	Nutzen	Kosten	Nutzen
Erstellungskosten Einführungskosten Laufende Kosten	Mehrertrag Einsparung zukünftiger Kosten Einsparung bestehender Kosten	Kosten des entgangenen Gewinns bei Unterlassung von Projekten Projekt-Nachbesserungskosten	Strategische Vorteile Innerbetrieblicher Ablauf

Abb. 1: Grundraster für die Berechnung der Wirtschaftlichkeit

Diese Tabelle dient als Grundraster, um detailliert alle erforderlichen Kosten- und Nutzengrößen zu systematisieren. Je nach Unternehmen werden unterschiedliche Kosten- und Nutzengrößen für die Projekte benötigt.

Dem stehen verschiedene Informationsquellen im Unternehmen gegenüber.

Einen Ausschnitt aus einer so entstandenen Informationsmatrix zeigt die folgende Tabelle:

Informationsquellen **Informationen zur Wirtschaftlichkeitsbetrachtung**	Personal-abteilung	Buch-haltung (Software-System)	Hersteller-angaben Verträge	DV - ORG	Erfahrung	Refe-renzen	Anwender
1. Quantifizierbare Größen							
1.1 Kosten (effektiv + kalkulator.)							
1.1.1Erstellungskosten							
Software-Erstellungskosten (Eigenentw.)	x	(x)		x	x		x
Software (ext.) - Standard			x	x	x	x	x
Leitungskosten			x	x			x
Installationskosten			x	x	x	x	x
Drucker, PC			x	x			x
Testkosten				x	x		x
Sachmittel/Materialkosten			x	x			x
Abschreibungen		x		x	x		x
Personalkosten (allgemein)	x			x	x		x
Ausstattungskosten		x	x	x			x
Miete (Raumkosten)		x	x	x	x		x
Reisekosten	x	x		x	x		x
Präsentationskosten				x	x		x
2."Schwer" quantifizierbare Größen							
2.1 Nutzen							
2.1.1 Strategische Vorteile							
Strategischer Nutzen					x	x	x
Service verbessern/Kundenzufriedenheit					x	x	x
Qualitätsverbesserung					x	x	x
Wettbewerbsfähigkeit/ -Vorteile					x	x	x
Image					x	x	x
Risikovermeidung					x	x	x
2.1.2 Innerbetrieblicher Ablauf							
Zusammenarbeit erleichtern	x			x	x		x
Mitarbeitermotivation	x			x	x		x
Fluktuationskosten/ -quoten senken	x			x	x		x
Infofluß verbessern	x			x	x		x
Koordination erleichtern	x			x	x		x
Bedienerfreundlichkeit erhöhen	x			x	x		x

x = gut geeignet (x) = bedingt geeignet

Abb. 2: Ausschnitt aus einer Informationsmatrix

Eine solche Matrix läßt sich am vorteilhaftesten im Rahmen eines Workshops individuell für ein Unternehmen erstellen. Eine einmal entwickelte Grundmatrix »lebt« und sollte mit jedem Projekt verbessert und erweitert werden. Sie dient dann für Projektverantwortliche als nützliches Hilfsmittel und Nachschlagewerk.

4 Methoden zur Ermittlung der Wirtschaftlichkeit

4.1 Überblick

Sowohl für leicht als auch für schwer quantifizierbare Größen stehen verschiedene Methoden zur Ermittlung der Wirtschaftlichkeit zur Verfügung, die alle ihre spezifischen Vor- und Nachteile aufweisen.

Die Methoden lassen sich für Investitionen aller Art anwenden, also auch für Projekte.

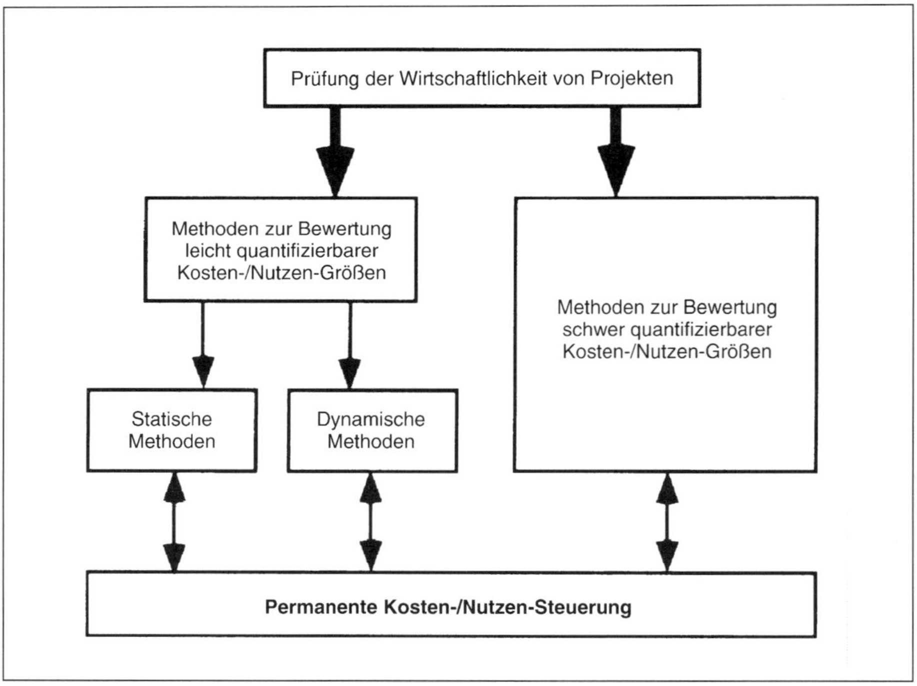

Abb. 3: System der Wirtschaftlichkeitsbetrachtung

Wirtschaftlichkeitsbetrachtung erfolgt dabei nach unterschiedlichen Kriterien, die von Unternehmen zu Unternehmen bzw. – von der jeweiligen Situation im Unternehmen abhängig – als Priorität gesehen bzw. gewählt werden.

4.2 Methoden für den Umgang mit leicht quantifizierbaren Größen

Für leicht quantifizierbare Größen stehen statische und dynamische Methoden zur Verfügung:

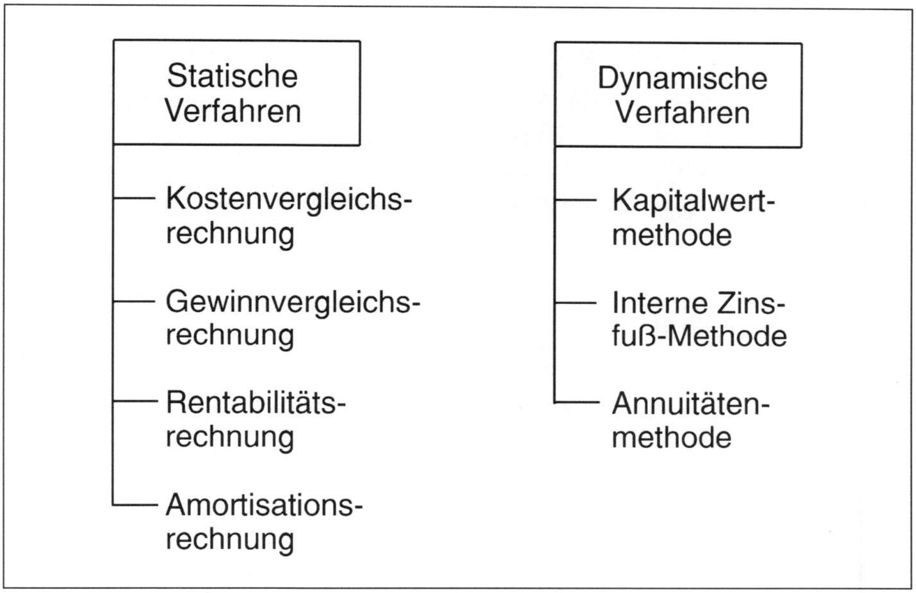

Abb. 4: Methoden für leicht quantifizierbare Größen

4.2.1 Kostenvergleichsrechnung

Die Kostenvergleichsrechnung vergleicht zwei oder mehrere Investitions- oder Projektalternativen miteinander. Die Entscheidung für eine Alternative erfolgt nach dem alleinigen Kriterium der Kosten, wobei die Alternative mit den geringsten Kosten als die wirtschaftlichere und damit vorzuziehende betrachtet wird.

Bei Organisationsprojekten, die nur Kostenreduzierung zum Ziel haben, bietet diese Methode einen ersten Hinweis auf die Wirtschaftlichkeit der Projektidee.

4.2.2 Gewinnvergleichsrechnung

Die Gewinnvergleichsrechnung berücksichtigt neben den Kosten auch die Erlöse der Projekte, womit auch Projekte mit unterschiedlicher Leistung vergleichbar werden. Die Ermittlung des durchschnittlichen Gewinns bei neuen Projekten beruht zwangsläufig auf Schätzungen. Die Alternative, die den höchsten Gewinn aufweist, wird als vorteilhafteste bewertet.

Auch diese Rechnung dient sehr anschaulich einer ersten Einschätzung des Vorhabens.

4.2.3 Rentabilitätsrechnung

Rentabilität bezeichnet das Verhältnis vom Gewinn einer Abrechnungsperiode zum eingesetzten Kapital. Meist werden zwei Ausprägungsformen der Rentabilitätsrechnung unterschieden: Die Aufwandsrendite und die ROI-Methode (Return on Investment).

Aufwandsrendite:

Aufwandsrendite A (in %) =

$$\frac{\text{jährlicher Nutzen} \times 100}{\text{Investitionsbetrag} + (\text{lfd. Aufwand n. Einf. p.a.} \times \text{Nutzungsdauer})}$$

ROI -Methode

$$\text{ROI in \%} = \frac{\text{Jährlicher Nutzen} \times 100}{\text{Investitionsbetrag}}$$

Beschreibung

- *Jährlicher Nutzen* = (Laufender Ertrag nach Einführung p.a. – laufender Aufwand nach Einführung p.a.) x Nutzungsdauer – Einmalaufwand
- *Investitionsbetrag* = Einmalkosten der Realisierung

Bei einem Vergleich der beiden Methoden stellt man fest, daß die Aufwandsrendite eine Verhältniszahl zum Einmalaufwand und laufenden Aufwand bildet, während die ROI-Methode sich nur auf den Einmalaufwand bezieht.

Unternehmen, die ihre Rentabilität an der Liquidität ausrichten wollen oder müssen, sollten die ROI-Methode einsetzen.

Amortisationsrechnung 4.2.4

Die Amortisationsrechnung – auch Pay-Back-Methode genannt – errechnet die Zeitspanne, bis die Anschaffungsauszahlung durch die jährlichen Rückflüsse wiedergewonnen sind:

$$\text{Amortisationszeit } R = \frac{\text{Investitionsbetrag}}{\text{jährlicher Nutzen}}$$

Beschreibung

- R = Amortisationszeit (Anzahl der Jahre bis zum Rückfluß der investierten Geldsumme)

Ein mögliches Vorgehen zur Prüfung der Wirtschaftlichkeit ist der Vergleich der errechneten Amortisationsdauer mit einer festgelegten maximal zulässigen Amortisationdauer. Die Projekte werden ausgewählt, die sich in der kürzesten Zeit amortisieren.

Bei den bisher vorgestellten statischen Methoden findet die zeitliche Struktur der Erfolgsströme keine Berücksichtigung. Es wird lediglich der Durchschnitt aller Erträge als konstanter Rückfluß bei der Berechnung zu Grunde gelegt.

Kapitalwertmethode 4.2.5

Die dynamischen Verfahren dagegen berücksichtigen die Unterschiede im zeitlichen Anfall der jeweiligen Kosten und Erträge durch eine Auf- oder Abzinsung. In der Industrie wird am häufigsten als dynamisches Verfahren die Kapitalwertmethode angewendet.

Der Kapitalwert einer Investition oder eines Projektes errechnet sich als Summe aller auf den Beginn des Vorhabens abgezinsten Ein- und Auszahlungen:

$$\text{Kapitalwert } K = (e_0 - a_0) + \sum_{t=1}^{n} \frac{e_t - a_t}{\left(1 + \frac{p}{100}\right)^t}$$

Beschreibung

- n = Anzahl der Nutzungsperioden
- p = Kalkulationszinsfuß
- e_t = Einzahlungen der Periode t = 0,....,n
- a_t = Auszahlungen der Periode t = 0,....,n

Ein einzelnes Vorhaben gilt als vorteilhaft, wenn der Kapitalwert größer oder gleich Null ist. Im Falle eines Alternativenvergleiches gilt die Alternative mit dem größeren Kapitalwert als die vorteihafteste.

4.2.6 Interne Zinsfuß-Methode

Auch die Interne-Zinsfuß-Methode beurteilt ein Vorhaben nach den Ein- und Auszahlungen währen der Nutzungsdauer.

Diese Methode geht jedoch nicht von einer gegebenen Mindestverzinsung (Kalkulationszinsfuß) aus, mit deren Hilfe der Kapitalwert errechnet wird, sondern es wird der Zinsfuß ermittelt, der zu einem Kapitalwert von Null führt.

Dieses Vorgehen eignet sich sehr gut zum graphischen Einsatz, wie das folgende Beispiel zeigt:

Versuchszinssätze: p_1 = 10%, p_2 = 20%;

Beispielhaft mittels Kapitalwertmethode ermittelten Kapitalwerte: K_1 = 17.672 DM, K_2 = –9.774 DM

Die Beurteilung einer Investition oder eines Projektes hängt von einer vorgegebenen Mindestverzinsung ab. Ein einzelnes Vorhaben gilt dann als vorteilhaft, wenn der interne Zinsfuß eine vorgegebene Mindestverzinsung überschreitet.

Die Interne Zinsfuß-Methode ist beim Vergleich von Alternativen anwendbar. Die Alternative mit dem höheren internen Zinsfuß gilt als vorteilhafter.

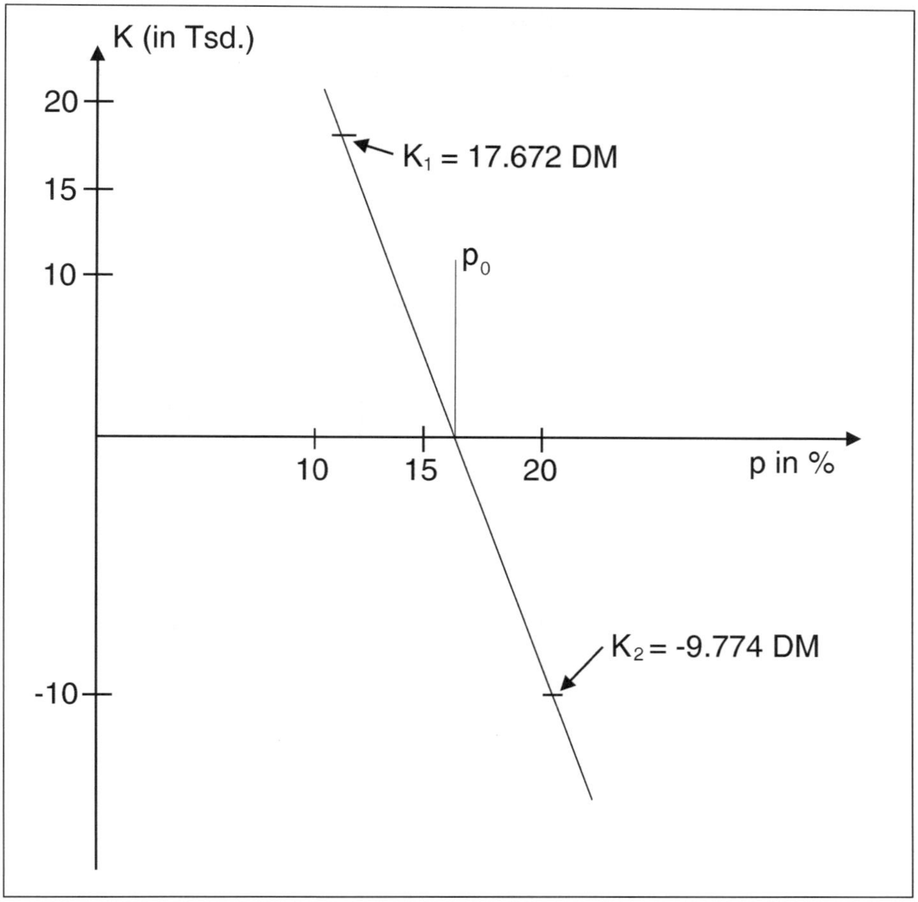

Abb. 5: Interne Zinsfuß-Methode

4.2.7 Annuitätenmethode

Die Annuitätenmethode stellt eine mathematische Umformung der Kapitalwertmethode dar. Dabei werden die durchschnittlichen jährlichen Auszahlungen der Investitionen mit den durchschnittlichen jährlichen Einzahlungen verglichen. Das bedarf einer Umrechnung der Barwerte von Investitionssumme und Rückfluß in gleiche Jahresbeiträge (Annuitäten). Die Umrechnung geschieht auf Basis von Wiedergewinnungsfaktoren, die für eine gegebene Lebensdauer und einem gegebenen Kalkulationszinsfuß Tabellen entnommen werden können. Falls die Annuität größer oder gleich Null ist, so gilt das Projekt als vorteilhaft. Die Annuitätenmethode findet vor allem bei Finanzierungsfragen Anwendung.

4.2.8 Gegenüberstellung und Beurteilung

Die wesentlichen Vorzüge und Schwachstellen der statischen und dynamischen Methoden für leicht quantifizierbare Größen sind in der folgenden Tabelle dargestellt:

Methode zur Wirtschaftlichkeits-betrachtung	Die wesentlichen Vorzüge	Die wesentlichen Schwachstellen
Kostenvergleichs-rechnung	• Geringer Rechenaufwand • Kosten relativ leicht ermittelbar	• Ausschließliche Betrachtung der Kostenseite • Der Kapitaleinsatz bleibt unberücksichtigt
Gewinnvergleichs-rechnung	• Berücksichtigt Kosten und Erlöse	• Keine Aussage über Kapital-einsatz • Keine Aussage über das Risiko und die Rentabilität
Rentabilitätsrechnung	• Rangfolgen für Investitionen können aufgestellt werden • Bemühen um optimalen Mitteleinsatz und -ertrag	• Unterstellung eines konstanten Gewinns für alle Perioden • Lebensdauer bleibt unberücksichtigt
Amortisationsrechnung	• Einfach rechenbar • Vergleich von erzielbarer mit gewünschter Wiedergewinnungs-zeit möglich	• Beurteilung ausschließlich nach Liquidität und Sicherheit • Keine Aussage über Vorteilhaftigkeit
Kapitalwertmethode	• Relativ leicht anwendbar • Kalkulationszinsfüße können im periodischen Verlauf wechseln	• Wahl des Kalkulationszinsfußes
Interne-Zinsfuß-Methode	• Anschauliche Methode	• Volumen der Projekte bleibt unberücksichtigt - alleinige Aussage über Verzinsung • Keine eindeutige Interpretation der zu empfehlenden Investition

Abb. 6: Methoden für quantifizierbare Größen

Die dargestellten klassischen »Rechenverfahren« sollten allen Mitarbeitern, die mit der Projektarbeit konfrontiert sind, bekannt sein. Das heißt, sowohl den Führungskräften, die über die Durchführung entscheiden, als auch dem Projektleiter und dem Projekt-Team.

Häufig sind dafür eine Reihe von Schulungsmaßnahmen durch Berater mit Praxisbeispielen aus dem jeweiligen Unternehmen notwendig.

In einer 1-Tages-Schulung können 12–15-er Gruppen mit vorher aus dem Unternehmen ermittelten Beispielen erste Schritte üben.

Die Art des Projekts bestimmt, mit welcher Methode ich die Wirtschaftlichkeit »am griffigsten« aufzeigen kann. Dabei ist nicht von richtig oder falsch zu sprechen, sondern von weniger oder besser geeignet.

In der Praxis hat es sich deshalb bewährt, eine Methode – zum Beispiel die Kapitalwertmethode – verbindlich für alle Projekte vorzuschreiben. Führt diese vorgegebene Methode zu keinem sinnvollen Ergebnis und wird das vom entsprechenden Projektverantwortlichen dargestellt, ist eine zweite oder möglicherweise dritte Methode zugelassen, die dem Projektinhalt gerecht wird.

Zum Vergleich von verschiedenen Alternativen mit dem gleichen Projektziel sollte es jedem Projektverantwortlichen freigestellt sein, die Methode selbst zu wählen.

Die unternehmensspezifische Vorgehensweise ist im Rahmen eines Workshops auf Führungsebene festzulegen und an alle davon betroffenen Mitarbeiter durch Info-Veranstaltungen und Schulungsmaßnahmen zu kommunizieren.

4.3 Methoden zum Umgang mit schwer quantifizierbaren Größen

In der Praxis haben sich zwei Methoden zum Umgang mit schwer quantifizierbaren Größen bewährt:

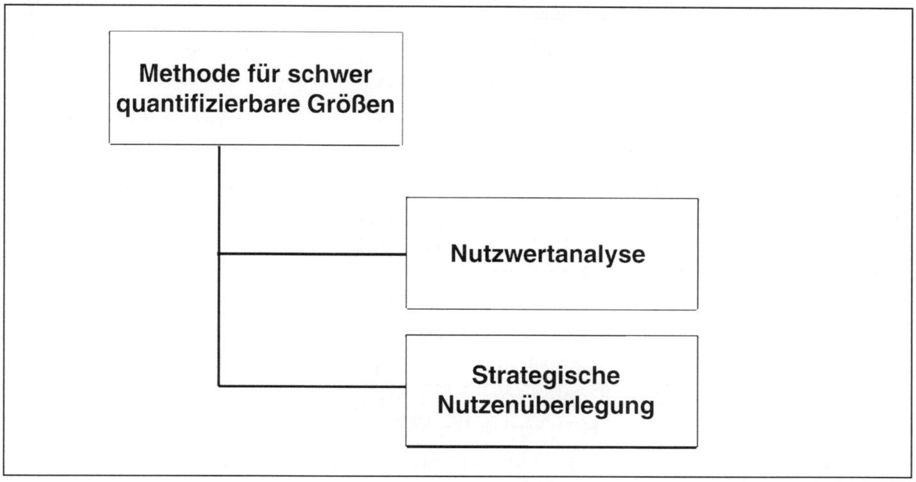

Abb. 7: Methoden für schwer quantifizierbare Größen

4.3.1 Nutzwertanalyse

Die Nutzwertanalyse hat zum Ziel, anhand mehrerer schwer quantifizierbarer Kriterien und subjektiver Wertvorstellungen die richtige Auswahl aus einer Reihe von möglichen Handlungsalternativen zu treffen.

Die Vorgehensweise zeigt die folgende Tabelle:

Schritt 1:	Zieldefinition	Definition des anzustrebenden Projektziels, der Investition.
Schritt 2:	Fixierung der Mußanforderung	Mußanforderungen stellen die Bedingungen dar, die jede Handlungsalternative erfüllen muß, um zur Auswahl zugelassen zu werden.
Schritt 3:	Entwicklung und Gewichtung von Auswahlkriterien	Die einzelnen Auswahlkriterien werden festgelegt und im Verhältnis zueinander gewichtet. Somit stellt dieser Schritt die wichtigste Grundlage zur Anwendung der Methode dar.
Schritt 4:	Fixierung und Bewertung von Alternativen	In dieser Phase sind die in Frage kommenden Alternativen zu ermitteln und in eine Rangfolge für jedes Auswahlkriterium zu bringen.
Schritt 5:	Berechnung	Multiplikation von Gewichtung und Bewertung.
Schritt 6:	Entscheidung für die beste Alternative	Auswahl der Alternative, die die niedrigste Summenzahl aufweist, als beste Anpassung an die Auswahlkriterien.
Schritt 7:	Rechenkontrolle	Addition der Rangplätze mal 100 gleich der Summe aller Alternativensummen

Abb. 8: Vorgehensweise einer Nutzwertanalyse

Mit Hilfe der Nutzwertanalyse ist es möglich, – individuell für jedes Projekt unterschiedlich – alle schwer quantifizierbaren Größen einzubeziehen und zu gewichten. Somit ist dieses Verfahren sehr gut geeignet, Alternativen mit dem gleichen Projektziel zu vergleichen. Ergänzend kann eine Risikoanalyse durchgeführt werden, um sich vor negativen Auswirkungen zu schützen.

4.3.2 Strategische Nutzenüberlegung

Die strategische Nutzenüberlegung ist ebenfalls eine Methode, mit deren Hilfe die schwer quantifizierbaren Größen eines jeden Unternehmens bewertet werden können.

Dabei sind die strategischen Unternehmensziele die Faktoren, die die Ausgestaltung des Systems festlegen. Ziele könnten beispielsweise folgende Bereiche betreffen: Marktstellung – Innovative Produktpalette – Kundenfreundlichkeit und Service – Mitarbeiter.

Die einzelnen Ziele können durchaus noch weiter differenziert werden, wie beispielsweise der Bereich Mitarbeiter in Motivation und Verbesserung des betrieblichen Ablaufs.

Im nachfolgenden Bewertungsschema sind beispielhaft Ziele aufgelistet und alle gleich gewichtet. Die Gewichtung richtet sich nach der Gewichtung der Ziele untereinander.

Ziele/Dimensionen **Benchmarks**	Gewichtung	Skalierung				Wert
		0	1	2	3	
Marktstellung	0,25					
Innovativste Produktpalette	0,25					
Kundenfreundlichkeit und Service	0,25					
Mitarbeiter: • Motivation • Verbesserung des betrieblichen Ablaufs	 0,125 0,125					
Summe des strategischen Nutzens	1,00					

Hinweis zur Skalierung:

0 = nicht vorhanden
1 = weniger wichtig
2 = wichtig
3 = lebenswichtig

Kenngrößen:

Minimaler strategischer Nutzen für ein Projekt hat den Wert 0.
Maximaler strategischer Nutzen für ein Projekt hat den Wert 3.

Abb. 9: Beispiel für eine strategische Nutzenüberlegung

Die strategische Nutzenüberlegung ist jeweils individuell zu entwikkeln und den jeweiligen Veränderungen der Unternehmensstrategie anzupassen.

Die Methode der strategischen Nutzenüberlegung ist sehr gut geeignet, unterschiedlichste Projekte an den Zielen des jeweiligen Unternehmens zu messen.

4.3.3 Gegenüberstellung und Beurteilung

Die wesentlichen Vorzüge und Schwachstellen der zwei vorgestellten Methoden für schwer quantifizierbare Größen sind in der folgenden Tabelle dargestellt:

Methode zur Wirtschaftlichkeitsbetrachtung	**Die wesentlichen Vorzüge**	**Die wesentlichen Schwachstellen**
Nutzwertanalyse	• Anschauliche Methode • Bezieht schwer quantifizierbare Nutzenaspekte mit ein	• Sehr sorgfältig anzuwenden • Subjektivität in der Kriterienauswahl und Bewertung
Strategische Nutzenüberlegungen	• Anschauliche Methoden • Bewertung des strategischen Nutzens	• Bezieht nicht alle „schwer" quantifizierbaren Größen mit ein • Subjektivität der Kriterien und Bewertung

Abb. 10: Methoden für schwer quantifizierbare Größen

In der Praxis hat es sich bewährt, im Rahmen eines Workshops die strategischen Nutzenüberlegungen für jedes Unternehmen individuell zu entwickeln und dieses Bewertungsverfahren für alle Projekte und Investitionen vorzugeben!

Dadurch wird der Vergleich – ausgerichtet an den Unternehmenszielen – der unterschiedlichsten Vorhaben möglich.

Der Projektverantwortliche sollte zusätzlich insbesondere zur Alternativenbewertung auch die Nutzwertanalyse einsetzen können.

Hier sei ein kleiner Seitenhieb gestattet:

Obwohl in unseren Unternehmen viel darüber diskutiert wird, den Mitarbeitern Gestaltungsfreiraum zu geben, unternehmerisches Denken zu fördern, werden oft die dafür notwendigen Schritte nur halbherzig durchgeführt. Erwarte ich von einem Mitarbeiter unternehmerisches Denken, dann muß ich ihm die Instrumente an die Hand geben und mit ihm in die Anwendung gehen. Doch – leider – gehen nur wenige Unternehmen den Weg, mit qualifizierter externer Unterstützung Führungskräfte und Mitarbeiter zu schulen oder durch Projekt-Coaching an bessere Arbeitsweisen heranzuführen.

Wirtschaftlichkeitsbetrachtung: Ein permanenter Prozeß! 5

In allen Phasen eines Projektes muß die Wirtschaftlichkeit ermittelt und überprüft werden.

Das folgende Ablaufschema zeigt den Grobablauf eines Projektes. Es müssen Mechanismen im Unternehmen geschaffen werden, die die Wirtschaftlichkeitsermittlung vorschreiben und ein entsprechendes Controlling garantieren.

Die Ermittlung der Wirtschaftlichkeit eines Projektes ist nur dann sinnvoll, wenn sie während und auch nach Beendigung regelmäßig auf ihre Einhaltung geprüft wird, d.h. die prognostizierte Wirtschaftlichkeit muß permanent überprüft werden.

Ein vorhandener oder einzurichtender Arbeitskreis oder *Lenkungsausschuß* sollte die Projektverantwortlichen unterstützen und die Wirtschaftlichkeitsberechnungen prüfen.

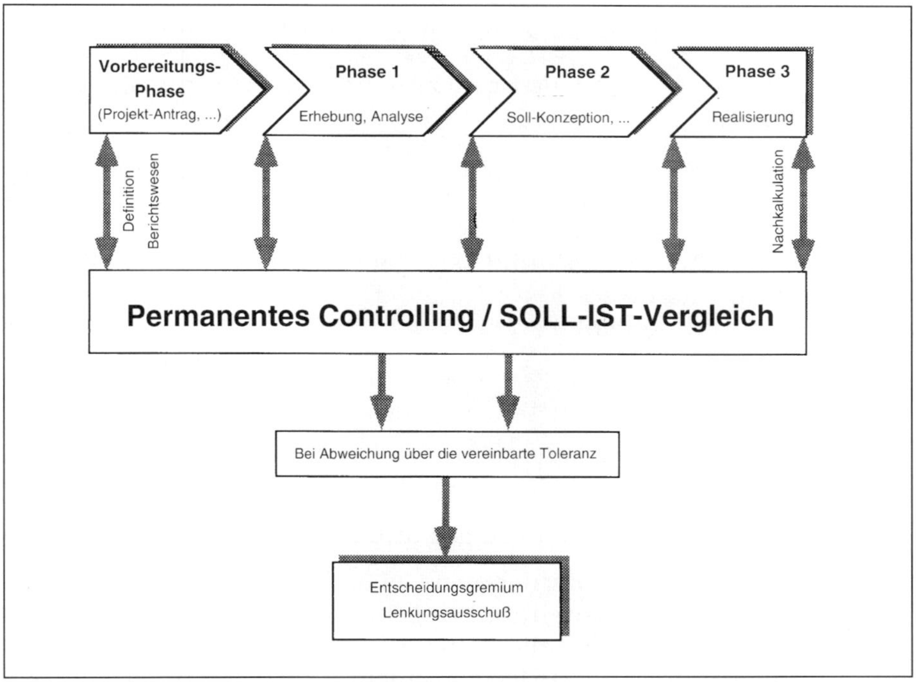

Abb. 11: Wirtschaftlichkeitsbetrachtung: Ein permanenter Prozeß!

Aus unserer Erfahrung – bei unterschiedlichen Unternehmen, in verschiedenartigen Projekten – ist der notwendige Controlling-Kreislauf nur lückenhaft vorhanden. Wen wundert es dann, wenn die verantwortlichen Projektleiter dann auch die Aufgabe der Wirtschaftlichkeitsermittlung und permanenten Verfolgung als lästige Pflichtübung begreifen oder gar als Alibi-Veranstaltung.

Ein Projektverantwortlicher muß sich regelmäßig für sein Projekt eine Vielzahl von Fragen stellen.

Die folgende Checkliste sollte individuell für jedes Unternehmen angepaßt und erweitert werden:

Checkliste Wirtschaftlichkeit

- Können die Ziele/Nutzen des Projektes wie angedacht realisiert werden?
- Werden weitere Investitionen zur Zielerreichung nötig?
- Sind die Kostenstrukturen zum Berichtszeitpunkt wie angedacht?
- Sind bereits erste Kostenersparnisse/Rückflüsse wie angedacht eingetreten?
- Muß mit einer Erhöhung der Kosten in Zukunft gerechnet werden?
- ...
- ...
- ...
- ...

6 Priorisierung von Projektanträgen

Die Auswahl von Projekten, die bei knappen Ressourcen aller Art vorrangig durchgeführt werden sollen, gestaltet sich oft sehr schwierig.

Es muß ein Instrumentarium im Unternehmen geschaffen werden, mit dessen Hilfe eine Rangfolge für Projekte möglich ist.

Die Priorisierung von Projektanträgen erfolgt in zwei Stufen:

- Bewertungskriterien festlegen, anhand derer die Projekte vergleichbar werden.
- Prioritäten für die Projekte festlegen.

Drei Möglichkeiten aus der Praxis:

1. Möglichkeit

Wenn alle Projekte jeweils nur mit einer Methode für leicht und schwer quantifizierbare Größen bewertet sind, können sie miteinander verglichen werden und zum Aufbau einer Wirtschaftlichkeitsmatrix dienen.

Die Wirtschaftlichkeitsmatrix stelle ein *Portfolio* mit den Dimensionen *Wirtschaftlichkeit* (x-Achse) und *Strategie* (y-Achse) dar. Sie dient als Visualisierungsinstrument zur Einordnung von Projekten und Projektideen.

Auf der x-Achse wird beispielsweise der errechnete Wert aus der Kapitalwertmethode, auf der y-Achse der Wert aus der strategischen Nutzenüberlegung abgetragen.

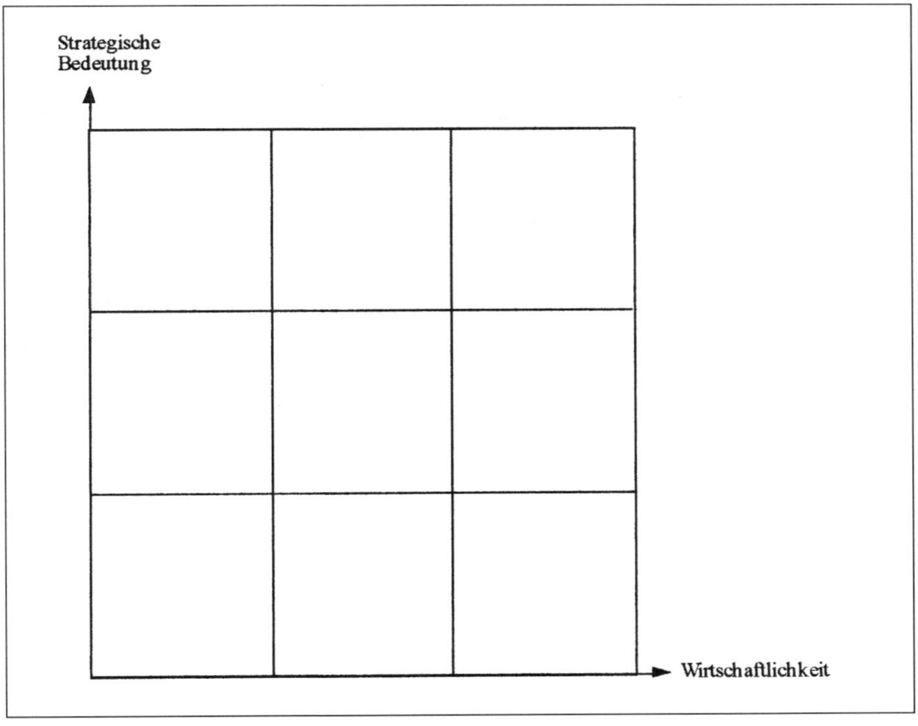

Abb. 12: Wirtschaftlichkeitsmatrix

Mit Hilfe dieser Portfolio-Graphik lassen sich auch weitere Dimensionen darstellen. Neben Wirtschaftlichkeit und strategischen Größen lassen sich so beispielsweise als dritte Dimension das erforderliche Investitionsvolumen für das jeweilige Projekt und als vierte Dimension die operative Dringlichkeit abbilden. Die Darstellung erfolgt dabei über die Größe und die Farbe der Einträge.

Die operative Dringlichkeit erfolgt meist auf der Basis folgender Kriterien:

1. Erfüllung von Rechtsvorschriften/gesetzlichen Auflagen (Mußprojekte)
2. Ablöse-/Erweiterungsbedarf, um Tagesgeschäft zu gewährleisten
3. Erfüllung interner Richtlinien/externer Anforderungen

Auf Basis der festgelegten Dimensionen kann eine Projekt-Prioritätenliste aufgestellt werden. Dabei sind Abhängigkeiten und Ressourcenüberschneidungen der einzelnen Projekte zu beachten.

Hilfreich ist hier der Einsatz eines EDV-Programmes, das den Umgang mit der Portfolio-Technik erleichtert.

2. Möglichkeit

Wenn die Wirtschaftlichkeit der Projekte nach den unterschiedlichsten Methoden ermittelt wurde, ist so ein direkter Vergleich der einzelnen Projekte nicht möglich.

In diesem Fall muß die Priorisierung von Projektanträgen nach einer anderen Methode erfolgen. Hierbei wird jedes Projekt nach gleichen Kriterien sowohl wirtschaftlich als auch strategisch bewertet.

Ein Beispiel für die Bewertungsfaktoren Strategie und Wirtschaftlichkeit mit unterschiedlicher Gewichtung zeigen die nächsten zwei Abbildungen:

Arbeitsblatt: Bewertungsfaktoren Strategie	
Bewertungsfaktoren	Interpretation
Verbesserung der zukünftigen Wettbewerbsfähigkeit	0 = keine 1 = niedrig 2 = mittel 3 = hoch
Realisierungschance	0 = keine 1 = niedrig 2 = mittel 3 = hoch
Innovativer Ansatz	0 = nein 1 = kaum 2 = teilweise 3 = ja
Orientierung des Projekts	0 = intern, geringes Potential 1 = intern, hohes Potential 2 = extern, geringes Potential 3 = extern, hohes Potential
Erweiterung des Marktanteils	0 = künftig nein 1 = künftig kaum 2 = künftig ja 3 = künftig beträchtlich

Abb. 13: Bewertungsfaktoren Strategie

Arbeitsblatt: Bewertungsfaktoren Wirtschaftlichkeit	
Bewertungsfaktoren	Interpretation
Kosteneinsparungen	0 = keine 1 = niedrig 2 = mittel 3 = hoch
Produktivitätsverbesserungen	0 = keine 1 = niedrig 2 = mittel 3 = hoch
Rentabilitätsrechnung	0 = < 25% 1 = 25 - 50% 2 = 50 - 75% 3 = > 75%
Vom Projekt Betroffene	0 = gering 1 = mittel 2 = groß 3 = sehr groß
Nutzungsdauer nach erfolgreicher Projekteinführung	0 = < 2 Jahre 1 = 2 - 3 Jahre 2 = 3 - 5 Jahre 3 = > 5 Jahre

Abb. 14: Bewertungsfaktoren Wirtschaftlichkeit

Die errechneten Werte lassen sich ebenfalls in einer Portfolio-Graphik darstellen.

Das Aufstellen einer Prioritätenliste erfolgt dann analog der ersten Möglichkeit.

3. Möglichkeit

In der Praxis ist häufig eine Kombination der obengenannten Möglichkeiten sinnvoll.

Der strategische Wert ist bei allen Projektanträgen mit Hilfe der strategischen Nutzenüberlegungen ermittelt.

Die Wirtschaftlichkeit ist beispielsweise mit der Kostenvergleichsrechnung, ROI-Methode oder Kapitalwertmethode ermittelt.

Ein Bewertungsschema könnte dann folgendes Aussehen haben:

<table>
<tr><th>Bewertungsfaktoren</th><th>Interpretation*)</th><th>Gewichtung</th></tr>
<tr><td>Kosteneinsparung</td><td>0 = keine
1 = niedrig
2 = mittel
3 = hoch</td><td rowspan="3">Unabhängig davon, ob nur eine oder alle drei genannten Methoden zur Anwendung kommen, erhalten sie - ggf. zusammen -

75%</td></tr>
<tr><td>Rentabilität</td><td>0 = < 25%
1 = 25 bis 50%
2 = 50 bis 75%
3 = > 75%</td></tr>
<tr><td>Kapitalwert</td><td>0 = ≤ 0
1 = < 20 TDM
2 = 20 - 100 TDM
3 = > 100 TDM</td></tr>
<tr><td>Anzahl Nutzer</td><td>0 = < 10
1 = 11 bis 50
2 = 51 bis 100
3 = > 100</td><td>10%</td></tr>
<tr><td>Nutzungsdauer nach erfolgreicher Einführung</td><td>0 = < 1 Jahr
1 = 1 bis 2 Jahre
2 = 2 bis 5 Jahre
3 = > 5 Jahre</td><td>15%</td></tr>
</table>

Abb. 15: Priorisierung von Projekten/Wirtschaftlichkeit

Auch andere Kombinationen zur Priorisierung sind möglich. Dabei hat sich die Portfolio-Technik als geeignetes Instrument erwiesen.

Trotz aller Versuche der Objektivierung sind alle Priorisierungen subjektive Bewertungsmethoden, die mit äußerster Sorgfalt angewandt werden müssen.

7 Schlußbemerkung

Man muß es nicht übertreiben. Aber je größer die Konkurrenz der Projekte, je knapper die Ressourcen, desto wichtiger ist es für das Unternehmen, Entscheidungen für den Ressourceneinsatz nach nachvollziehbaren Kriterien zu treffen. Daß immer ein gewisses Maß an Subjektivität bleiben wird, ist unbenommen – und ja auch gar nicht schädlich.

Aber der Zwang, sich mit der Wirtschaftlichkeit auseinanderzusetzen, führt zu Transparenz und vermindert Fehlentscheidungen, und das wollen wir erreichen.

Jedes Unternehmen sollte einen gewissen Einmalaufwand treiben, um – möglicherweise mit Unterstützung von Unternehmensberatern – eine unternehmensspezifische Vorgehensweise zur objektiven Bewertung von Projekten zu ermitteln und vorzugeben.

Mit einem der genannten Verfahren ist die Wirtschaftlichkeit einer solcher Investition sicherlich einfach nachzuweisen und amortisiert sich schon nach wenigen Projekten.

Literatur 8

Däumler, Klaus-Dieter: Grundlagen der Investitions- und Wirtschaftlichkeitsrechnung. Herne/Berlin 1991

Däumler, Klaus-Dieter: Praxis der Investitions- und Wirtschaftlichkeitsrechnung. Herne/Berlin 1991

Nagel, Kurt: Praktische Unternehmensführung. Band 2. Landsberg 1994

Wöhe, Günter: Einführung in die Allgemeine BWL. 18. Auflage. Wiesbaden 1993

Projekte frühzeitiger 'controllen'

Dipl.-Kfm. Dr. Dietmar Lange

ICCON International Consulting Cooperation GmbH, Stuttgart

Was einstmals als »außergewöhnliches Vorhaben« umschrieben wurde, ist heute so außergewöhnlich nicht mehr, sondern eher »Stand der Technik«: Projekte treten in immer mehr Unternehmungen immer häufiger auf und bekommen damit eine wachsende wirtschaftliche Bedeutung. So rücken sie nicht nur immer stärker in das Blickfeld des Unternehmers, sondern auch in das Blickfeld des Controllers.

Beide frage ich gerne, wie sie denn ihre Projekte »controllen«, um auf die Unterschiede in den Ansätzen, Verfahren und Werkzeugen beim Controlling von Projekten zu stoßen, denn mehr Effektivität und mehr Effizienz werden allerorten gewünscht ...

Im folgenden geht es um Erfahrungen mit der Generierung und Auswahl von Projekt-Vorschlägen, mit der Organisation des Projekt-Controllings und mit den Verfahren und Werkzeugen im eher strategischen Projekt-Controlling, bevor dann die wirtschaftliche Begleitung des Projekt-Managers durch das mehr operative Projekt-Controlling beginnt...

Wann wird ein Projekt zum »Projekt«? 1

Üblicherweise spricht man von »Projekt« erst, wenn die Ziele des Projekts vereinbart, die Abläufe und Termine geplant, die Ressourcen bereitgestellt, der Projekt-Manager und seine Mitarbeiter benannt sind, kurz, wenn die Definition *Projekt* nach DIN 69 901 erfüllt ist.

»*Projektspezifische Organisation*« umfaßt aber nicht nur den Projekt-Manager und seine Mitarbeiter im Projekt, sondern auch das oder die Gremien des Unternehmens, die den Projektauftrag erteilt haben und an die der Projekt-Manager zu berichten hat. Und hier liegt nun der Anfang des roten Fadens...

»Wir schlagen uns in unseren Sitzungen fast die Köpfe ein«, meinte eines der Mitglieder des zentralen *Projekt-Steuerungs-Ausschusses* (PSA) eines Finanzdienstleisters. Da ich in diesem Hause schon eine Reihe von Beratungsaufträgen in so unterschiedlichen Funktionen wie Spezialist, Projekt-Manager und Projekt-Beirat abgewickelt habe, kenne ich alle vier Mitglieder seit vielen Jahren. Obwohl sie alle schon »von

Berufs wegen« als Leiter von Betriebsorganisation, Controlling, Datenverarbeitung und Revision der Objektivität und Neutralität verpflichtet sind, rühren die meisten Konflikte daher, daß jeder von ihnen etwa ein Viertel der maximal 20 Projekte persönlich betreut und die Informationen und Wünsche »seiner« Projekt-Manager in die Runde einbringt.

Sie meinten, daß ihr Steuerungsgremium viel weniger Konflikte zu bewältigen hätte, wenn die Projekt-Manager besser ausgebildet wären: präzisere Ziele und genauere Planung der Termine und Kosten ergäben weniger Abweichungen und damit weniger Anlässe, für die eine Projektsteuerung noch notwendig sei.

In den Gesprächen mit dem Vorstand und dem *Projekt-Steuerungs-Ausschuß* wurde bald allen aber klar, daß jedes Projekt schon eine »Vergangenheit« im Unternehmen hat, bevor es überhaupt startete, und diese Vorgeschichte als Idee, als Thema oder als Projektvorschlag einschließlich Ergänzungen, Rückverweisungen und Änderungen meist sogar länger dauerte als die Laufzeit des »Projekts«.

Die Arbeit im *Projekt-Steuerungs-Ausschuß* müßte daher viel früher im Lebenslauf des Projektes ansetzen, nämlich zu einer Zeit, als Initiatoren die Idee zu einem Projekt haben und die Promotoren nun einzelne Ideen aufgreifen und voranbringen – zu einer Zeit also, zu der es noch gar keinen Projekt-Manager gibt: »Wir müßten die Projekte viel frühzeitiger controllen!«

Aber wie betreibt man Controlling und Projekt-Controlling überhaupt? Die Meinung war recht einhellig: »Das Training brauchen *wir* – und zwar über Projekt-Controlling...«

Soweit die Vorgeschichte aus meiner Sicht als Berater. Daraus ist dann ein relativ kleines Projekt initiiert worden: Sichtung und Ergänzung der im Hause verwendeten Projektmanagement- und -controllingregeln, Durchführung von 2 Trainings mit insgesamt 8 Tagen und eine unregelmässige Begleitung.

2 Projekt-Management und Projekt-Controller

So wie das Projekt-Management als »Spezial-Disziplin des allgemeinen Managements« eingeführt wurde, ist auch der *Projekt-Controller* eine Spezialisierung unter den Controllern auf alles, was mit Projekten in Verbindung steht.

Den »allgemeinen« Controller würde ich kurz beschreiben als Spezialist für Unternehmensplanung und -steuerung mit folgenden Aufgaben:

- den betriebswirtschaftlichen Steuerungsprozeß des Unternehmens und seiner Teilbereiche in Gang setzen und in Gang halten, um damit die wirtschaftliche Existenz nachhaltig zu sichern;
- das Bewußtsein zu schaffen für die Einfluß- und die Lenkungsfaktoren zur Unternehmenssteuerung;
- das Management bei der Formulierung, Vereinbarung und Verfolgung der geplanten Ziele zu begleiten;
- Informationsdrehscheibe im Unternehmen und betriebswirtschaftliche Servicestelle zu sein.

Der Controller sorgt also dafür, daß jeder Manager sich selbst im Hinblick auf die Einhaltung der mit dem höheren Management vereinbarten Ziele kontrollieren kann. Der Controller unterstützt damit die Ziel- und Entscheidungsprozesse des Managements und gibt dem jeweiligen Manager mehr Entscheidungssicherheit: Vorher überlegen, macht nachher »überlegen«[1].

»*Controlling*« ist also eine Gemeinschaftsleistung von Manager und Controller.

Projekt-Controlling wird im folgenden als Schnittmenge der Tätigkeiten aufgefaßt, die (Projekt-)Manager und (Projekt-)Controller gemein-

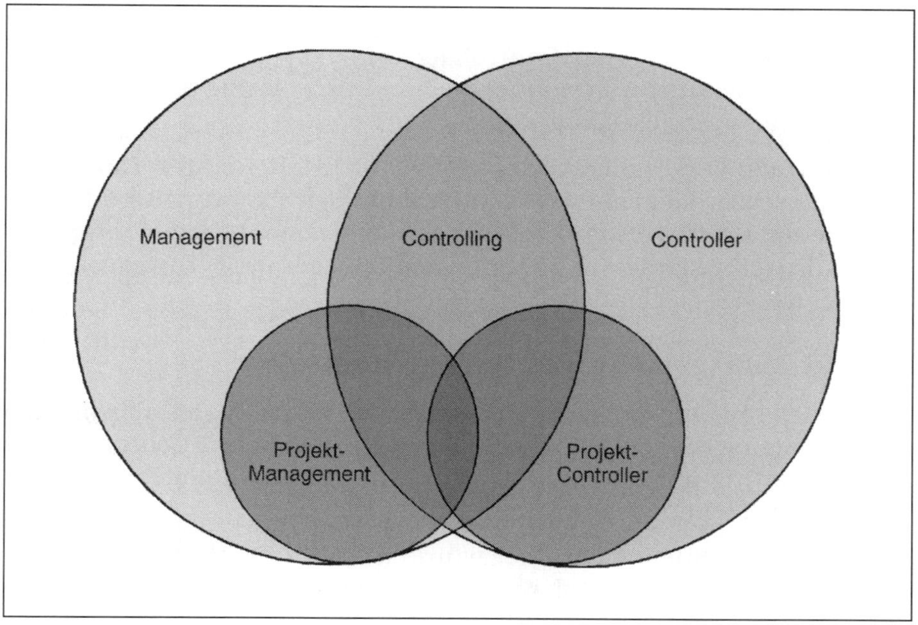

Abb. 1: Projekt-Management und Projekt-Controller

sam an Projekten leisten:

- der Projekt-Manager sorgt für das Ergebnis,
- der Projekt-Controller sorgt für die Transparenz.

Ganz allgemein formuliert soll Projekt-Controlling für mehr Effektivität und für mehr Effizienz sorgen.

Eine verbindliche Stellenbeschreibung für den *Projekt-Controller* gibt es nicht[2]. Gebraucht werden »betriebswirtschaftliche Lotsendienste« sowohl für die Unternehmensleitung mit der Sicht *top down* als auch für die Projekt-Manager größerer Projekte mit der Sicht *bottom up*[3]. Die lassen sich aber sowohl in Vollzeit- wie in Teilzeittätigkeit leisten, von einer Einzelperson wie von einem Ausschuß – auf die Nachfrage kommt es eher an.

Eine besondere Stellung kommt dabei den (internen) Projekten im Bereich Informationsverarbeitung zu: Je mehr Bedeutung die *Informationstechnologie* gewinnt, desto höher klettern die Ausgaben für Hard- und Software. Doch macht nicht nur die Größenordnung den (Projekt-)Controller auf das Gebiet der IT aufmerksam – die Projekte dort haben außerdem den Ruf, ihre Termine und Kosten würden sowieso überschritten...

3 Projekt-Controlling vor Start des Projekts

Aus der Sicht der Unternehmensleitung gibt es viele (interne) Ideen, Themen und Vorschläge, die als spätere Projekte miteinander um die knappen Ressourcen *Personal* und *Budget* konkurrieren. Trotzdem können noch Themen und Projektvorschläge fehlen, die die Strategie der Unternehmung in einzelnen Bereichen, z.B. der Informationsverarbeitung, aufgreifen und umsetzen helfen. Es geht also um die Frage: »Machen wir die richtigen Projekte?«

Die Antwort dürfte sehr unterschiedlich ausfallen – aus der Sicht des Vertriebs-Leiters, des Entwicklungs-Leiters, des Personal-Leiters, des Betriebsorganisations-Leiters, usw. oder gar aus der Sicht eines »neutralen Dritten« – eines Projektmanagement-Fachmanns..

Also gilt es zunächst, ein allgemeines Verfahren für das *strategische Projekt-Controlling* zu entwickeln und im *Projektmanagement-Handbuch* zu beschreiben: Wie die Ideen zu Projekten zu sammeln sind, die Projektideen und -themen im nächsten Schritt zu bewerten sind, wie Lükken in den Projektvorschlägen zu schließen sind, wie sie schließlich in eine Rangfolge zu bringen sind, bis dann die Projekte »auf den vorderen Plätzen« zunächst vorläufig und dann endgültig freigegeben werden.

Schon mit wenigen Seiten sind diese Regeln in einem Handbuch zu beschreiben und mehr Transparenz – das wichtigste Ergebnis des Projekt-Controlling – herzustellen. Doch es ist nur ein kleiner Schritt auf dem langen Weg, Akzeptanz dafür zu erzielen und so die Projektarbeit insgesamt effektiver zu organisieren und für die Manager und die Mitarbeiter der Projekte attraktiv zu machen.

Bei dem organisatorischen Rahmen ist ferner festzulegen, daß die aufgezählten Aufgaben vom Vorstand an ein Gremium übertragen werden – in unserem Falle an den *Projekt-Steuerungs-Ausschuß* – und daß dessen Arbeitsergebnisse z.B. Mitte Oktober im Vorstand zu diskutieren sind, damit in der Jahresplanung noch rechtzeitig Kapazität und Budget eingestellt oder geändert werden kann.

Projektideen generieren 4

Viele Ideen entstehen ganz spontan in den Köpfen der Mitarbeiter und werden zunächst mündlich weitergetragen, bis eine schriftliche Fixierung des Problems und der groben Lösung die Idee zunächst vor dem »Vergessen rettet« – und damit auch eine Bearbeitung nach festen Regeln erlaubt.

Ein anderer Weg läuft über das Betriebliche Vorschlagswesen (BVW). Gern schaue ich als Berater in das Konto oder die Kostenstelle BVW und gewinne in wenigen Minuten Einblick in ein Stück Unternehmenskultur: Anzahl Einreichungen zu den Prämierungen ins Verhältnis gesetzt, und dann noch kleine Beträge, die gerade für ein Buchgeschenk reichen – das vermittelt eher Erkenntnisse über die Aufgeschlossenheit der Promotoren als über die Kreativität der Einreicher...

Eines weiteren und bisher sehr erfolgreichen Weges entsinne ich mich lieber. In einem großen und weltweit tätigen Versicherungsunternehmen wurden 1971 alle Mitarbeiter mit Leitungsfunktion zur Abgabe von Projektideen und -vorschlägen »eingeladen«: In einem Brief mit neutralen Umschlag an die Privatadresse und eigenhändiger Unterschrift schilderte der Generaldirektor die Einführung der Unternehmensplanung und bat um *Planungsideen.*

Die Mitarbeiter antworteten mit knapp 1000 Planungsideen, durchschnittlich 3 pro Kopf. Natürlich ergaben sich Doubletten und Überschneidungen zwischen den Ideen. So konnten später in einem *Planungsinventar* Ideen zusammengefaßt werden, die z.B. »Niederlassung in Fernost«, »Tochtergesellschaft in den ASEAN-Staaten« und »Repräsentanz in Singapur« lauteten. Von den Einträgen im Planungsinventar wiederum waren 180 so konkret, daß sie innerhalb von 2 Jahren erledigt waren.

Zum Vergleich das Bild bei dieser Gesellschaft 3 Jahre später: Der Aufruf erging jetzt an alle Mitarbeiter und erbrachte etwas mehr als 1000 Planungsideen, was jetzt allerdings nur noch etwas mehr als 1 Vorschlag pro Kopf ergab: Die »Exklusivität« der Mitarbeit war deutlich gesunken, der Neuheitsgrad der Unternehmensplanung hatte abgenommen – vielleicht war auch schon der erste Frust über die (zu) langsame Umsetzung der bisherigen Ideen aufgekommen...

Eine abnehmende (mengenmäßige) Ergiebigkeit im Zeitablauf beobachte ich allerdings ebenso beim BVW. Auch hier bedarf es immer wieder neuer Anstöße, neuer Formen, neuer Incentives. Eine Konsequenz ziehe ich daraus: Anlaßbezogene, unregelmässige Einladungen zu Projektideen erbringen eine höhere Ausbeute als laufende Einreichungen und wiederkehrende Termine, was ich sowohl für Quantität als auch für Qualität behaupten möchte. Außerdem kann man damit steuern, daß auch wirklich ein Großteil an Ideen abgearbeitet ist, bevor die nächste Aktion startet.

5 Projektideen sortieren und bewerten

Wird das in dem Gremium *Projekt-Steuerungs-Ausschuß* von den Abteilungsleitern getan, dann muß zunächst ein Mitglied oder ein Berater vorarbeiten, den Prozeß organisieren und Regeln aufstellen, wer, wann und wie Projekte bewertet und auswählt.

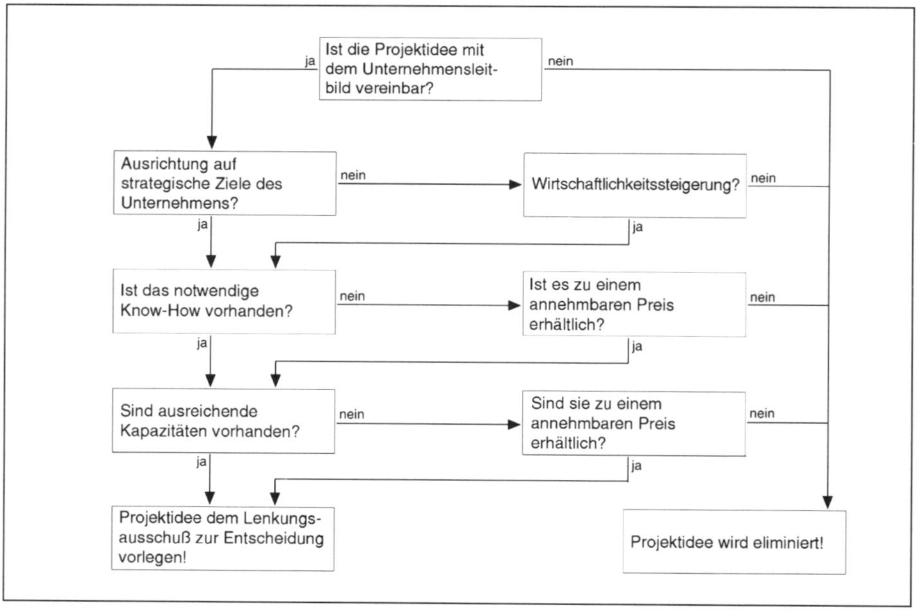

Abb. 2: Vorauswahlverfahren

Die Projektideen und Themen sind zunächst mit wenigen Fragen grob zu klassifizieren, so daß zwei Stapel entstehen. Ein »Schuß Unschärfe« ist wohl unvermeidbar.

Im nächsten Schritt werden die übriggebliebenen nach Themengruppen sortiert und nach tiefer gegliederten Kriterien bewertet. So ist z.B. der Abgleich mit dem Unternehmensleitbild nach Kriterien wie Beitrag zum Gewinn des Unternehmens, zum Image oder zur Marktführerschaft vorzunehmen und jeweils einer der 5–7 Bewertungsstufen (von sehr gut bis sehr schlecht) zuzuordnen. Die dabei entstehenden *Profile* geben schon Hinweise auf die nächsten ausscheidenden Projektideen und Themen.

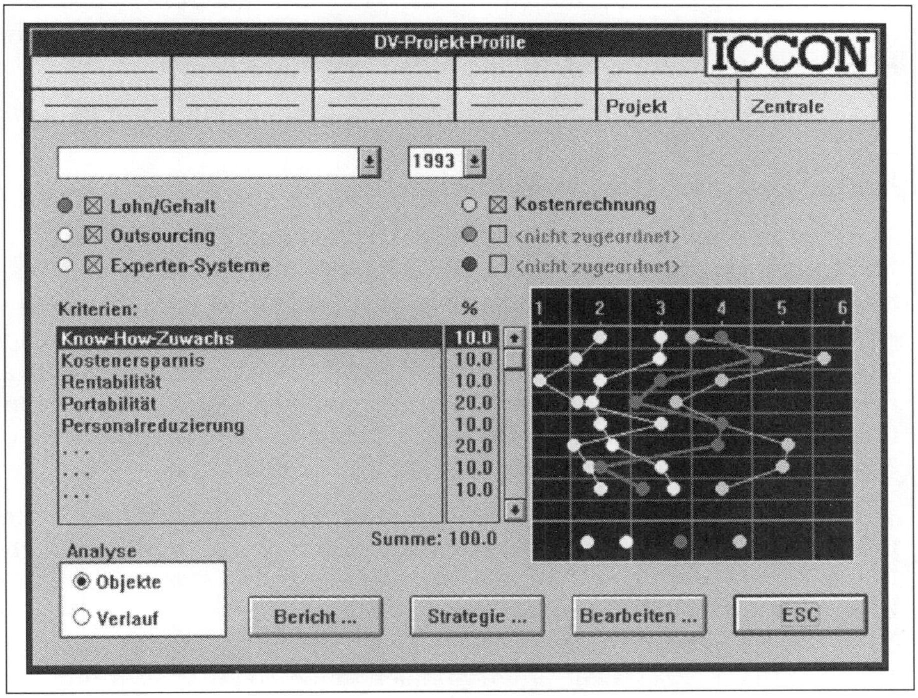

Abb. 3: Projektprofile

Die erfolgversprechendsten Projektideen und Themen sind jetzt zu Projektvorschlägen auszuarbeiten. Dafür sind einige bisher qualitative Aussagen durch quantitative zu stützen. Neben einem Formular *Projektvorschlag* sind noch Regeln notwendig wie z.B.

- Welche Projekte sind zur langfristigen Existenzsicherung notwendig?
- Mit welchen Verfahren werden Nutzen und Aufwand geschätzt und Vorgaben gesetzt?
- Ab welcher Grenze »rechnet« sich ein Projekt?
- Wo soll Synergie auftreten?

Um die Vielzahl der geplanten und der schon in Arbeit befindlichen Projekte überschaubar zu halten, wird der *Projekt-Steuerungs-Ausschuß* zunächst »Klassen« von Projekten bilden und ihre Eigenschaften mit Kennzahlen möglichst einheitlich beschreiben. Er hat damit die Chance, Gemeinsamkeiten und Unterschiede der Projekte aufzuzeigen und eine Neudefinition der *Projektziele*, Veränderung der Prioritäten und einen Transfer von Daten, Wissen und Erfahrungen anzuregen.

Der Ausschuß sorgt damit auch für eine gleichmäßige und neutrale Anwendung der Regeln quer über die Projekte einer Klasse, z.B. DV-Entwicklungsprojekte, Marketingprojekte, usw.

6 Beurteilung mit Portfolios

Der Grundgedanke der Portfolio-Technik ist die bewußt radikale Vereinfachung des Auswahl-Prozesses auf zwei voneinander unabhängige Gruppen von Kriterien entsprechend den 2 Dimensionen. Jedes Kriterium wird einzeln gewichtet in seiner Bedeutung für die Gruppe. Jedes Projekt wiederum wird pro Kriterium bewertet auf einer Skala von z.B. 5 sehr gut bis 1 sehr schlecht – wie bei den Profilen.

Der große Vorteil des Portfolio-Ansatzes besteht darin, daß die Methode zu strategischem Denken zwingt: einmal im Hinblick auf die Bestimmung und Operationalisierung der entscheidenden Kriterien, zum anderen bei der Analyse der Ist-Situation bzw. der Festlegung einer Soll-Situation. Weitere Vorteile liegen in der Anschaulichkeit der Methode und der relativ leichten und schnellen Positionsbestimmung.

Die Erstellung eines Portfolios gelingt am besten in der Atmosphäre eines Workshops, bei dem der Berater die Rolle des neutralen Moderators und Methodenfachmanns übernimmt und die übrigen Teilnehmer die fachliche Kompetenz mit ihrem Wissen über Märkte, Wettbewerber und Produkte einbringen. Zunächst müssen sich die Teilnehmer mit Metaplan-Technik auf die wichtigsten Beurteilungskriterien einigen.

Meist sind das Kriterien wie *DV-Entwicklungsaufwand*, *Personalreduzierung*, *Kostenersparnis*, *Rentabilität* und/oder *Amortisationsdauer*, die sie dann untereinander gewichten und so zu einer Gruppe »wirtschaftliche Bedeutung« zusammenfassen, und Kriterien wie *Kundenorientierung, Wettbewerbsvorsprung, Reaktionsfähigkeit, Entwicklungsfähigkeit* und/oder *Informations- und Steuerungsvorteile*, die sie ebenfalls gewichten und so zu der Gruppe »strategische Bedeutung« zusammenfassen. Projekte mit der höchsten Priorität zur Realisierung sind dann diejenigen, die in beiden Gruppen gut beurteilt wurden und daher im Portfolio »rechts oben« dargestellt werden.

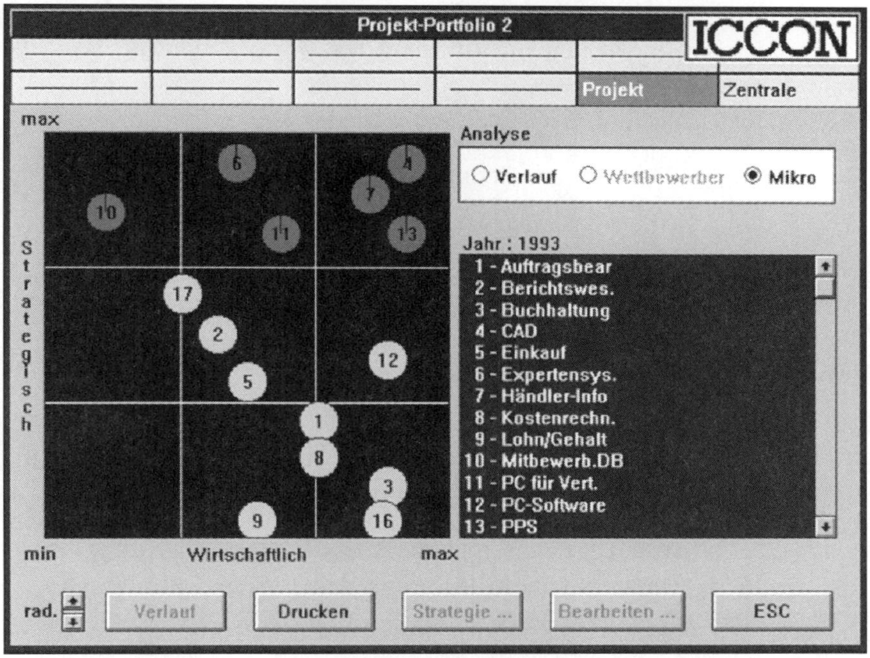

Abb. 4: Projekt-Portfolio

Die Verdichtung der Aussagen auf wirtschaftliche versus strategische Größen führt in der Regel am Ende des Beurteilungs- und Auswahlprozesses zu einem Portfolio mit einer Mischung zwischen kostensenkenden, eher kurzfristigen Projekten und innovativen, eher langfristigen Projekten[4].

Nach der Optimierung bleibt dem *Projekt-Steuerungs-Ausschuß* noch die Aufgabe, das Budget aus dem Portfolio der Projekte abzugleichen mit dem Budget, das sich die Unternehmung für die »internen Projekte« insgesamt leisten will.

Reichen 2 Dimensionen nicht aus, weil die *Dringlichkeit* der Projekte oder das *Risiko* bei der Projektdurchführung stark streut, dann können weitere »Dimensionen« über Form, Farbe, Unterstreichung/Rahmung, Schattierung, Kommentare, usw. grafisch veranschaulicht werden. Die zusätzliche »Genauigkeit« erschwert aber den Beurteilungs- und Auswahlprozeß tendenziell eher.

7 ... und gestuften Liniendiagrammen

Mehrfach ist bereits die Bildung von »Klassen« von Projekten genannt worden. Dieser Ansatz ist im Rahmen des *Management by Projects* zu »Netzwerken« erweitert worden, z.B.

- besonders innovative Projekte,
- Projekte gleichartiger Technologie,
- Projekte für bestimmte Anwender[5].

Projektlisten enthalten die Eigenschaften; Grafiken lassen die Zugehörigkeit z.B. des Projekts »Berichtswesen« zu der Gruppe der *einmaligen Projekte* und zu der Gruppe der *interne Kapazität* beanspruchenden Projekte erkennen.

Nr.	Projekt-bez.	einmalig oder repetitiv	benötigte Kapazität	techn. Risiko	dezentr. Proj.-Contr.	Start-Up Work-shop	Nieder-lassungs-beteil.	Lauf-zeit (Mon.)	wirt. Erg.	strat. Erg.	....
1	Berichtsw.	einmalig	intern	niedrig	nein	nein	ja	10	+	+	ja
2	Auftragsw.	einmalig	intern	niedrig	nein	nein	ja	14	+	+	nei..
3	Buchhalt.	einmalig	intern, extern	niedrig	nein	nein	ja	13	+	-	
4	Einkauf	einmalig	extern	niedrig	nein	nein	ja	17	-	+	
5	Kostenre.	einmalig	intern	hoch	nein	ja	nein	12	+	-	
6	Lohn	einmalig	intern, extern	hoch	nein	ja	nein	8	+	-	
7	Outsourc.	einmalig	extern	hoch	ja	nein	nein	11	+	+	
8	Exp.-Sys.	einmalig	extern	hoch	nein	ja	nein	10	+		

Abb. 5: Projektliste

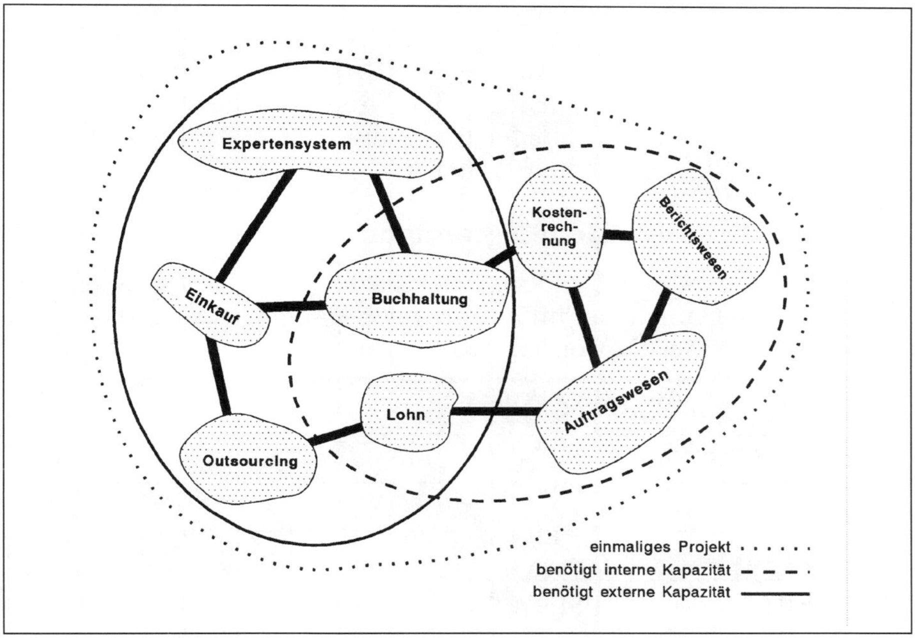

Abb. 6: Projektnetzwerk

Die graphische Darstellung bringt ferner durch Linien zwischen den Projekten die wesentlichen Synergie- bzw. Konkurrenzbeziehungen zum Ausdruck. Allerdings lassen sich bei 10 oder mehr Eigenschaften die die Projekte verbindenden und umschließenden Linien kaum noch unterscheiden. Daher soll im folgenden ein neuartiger, mathematisch fundierter Ansatz vorgestellt worden[6]. Die (mehrwertige) Projektliste wird durch geeignete Skalierung in einen einwertigen Kontext überführt. Die formalen Begriffe dieses Kontextes bilden eine hierarchische Struktur, den *Begriffsverband*, der durch ein Liniendiagramm repräsentiert werden kann.

Projekt-bez. \ Projektmerkmale	einmaliges Projekt	benötigt interne Kapazität	benötigt externe Kapazität	hohes techn. Risiko	dezentr. Projekt-Controller	Start-Up Workshop	Niederlassungsbeteiligung	Laufzeit > 1 Jahr	neg. wirt. Ergebnis
Berichtsw.	X	X					X		
Auftragsw.	X	X					X	X	
Buchhalt.	X	X	X				X	X	
Einkauf	X		X				X	X	X
Kostenre.	X	X		X		X			
Lohn	X	X	X	X		X			
Outsourc.	X		X	X	X				
Exp.-Sys.	X		X	X		X			

Abb. 7: Kreuztabelle

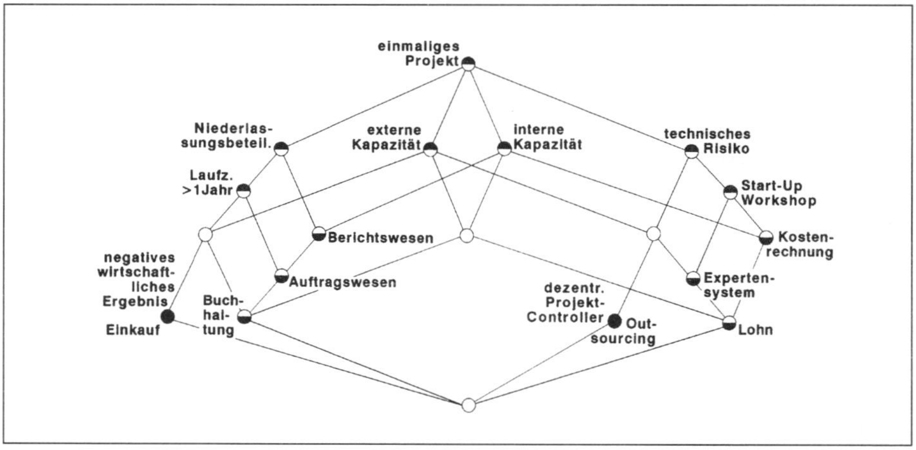

Abb. 8: Begriffsverband

Im Liniendiagramm führt ein aufsteigender Pfad von einem Gegenstand (z.B. Projekt Berichtswesen) zu den Merkmalen (hier Niederlassungsbeteiligung, interne Kapazität, einmaliges Projekt). Ein Gegenstand wird mit einen Kreis gekennzeichnet, der in der unteren Hälfte ausgefüllt ist, ein Merkmal mit einem oben ausgefüllten Kreis. Ein Merkmal trifft manchmal nur bei einem Gegenstand zu, so daß sich ein »schwarzer« Kreis ergibt. Ein »weißer« Kreis steht für eine mögliche, aber bisher noch nicht realisierte Kombination von Merkmalen (z.B. nur einmaliges Projekt, interne und externe Kapazität) und könnte die Frage auslösen: »Brauchen wir so ein Projekt noch?«

Die *Formale Begriffsanalyse* kann aber auch über die Darstellung hinaus »neue« Information als Implikation liefern: Alle Projekte mit den Merkmalen *interne Kapazität* und technisches Risiko haben auch die Merkmale *einmaliges Projekt* und *Start-Up Workshop*. Die Bearbeitung mehrwertiger Kontexte, die Übersetzung in Diagramme, die die Strukturen und Zusammenhänge verdeutlichen, das »Navigieren in Datenlandschaften« – all das verlangt nach DV-Unterstützung, die mit dem Programmpaket *TOSCANA* als Prototyp schon bereitsteht und für die jetzt auch die Marketing-Voraussetzungen geschaffen werden.

8 Vom Strategischen zum Operativen: Die Freigabe des Projekts

Der ganze Prozeß des *strategischen Projekt-Controllings* spielt sich bisher ohne die Projekt-Manager ab, da sie zu diesem frühen Zeitpunkt noch nicht eingesetzt sind – Auftraggeber und *Projekt-Steuerungs-Ausschuß* nehmen diese oft auch als Projektmanagement angesehenen Aufgaben wahr.

Mit der vorläufigen Freigabe der ersten Phase aber beginnt die Realisierung des Projekts: Der Projekt-Manager wird bestellt, die bisherige Planung ist zu verfeinern, Budget und Kapazitäten sind anzufordern, bestimmte Qualifikationen oder sogar schon konkrete Personen sind an die Stelle gedachter Leistungsträger zu setzen, ... und dann wird das Projekt endgültig freigegeben: Der Start-Up Workshop eröffnet das Projekt für alle sichtbar. Das *strategische* »Controllen« ist endgültig abgeschlossen.

Nach dem Start folgt eine eher laufende wirtschaftliche Begleitung des Projekts und des Projekt-Managers, die für eine akzeptierte Vorgehensweise sorgt. Und auch bei Planung, Kontrolle, Analyse und Steuerung ist sie hilfreich. Damit stellt der *Projekt-Steuerungs-Ausschuß* jetzt die Frage: »Machen wir die Projekte richtig?«

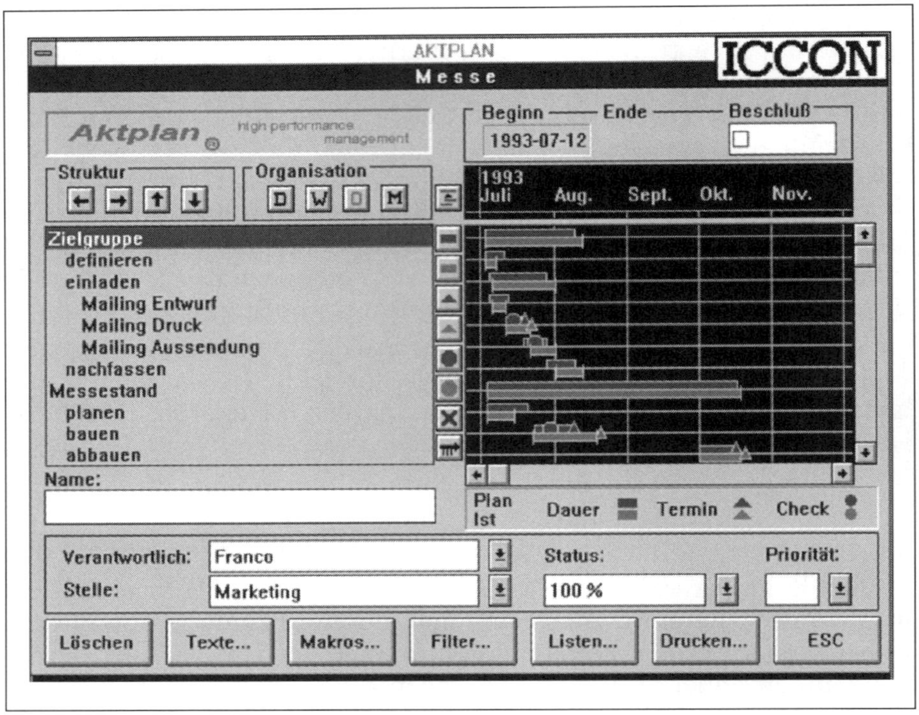

Abb. 9: Einfache Terminplanung

Stehen also Fragen der Effizienz bei der Abwicklung der Projekte im Vordergrund, ist mehr der Typ des *operativen* Controllers vonnöten, der seine Akzeptanz beim Projekt-Manager aus der Kenntnis der Arbeit in Projekten bezieht und besonders mit den Problemen der Steuerung von Projekten vertraut ist. Dafür eignet sich besonders eine spezialisierte Stelle »Projekt-Controller«, die zugleich eine Assistenz-Funktion gegenüber dem *Projekt-Steuerungs-Ausschuß* hat.

Je häufiger es vorkommt, daß der Projekt-Manager aus der Fachabteilung kommt, und je seltener dieser Mitarbeiter vergleichbare Projekte übertragen bekommt, desto wichtiger ist es, daß der Projekt-Controller die Erfahrungen sammelt und sie dem nächsten Projekt-Manager anbietet.

Der Projekt-Controller macht oder überarbeitet also nicht die Projektplanung[7] – er sorgt eher dafür, daß der Projekt-Manager eine optimale Planung erreicht. Und wenn der Projekt-Controller mit »freundlicher Penetranz« bei den wohl unvermeidlichen Abweichungen[8] erscheint, wird spätestens klar, warum der Projekt-Manager die Aufgaben des Projekt-Controllers nicht noch nebenbei ausüben kann.

Erst aus dem Spannungsverhältnis

- Projekt-Manager sorgt für Ergebnis,
- Projekt-Controller sorgt für Transparenz

entsteht das *operative Projekt-Controlling* als Gemeinschaftsleistung. Eine Parallele läßt sich so von den Projekt-Managern zu den Abteilungsleitern ziehen, die *Controller's Hausbesuch* und den *Jour fixe* in ihrem Kalender schon lange kennen.

In dem Maße, wie einzelne Projekte an Aufwand, Risiko oder Innovationshöhe herausragen, kann dem Projekt-Manager ein »eigener« Projekt-Controller als Stab oder als Teilprojektleiter zuarbeiten, der ausschließlich in diesem Projekt Transparenz für den Projekt-Manager schafft. Von dieser Lösung wird aber noch recht wenig Gebrauch gemacht.

Das Match der Controller 9

Je öfter in Projekten ein Bereich die Rolle des Auftragnehmers und ein anderer als späterer Nutznießer die Rolle des Auftraggebers übernimmt, umso offener werden die Konflikte innerhalb des Hauses über die Effektivität einzelner Projekte ausgetragen.

Der *Auftraggeber* ist stets eine *interne* Stelle. Mit dem Trend zum Outsourcing ist der *Auftragnehmer* immer öfter eine *externe* Stelle, sei es ein unabhängiges Beratungs- oder Software-Haus, ein Gemeinschaftsunternehmen im Konzern oder einfach nur ein ausgegliederter Bereich in der Rechtsform der GmbH oder AG. Damit spielen die Formulierung des Projektauftrags und die Abwicklung des Projekts nach kaufmännischen Gesichtspunkten eine größere Rolle.

In einem internationalen Büro-Maschinen Konzern wurden die Rollen des Controllers bei Auftraggeber und Auftragnehmer bereits sehr früh getrennt gesehen[9]. Sah z.B. der Geschäftsbereich Marketing und Dienstleistungen in der Branche Banken und Versicherungen eine Lücke im Marktangebot, so trat seine Abteilung Marketing als interner *Auftraggeber* auf und erstellte einen Projektvorschlag mit Umsatzerwartung, Verfügbarkeitsdatum und Marketingstrategie; sie wurde dabei *strategisch* wie *operativ* vom Controllerdienst ihres Geschäftsbereichs unterstützt.

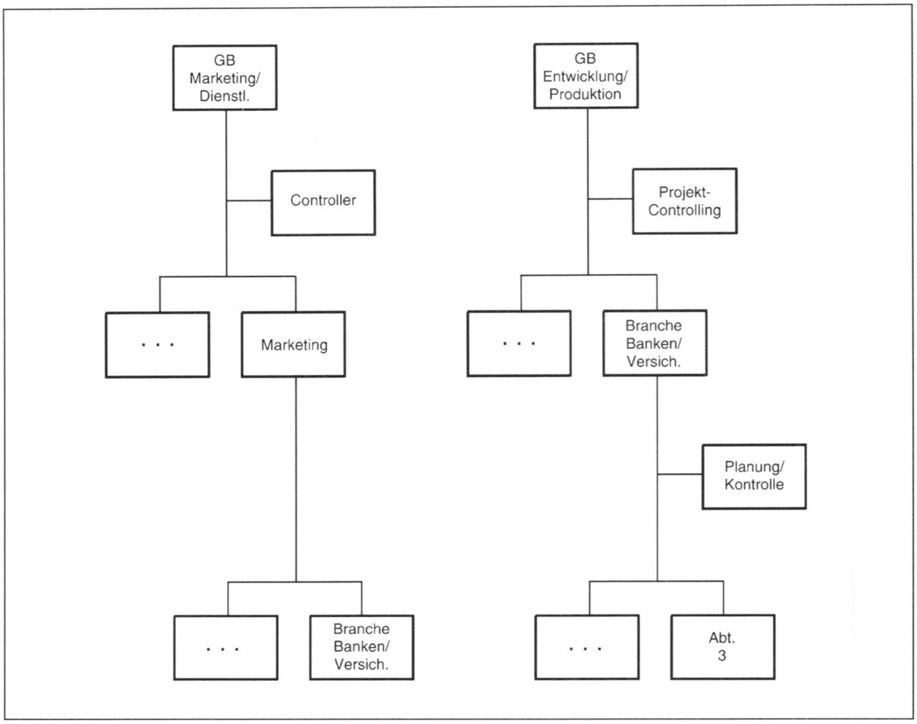

Abb. 10: Controller bei Auftraggeber und Auftragnehmer

Interner *Auftragnehmer* war der Geschäftsbereich Entwicklung und Produktion, in dem eine Branche Banken und Versicherungen mit mehreren Software-Entwicklungs-Abteilungen diese Projektaufträge bearbeitete. In den Phasen Grob- und Feinplanung erstellte ein Projekt-Controller in der zentralen Stabsabteilung die Planungen; nach Auftragserteilung wurde eine der Entwicklungs-Abteilungen aktiv, setzte einen Projekt-Manager ein und begann den *operativen* Controlling-Prozeß mit dem Controller der Branche in ihrem Geschäftsbereich.

Nicht nur der »Stallgeruch« spricht für getrennte Controlling-Prozesse bei Auftraggeber und -nehmer; auch die Aufgaben sind unterschiedlich. Der Controller auf Seiten des *Auftraggebers* ist mehr *finanzwirtschaftlich* orientiert. Er integriert die Ausgaben des Projekts und den erwarteten Nutzen in Umsatz oder Kosteneinsparung in sein *operatives* Budget. Monatlich oder quartalsweise wird er bei der Steuerung des Projekts Ausgaben und Termine in den Vordergrund stellen. Mit dem Ende jeder Phase wird er die Projektziele kritisch überprüfen, und die Notwendigkeit des Projekts anhand der Veränderungen im Markt und/oder im Unternehmen hinterfragen, spätestens bei der nächsten strategischen Planung.

Der Controller auf Seiten des *Auftragnehmers* ist mehr *technisch* orientiert. Termine und Leistungsumfänge (und damit die Interpretation des Projektauftrags) stehen für ihn im Vordergrund. Auch der Detaillierungsgrad geht bis zu den einzelnen Arbeitspaketen hinunter, damit die Planung und Kalkulation aufgestellt und später die verbrauchten Zeiten und die Fortschritte bei der abzuliefernden Leistung ihr gegenübergestellt werden können. Bei der Steuerung des Projekts hat er die Berichte zusammengestellt, hilft mit bei der Analyse und der Suche nach Alternativen, bis schließlich die Maßnahmen, Verantwortlichkeiten, Termine und Aufwände für die nächste Periode feststehen – Effizienz in der Projektarbeit und Erreichen des »Projekterfolgs« durch die Transparenz, die er dem Projekt-Manager schafft.

Aufgrund der unterschiedlichen Interessen und Sichtweisen empfiehlt es sich eher, diese Funktion jeweils »part time« wahrnehmen zu lassen, anstatt sie zu zentralisieren. Dies gilt umso mehr, je innovativer, risikoreicher und änderungsanfälliger der Projektauftrag ist.

Auf die Projektumwelt achten! 10

Bis zum Start des Projektes und während der Projektlaufzeit verändert sich die Umwelt des Projekts: Bei den externen Projekten verändern sich Markt, Mitbewerber und Kunden, bei den eher internen Projekten ruhen auch keineswegs die Tätigkeiten im übrigen Unternehmen. Der Alltagsbetrieb in Produktion, Vertrieb und Verwaltung geht normal weiter und bringt neue Anforderungen und konkurrierende Projektideen.

Alle diese Veränderungen haben Einfluß auf das Projekt: auf seine Ziele, auf seinen Erfolg. Diese Veränderungen in der Umwelt zu erkennen, zu bewerten und in ihren Folgen für das Projekt abzuschätzen, kann ich in zweierlei Hinsicht nur empfehlen.

Zunächst sollten in den externen Projekten die *Projektannahmen*, die z.B. in einem Entwicklungsprojekt als Umsatz, Entwicklungsaufwand, Verfügbarkeitsdatum, usw. vorliegen, regelmäßig in einem festen Rhythmus überprüft werden: Eine Terminverschiebung und/oder ein neuer Mitbewerber mindern den geplanten Umsatz, gefährden die *Rentabilität* z.B. anhand des ROI oder der Amortisationsdauer und erzwingen ggf. den Abbruch des Projekts. Idealerweise sollten sie von einer spezialisierten und unabhängigen Stelle überprüft werden, die ansonsten nicht im Projekt mitarbeitet.

Aber auch die internen Projekte müssen sich ihres »Marktes« immer wieder neu versichern und ihr *Projekt-Marketing* betreiben: Von der Umstellung der DV-Hard- und Software über Auswirkungen anderer Projekte bis zum Ausscheiden des bisherigen Auftraggebers kann die Spanne möglicher Veränderungen innerhalb des Unternehmens reichen, so daß auch hier öfters die Frage nach einem Abbruch des Projekts vorbeugend zu stellen ist.

Prof. Dr. Reinhard Furrer, Astronaut der D1-Mission, stellte einmal am Beispiel multinationaler Raumfahrtprojekte als die zentrale Aufgabe heraus: Sorge dafür zu tragen, daß das Projekt in einer zumeist alles andere als idealen (Projekt-)Umwelt lebensfähig bleibt[10] – und dazu kann ein frühzeitig(er)es Projekt-Controlling besonders hilfreich sein.

Anmerkungen

1 o.V.: Philosophie – Leitbild des Controllers. In: Controller-Statements. Herausg. vom Controller-Verein. München 1992, S. 4

2 Andreas, D., Rademacher, G., Sauter, B.: Projekt-Controlling und Projekt-Management im Anlagen- und Systemgeschäft. Frankfurt 1992, S. 29

3 Offermann, A.: Projekt-Controlling bei der Entwicklung neuer Produkte. Frankfurt 1985, S. 35

4 Nagel, K.: Methoden zur Priorisierung von IS-Investitionen. IBM Nachrichten Band 306/September 1991, S. 66–70. Derselbe: Praktische Unternehmensführung. 6. Nachlief. 1993, S. 20–40

5 Gareis, R.: Management von Projektnetzwerken. Projekt Management Austria, Heft 9/Juni 1991, S. 10–12

6 Wille, R.: Bedeutungen von Begriffsverbänden. In: Beiträge zur Begriffsanalyse, herausg. von B. Ganter, R. Wille und K. E. Wolff, Mannheim 1987, S. 161–211. Derselbe: Knowledge Acquisition by Methods of Formal Concept Analysis. Preprint 1238, Darmstadt 1989. Derselbe: Concept Lattices and Conceptual Knowledge Systems. Preprint 1340, Darmstadt 1990, S. 1–8.

7 Tammena, E.: Projekt-Controlling praktisch. controller magazin 1988, S. 6

8 Bessai, B.: Kostenmäßige Verfolgung von Projekten durch die Ermittlung und Analyse von Abweichungen, dargestellt am Beispiel von EDV-Projekten. Zeitschrift für betriebswirtschaftliche Forschung 1985, S. 528 ff

9 Steinhart, R.: Die organisatorische Einbindung des Projektcontrolling im Unternehmen. Unveröffentlichte Diplomarbeit Univ. Hohenheim 1993, S. 81–84

10 Furrer, R.: Management komplexer, multinationaler Raumfahrtprojekte. In: Projektmanagement-Forum '92. Dokumentation, herausg. von D. Lange und H. Schelle, München 1992, S. 92

Projektmanagement – der Weg zum dynamischen Unternehmen

Dipl.-Betriebsw. Wolfgang Böhm

Ernst & Young Unternehmensberatung München GmbH, München

1 Ein technologieorientiertes Dienstleistungsunternehmen soll wieder in Schwung kommen

1.1 Die Situation des Unternehmens

Es handelte sich um ein hochspezialisiertes Dienstleistungsunternehmen, das technische Systeme entwickelt und vermarktet, die überwiegend in komplexen Ingenieurbauten, zum Beispiel im Stahl- und Anlagebau, Verwendung finden. Das Geschäft wird über Niederlassungen, Tochter- und Beteiligungsgesellschaften sowie Lizenznehmer betrieben. Die Gesellschaft ist selbst in ein Konzernunternehmen eingebunden, dessen Forschungs- und Entwicklungsbereich sie bisher nutzte. Die Kernkompetenz als Ingenieurunternehmen liegt in der Entwicklung, Projektierung und termingerechten Bereitstellung technischer Lösungen, die den Einsatz von Stahlelementen erfordern.

Das Unternehmen zeigte eine gewachsene und traditionell begründete Organisationsstruktur. Es gab insgesamt 18 Führungsbereiche bei rund 100 Mitarbeitern, die Niederlassungen und Auslandsgesellschaften nicht mitgerechnet. Der Forschungsbereich führte als Zentralbereich des Konzerns ein Eigenleben und definierte Entwicklungsvorhaben ausschließlich aus einem wissenschaftlichen Anspruch heraus, nicht aufgrund von Markterfordernissen bzw. Marktchancen.

Das Unternehmen verfügte über ein sehr gutes Ingenieurpotential, eine bewährte Produktpalette und ein gutes Marktpotential. Die betriebswirtschaftlichen Zahlen deuteten jedoch bereits eine bevorstehende Krise an. Die Patentrate war stark rückläufig, die Umsätze stagnierten bei sinkenden Deckungsbeiträgen. Hinzu kam, daß die Konzernleitung die bisherigen F&E-Leistungen, die von einem Zentralbereich des Konzerns für die Ingenieurgesellschaft erbracht wurden, der Gesellschaft direkt zuordnen und somit die Kostenverantwortung dorthin verlagern wollte. Dies hätte die Gesellschaft innerhalb der nächsten beiden Jahre in den Verlustbereich geführt.

Das Management war ausgesprochen technikorientiert. Die kaufmännische Seite wurde als nachgeordnet betrachtet. Der Vertrieb war wegen der Produktkomplexität mit Ingenieuren, sogenannten Bereichsleitern, besetzt. Die Fähigkeit zur Zusammenarbeit der Funktionsbereiche war durch Ressortegoismen belastet.

Ein Bindeglied zwischen den funktionalen Einheiten stellten die vertriebsorientierten Bereichsleiter dar, deren Aufgabenfeld formal wenig konkret und verbindlich festgelegt war, die sich aber – nach eigenem Ermessen – multifunktional in das Geschehen einbrachten. Somit bestand zwar eine »generelle« Einbindung der Bereichsleiter in alle Vorgänge, aber keine eindeutige Verantwortung. Die Bereichsleiter waren nach Produktbereichen ausgerichtet, sodaß möglicherweise mehrere Bereichsleiter mit einem Kunden in Kontakt standen. Die Aufgabenteilung in Projektierung und Materialwirtschaft erfolgte ebenfalls nach Produktbereichen, allerdings nicht überschneidungsfrei. Damit kam es zu Doppelarbeiten, unklaren Zuständigkeiten und quasi unverantworteten Handlungsräumen.

1.2 Zielsetzung und Auftrag

Nachdem der bisherige Geschäftsführer eine Aufgabe im Konzern-Management übernommen hatte, wollte der neue Geschäftsführer mit Hilfe des externen Beraters zunächst eine Bestandsaufnahme durchführen, um dann ein zukunftsweisendes organisatorisches Konzept zu entwikkeln. Das gemeinsame Ziel von Geschäftsführung und Berater war es, das in traditionellen Strukturen und Verfahren verhaftete Unternehmen in Schwung zu bringen.

Das Management der Gesellschaft, gestützt vom Konzernvorstand, war sich darüber im Klaren, daß Organisation und Führungsstruktur grundlegend verändert werden müßten, um eine positive Zukunftsentwicklung zu sichern. Aber woher kommt es, daß eine bisher offenbar bewährte und weitgehend problemlos gelebte Struktur für die Zukunft nicht mehr taugen soll? Diese Frage war bei den Gesprächen mit zahlreichen Mitarbeitern und insbesondere mit dem mittleren Management immer wieder zu hören. Neuer Geschäftsführer und Berater waren sich darin einig, daß dem Unternehmen die nötige innere Dynamik fehlte. Es ging also darum, eine Organisation zu schaffen, die durch Flexibilität und Anpassungsfähigkeit gekennzeichnet und auf Innovation und Erfolg ausgerichtet ist.

Unternehmensdynamik 2

Die Unternehmensumwelt verändert sich und damit ändern sich auch die Bedingungen für erfolgreiches unternehmerisches Handeln 2.1

Anpassungs- und Reaktionsfähigkeit sind wichtige Erfolgsfaktoren in einer Zeit des Wandels. Zunehmende Internationalisierung und Beschleunigung der Marktdynamik stellen gerade etablierte Unternehmen vor Herausforderungen, eröffnen aber gleichzeitig neue Chancen für Pioniere und die Unternehmen, die sich ihren unternehmerischen Pioniergeist erhalten haben.

Pioniergeist bedeutet u.a. Innovationsfähigkeit, Veränderungssensibilität, Anpassungsfähigkeit und kurze, unkomplizierte Umsetzung bei flexiblen und hierarchiearmen Strukturen. Die Ausrichtung aller auf ein gemeinsames Ziel macht das Pionierunternehmen selbst zu einem großen Projekt. Aber auch in etablierten Organisationen fördert die projektbezogene Zusammenarbeit die Überwindung starrer Strukturen. Projektmanagement als Führungs- und Organisationskonzept wirkt flexibilisierend und unterstützt damit die geforderte Unternehmensdynamik.

Die beschleunigte Marktdynamik führt zu verschärftem Qualitäts-, Kosten- und Zeitwettbewerb. Damit sind die traditionellen Organisations- und Führungsstrukturen auf den Prüfstand zu stellen, denn interne Machtstrukturen und funktionale Erbhöfe stehen der im Wettbewerb geforderten Dynamik häufig im Wege. Vor diesem Hintergrund sind vor allem Managementkonzepte gefordert, die eine rechtzeitige Anpassung an veränderte Bedingungen ermöglichen, denn die Risiken des Wandels können nur durch erhöhte Reaktionsfähigkeit beherrscht werden.

Die strategische Herausforderung besteht darin, durch eine marktorientierte Unternehmensstruktur Erfolgspositionen im Wettbewerb dauerhaft zu sichern und gleichzeitig durch gezielte Anpassungs- und Veränderungsprozesse strategische Erfolgspotentiale neu zu erschliessen und auszuschöpfen. Einen solchen Ansatz der strategischen Ausrichtung unterstützen prozeß- und projektbezogene Führungssysteme.

An einem Fallbeispiel soll gezeigt werden, wie mit Projektmanagement die Unternehmensentwicklung eines gewachsenen Dienstleistungsunternehmens bewußt gestaltet und ein dynamisches Organisations- und Führungskonzept entwickelt und umgesetzt wurde.

2.2 Auch Unternehmen unterliegen einem Lebenszyklus

Das Konzept des *Lebenszyklus* ist der Biologie entnommen. Das Lebenszyklus-Modell beschreibt den evolutionären Prozeß des Werdens, Wachsens und Vergehens. Dieser Prozeß ist auf alle lebenden Organismen und damit auch auf Unternehmen als lebende Organisation übertragbar. Der Lebenszyklus eines Unternehmens vollzieht sich in Phasen, die durch bestimmte Merkmale gekennzeichnet sind. Die Reihenfolge dieser Phasen ist vorgegeben, Dauer und Intensität der durchlebten Phasen sind jedoch variabel und beeinflußbar. Sie sind neben internen Faktoren wesentlich von den Umweltbedingungen (Lebensbedingungen) beeinflußt.

Die Entwicklungs- und Überlebenschance von Unternehmen ist vor allem von der Fähigkeit abhängig, sich auf diese Umweltbedingungen einzustellen und im Veränderungsprozeß spezifische Kernfähigkeiten bewahren, entwickeln und flexibel einsetzen zu können. Diese Kernfähigkeiten entstammen einer »inneren Programmierung« des Unternehmens, die u.a. durch die Organisations- und Führungsstruktur geprägt wird. Die Fähigkeit, Herausforderungen zu erkennen, sie positiv anzunehmen und aktiv an deren Bewältigung heranzugehen, indem alle verfügbaren Kräfte zielgerichtet und koordiniert eingesetzt werden, ist für eine positive Entwicklung unabdingbar.

2.3 Die Lebensphasen des Unternehmens

Der Lebenszyklus eines Unternehmens läßt sich in folgende Phasen strukturieren:

- Pionierphase
- Wachstumsphase
- Reifephase
- Wendephase

In der *Pionierphase* kann die strategische Neuorientierung relativ leicht vollzogen werden, weil die nötige Anpassungsbereitschaft und Flexibilität noch gegeben ist. Unternehmen in der Pionierphase zeichnen sich durch flache Strukturen, schnelle und unkomplizierte Information und Kommunikation und ausgeprägtes unternehmerisches Engagement aus.

In der *Wachstumsphase* ist das Augenmerk auf Diversifikation oder Multiplikation der bewährten Konzepte gerichtet. Die Beherrschung der zunehmenden Komplexität erfordert eine Professionalisierung des Managements und die Standardisierung von Systemen und Prozessen.

Das durch äußere und meist auch innere Stagnation gekennzeichnete *Reifeunternehmen* verfügt über klare und formal ausgeprägte Organisationsstrukturen. Bürokratisierung und Sicherheitsstreben stehen der notwendigen unternehmerischen Erneuerung und Veränderung entgegen.

Im Reifestadium ist eine Revitalisierung der Unternehmenskultur dringend erforderlich, um auf die Herausforderungen der Zukunft angemessen reagieren zu können. Unternehmen, die in starren Strukturen verharren, laufen Gefahr, irgendwann in die Überlebenskrise zu geraten. Genau in dieser Phase befand sich das betrachtete Unternehmen. Andererseits waren genügend Wachstumspotentiale, etwa durch neue Märkte und möglicherweise auch neue Anwendungsbereiche, neue Verfahren oder Stoffe vorhanden. Dieser Frage wurde in der Vergangenheit aber nicht systematisch genug nachgegangen. Der Fokus lag in der Perfektionierung der bestehenden Produkte bei einem zunehmend gesättigten Markt.

2.4 Flexibilisierung des Unternehmens durch Prozeß- und projektbezogene Führungsstrukturen

In der funktional ausgerichteten, traditionellen Strukturorganisation wird den hierarchischen Aspekten zu viel Beachtung geschenkt. Der ganzheitliche Nutzenaspekt im Sinne strategischer Erfolgspotentiale bleibt dabei meist auf der Strecke. Diesen Mangel können prozeß- und projektorientierte Organisationsformen ausgleichen. Die prozeßorientierte Führungsorganisation (z.B. Qualitätsmanagement, Innovations-

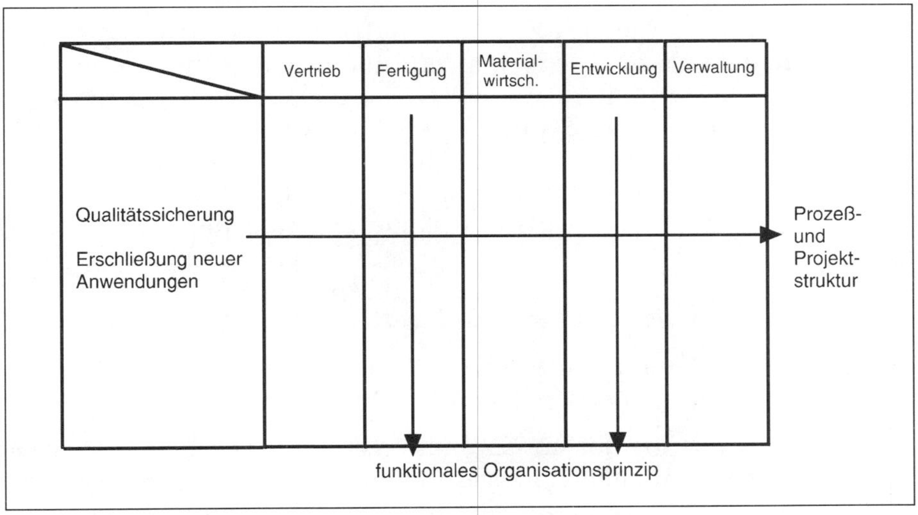

Abb. 1: Prozeßorientierte Organisation

management) stößt gezielte Verbesserungen an und sorgt für die erforderliche Anpassung der betrieblichen Programme (Produktpalette, Abläufe und Verfahren, Aktionen). Die Entwicklung und Umsetzung der entsprechenden Konzepte ist Projektaufgabe.

Während Prozeßmanagement dauerhaft auf einen definierten Prozeß und dessen Ergebnisse gerichtet ist, sind Projekte zeitlich eindeutig begrenzt. In beiden Fällen wird jedoch eine konkrete Aufgabe gestellt, deren Ergebnisse planbar und nachprüfbar sein müssen.

Projekt- und Prozeßmanagement können gerade im Sinne einer hierarchiefreien Koordination zur Reduzierung der Schnittstellenprobleme mit der funktionalen Organisation verknüpft werden.

3 Strategische Erneuerung eines Unternehmens

3.1 Voraussetzung ist ein klares Bild von der Zukunft

Nur wenn wir ein klares Ziel vor Augen haben, sind wir bereit, einen neuen Weg zu gehen. Dies ist in der Natur des Menschen begründet, denn unsere Überlebensstrategie beinhaltet gleichermaßen das Streben nach Sicherheit und die Neugier auf Fortschritt. Die Akzeptanz für organisatorische Veränderungen läßt sich nur dann erreichen, wenn – gemeinsam mit dem Management – ein klares Bild von der Unternehmenszukunft entwickelt und die Notwendigkeit der Veränderung allen Beteiligten unmißverständlich vermittelt werden. Dies setzt Mut des Managements und Einfühlungsvermögen des Beraters voraus. Die mit der Veränderung angestrebten Ziele sind deshalb klar herauszuarbeiten.

In unserem Fall war das Ziel, die Erfolgspotentiale des Unternehmens systematisch zu erschließen und die unternehmerischen Prozesse darauf auszurichten. Es sollte eine dynamische Organisation geschaffen werden, die eine zukunftsgerichtete Unternehmensentwicklung möglich macht. Voraussetzung war allerdings eine kritische Bestandsaufnahme der Organisation, in der die Aufgabenstrukturen, die Kernprozesse und kritischen Erfolgsfaktoren unter die Lupe genommen wurden.

3.2 Konsequente Ausrichtung an den künftigen Erfolgsfaktoren

In Managementklausuren wurden die Erfolgsfaktoren identifiziert und im Hinblick auf ihre künftige Bedeutung im Markt bewertet.

Aus der Bewertung der künftigen Erfolgsfaktoren und der Analyse der derzeitigen, tatsächlichen Performance des Unternehmens lassen sich Veränderungsbedarf erkennen und konkrete Anforderungen für die künftige Organisation ableiten.

Erfolgsfaktoren	hoch	mittel	gering
Technologische Leistungsfähigkeit			
Innovationsfähigkeit (Forschung/Entw.)			
Produktgestaltung/Konstruktion/Design			
Fertigungsorganisation			
Marktmanagement (Markterschließung)			
Vertriebsorganisation (Kundendienst)			
Logistik (Beschaffung, Verteilung)			
Organisation			
Betriebswirtschaft (Kosten, Finanzen)			

Abb. 2: Erfolgsfaktoren

Konzeptionelle Ansätze zur Neuausrichtung der Organisation 3.3

In der Organisation sind die zur Erfüllung des Unternehmenszwecks und der damit verbundenen Leistungen erforderlichen Funktionen (und nur diese) wirkungsvoll zu verankern. Das Zusammenwirken der Funktionseinheiten ist so zu gestalten, daß die Kernfähigkeiten im Sinne strategischer Erfolgsfaktoren zur Geltung kommen und dauerhaft gesichert werden. Aus der Erschließung und Ausschöpfung von Erfolgspotentialen muß eine innere Dynamik entstehen und durch das strategische Management erhalten werden. Und schließlich muß das Unternehmen in seiner Struktur so flexibilisiert werden, daß es bei veränderten Markt- und Umweltbedingungen rechtzeitig und angemessen reagieren kann.

Projektmanagement ist mehr als eine Technik 3.4

Projektmanagement wird häufig mit der Methodik projekthaften Arbeitens und den damit verbundenen Techniken, wie Projektstrukturierung, Phasensteuerung, Netzplantechnik usw. gleichgesetzt. In der Bauindustrie oder dem Anlagenbau, der Softwareentwicklung und in vielen Bereichen der Beratung ist jedoch die Gesamtorganisation auf Projekte ausgerichtet. Projektmanagement kann über den instrumentellen Ansatz hinaus auch als strategisches Führungs- und Organisationskonzept verstanden werden. Unternehmen, deren Struktur an Projekten orientiert ist, sind in hohem Maße flexibel und erfolgsorientiert. Während Ressortchefs für Jahresbudgets und fachliche Einzelergebnisse in ihrer Gesamtheit verantwortlich sind, tragen Projektmanager die Verantwortung für die konkrete Zielerreichung im Projekt. Durch die zeitliche Begrenzung von Projekten stehen sie damit immer wieder und ständig in einer sehr konkreten Verantwortung für den Erfolg sowohl ihren Kunden als auch dem Unternehmen gegenüber.

3.5 Flexibilisierung und Dynamisierung durch einen Verbund aus funktionaler, prozeß- und projektbezogener Führung

Eine auf Zukunftssicherung ausgerichtete Unternehmensorganisation muß die Entwicklung und Sicherung der Erfolgspotentiale des Unternehmens fördern. Dies leisten prozeß- und projektbezogene Führungskonzepte besser als die funktionale Strukturorganisation, weil diese auf funktionsübergreifende Integration ausgerichtet und durch externe Faktoren (Markterfordernisse, Projektauftrag) einer permanenten Leistungskontrolle unterworfen sind. Die prozeßbezogene Führung zielt auf Effizienz ab. *Prozeßmanagement* ist eine zentrale, ressortübergreifende Aufgabe, die auf Dauer angelegt und durch konkret festgelegte Prozeßziele (z.B. Qualität, Innovationsrate, Durchlaufzeitverkürzung) und die Zuordnung von Prozeßkompetenz (im Sinne einer Querschnittskompetenz) und Prozeßverantwortung organisatorisch verankert wird.

Im vorliegenden Fall wurden Marketing- und Logistikprozeß neu definiert und als Verantwortungsbereiche in der Führungsstruktur verankert. Der Marketingprozeß richtet sich auf die Entwicklung und

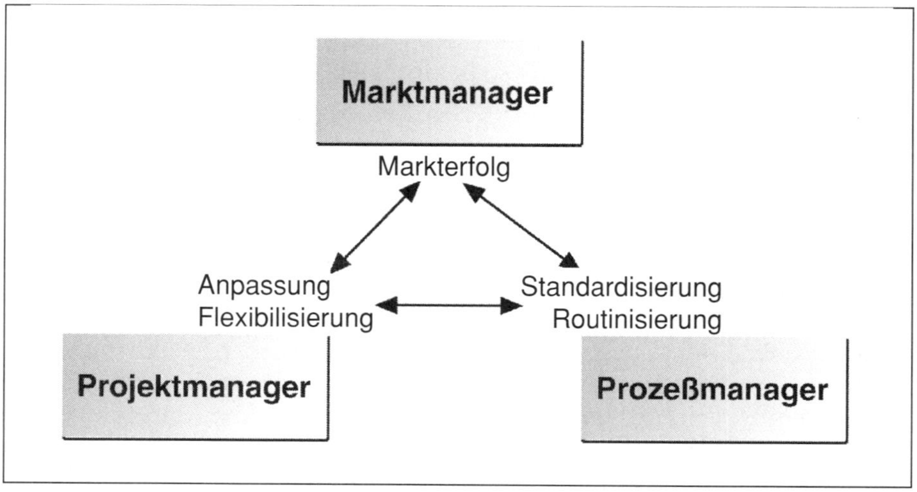

Abb. 3: Führungsstruktur

Erschließung von Erfolgspotentialen. Dies schließt Produktanpassung und die Vorgabe von Anforderungen an Produktinnovationen mit ein. Der Logistikprozeß ist auf kundenorientierte, prompte Bedarfserfüllung gerichtet. In der Strukturorganisation sind jeweils Funktionsbereiche definiert worden, die die Führerschaft für die Prozesse im Sinne einer Querschnittsfunktion übernehmen. Eine Schlüsselrolle kommt dabei den Produktmanagern zu, die sowohl in den Marketing- wie in den Logistikprozeß einbezogen sind und zudem das Projektmanagement in Projektierung, Produktpflege und auftragsbezogener Produktentwicklung übernehmen.

Durch Verknüpfung der funktionalen Organisation mit markt-, prozeß- und projektorientierten Organisationsformen kann eine Dynamisierung der an sich starren Linienstruktur erreicht werden. Durch die Ausrichtung auf die für die strategischen Erfolgsfaktoren wichtigen Kernprozesse sowie durch ressortübergreifendes Projektmanagement für zeitlich befristete, innovative oder außergewöhnliche Aufgaben werden die Kräfte auf die wesentlichen und zukunftsweisenden Aufgaben konzentriert. Notwendige Veränderungen können systematisch erkannt und notwendige Anpassungen schneller bewältigt werden.

4 Der Weg zur neuen Unternehmensstruktur

4.1 Organisatorische Bestandsaufnahme und Ableitung der Kernprozesse

Im Rahmen der organisatorischen Bestandsaufnahme wurden die Aufgaben und Tätigkeiten der untersuchten Funktionseinheiten analysiert. Dabei zeigten sich im wesentlichen drei Leistungsprozesse:

- *Projektierung*

  Hierunter fiel die technische Bearbeitung der Aufträge einschließlich Konstruktion, Statik, Montageplanung und Kalkulation, ebenso die auftragsbezogene Entwicklung technischer Lösungen und projektspezifische Produktanpassungen.

- *Auftragsabwicklung*

  Hierunter wurde die Abwicklung des reinen Liefergeschäfts (ohne oder nach Projektierung) einschließlich Konfektionierung, Versand und Rechnungsstellung verstanden.

- *Produktentwicklung*

  Die Entwicklung bezog sich vor allem auf Produktanpassungen und Weiterentwicklungen, weniger auf Neuentwicklung im Sinne echter Innovation.

4.2 Kritische Analyse der Funktionsbereiche im Hinblick auf Kernprozesse und Erfolgsfaktoren

Die Kernprozesse wurden einer kritischen Analyse unterzogen. Dabei wurde hinterfragt, ob und in welchem Maße die kritischen Erfolgsfaktoren in diesen Prozessen berücksichtigt werden. Zentrale Kriterien für die Bewertung des Entwicklungsprozesses waren beispielsweise

- Schnelligkeit
- Marktreife/anwendungstechnische Umsetzbarkeit
- technischer Vorsprung gegenüber Wettbewerb
- Umgang mit verfügbarem Wissen im Prozeß (Wissenslogistik)

Es stellte sich heraus, daß die derzeitige Organisationsstruktur die Kernprozesse nicht ideal unterstützte. Die Qualität der Prozesse war von der Koordinationsfähigkeit einzelner Bereichsleiter und der Kooperationsbereitschaft der Fachbereiche abhängig. Insbesondere der Entwicklungsprozeß war wenig geregelt. Entwicklungen wurden parallel im Rahmen auftragsbezogener Projektierungen von unterschiedlichsten Stellen des Hauses betrieben, wobei die Entwicklungsabteilung unterschiedlich intensiv – oder auch gar nicht – einbezogen war. Zur besseren Unterstützung der Bereichsleiter wurde ein technischer Stab unterhalten, der – ähnlich wie die Entwicklungsabteilung – produktbezogene technische Kompetenz vorhielt. Die Entwicklungsabteilung selbst war überwiegend mit Supportaufgaben im Tagesgeschäft befaßt und nur zum geringen Teil mit innovativen Aufgaben. Dem Entwicklungsbereich waren u.a. Statiker, CAD-Konstrukteure, ein Beauftragter für Qualitätssicherung und mehrere Produktingenieure (für anwendungsbezogene Produktanpassungen) zugeordnet. Eine Abstimmung zwischen Entwicklern und den vertriebsorientierten Bereichsleitern gab es – wenn überhaupt – nur informell.

Die Marketingfunktion wurde von einer Stabstelle wahrgenommen, deren Aufgaben auf Werbung und Öffentlichkeitsarbeit reduziert waren. Als strategische Managementfunktion wurde Marketing nicht wahrgenommen.

In die liefertechnische Auftragsabwicklung waren die Bereichsleiter, eine Auftragsabwicklungsstelle und die Abteilung Materialwirtschaft/Einkauf involviert. Auch hier gab es keine klare Abgrenzung der Aufgaben. Es gab keine strikte Trennung von reinen Lieferaufträgen (ohne technische Bearbeitung) und Aufträgen, die eine Projektierung erforderten. Dies führte dazu, daß sich Produktingenieure aus dem technischen Stab, Entwicklungsingenieure und Bereichsleiter in die Auftragsbearbeitung einmischten.

Insgesamt war festzustellen, daß Zuständigkeit und Verantwortung für die Kernprozesse nicht klar geregelt waren und die relativ starre, funktionale Struktur nicht geeignet war, diese Kernprozesse wirkungsvoll zu unterstützen. Für funktionsübergreifende Aufgaben fehlte es am nötigen *Schnittstellen-Management*. Die Folge waren

- Überkapazitäten durch mehrfache Vorhaltung von Kompetenz
- Reibungsverluste durch schwierige Abstimmprozesse in den Schnittstellenbereichen
- unklare und damit nicht wahrgenommene Verantwortung in wichtigen unternehmerischen Fragen

Die Marketingfunktion war nicht ausreichend ausgeprägt, der Entwicklungsbereich war personell zwar üppig besetzt, die Innovationsfähigkeit des Unternehmens dennoch gering. In der Entwicklungsabteilung wurden beispielsweise nur rd. 40% der Zeit für Entwicklungsaufgaben überhaupt und etwa 10% für wirklich innovative Vorhaben eingesetzt. Eine Analyse der Patentanmeldungen ergab eine stark rückläufige Innovationsrate in den letzten Jahren. Das Unternehmen war somit in seinen Kernkompetenzen gefährdet.

Nach der organisatorischen Bestandsaufnahme und einer kritischen Analyse wurden in mehreren Sitzungen mit dem Management die künftige strategische Ausrichtung und die erforderlichen organisatorischen Anforderungen abgestimmt.

Ableitung der Führungs- und Verantwortungsbereiche 4.3

In den gemeinsamen Sitzungen mit dem Management wurde deutlich, daß es für die langfristige Erfolgssicherung des Unternehmens vor allem auf eine hohe Marketing-, Technik- und Logistik-Kompetenz ankommen würde.

Die Entscheidung über die zu wählende Form der Aufbau- und Ablauforganisation muß sich daran orientieren, inwieweit sie geeignet ist, diese Kernkompetenzen zu unterstützen. Es sind entsprechende Verantwortungsbereiche zu schaffen und geeignete Steuerungsmechanismen zu verankern, die eine Ausrichtung aller Funktionseinheiten auf die strategischen Ziele erlauben. Die Managementverantwortung ist dabei neben den funktionalen Organisationseinheiten auch auf die Leistungsprozesse zu richten.

Das Gesamtgeschäft wurde in die beiden Hauptbereiche *Handel und Logistik* und *Ingenieurgeschäft* mit technischer Projektbearbeitung differenziert. Dabei sind folgende Prozesse von Bedeutung:

- Marktbearbeitung und Akquisition (Vertrieb)
- Auftragsabwicklung und Logistik
- Abwicklung des Projektgeschäfts (mit technischer Bearbeitung)
- Produktgestaltung und Produktpflege
- Produktinnovation (einschließlich Erschließung neuer Anwendungsfelder)

Aus den Kernprozessen wurden Führungs- und Verantwortungsbereiche abgeleitet, denen entsprechende Funktionen und Aufgaben zugeordnet wurden. Folgende Managementbereiche wurden festgelegt:

- regionales Markt- und Kundenmanagement
- Logistik und administrative Abwicklung (einschließlich Auftragsabwicklung)
- Produktmanagement (einschließlich technischer Projektbearbeitung)
- Innovationsmanagement

4.4 Die neue Struktur

Für die künftige Unternehmensstruktur wurden für die wesentlichen Geschäftsprozesse eindeutige Verantwortungsbereiche definiert. Die technische Kompetenz wurde im Produktmanagement und produktübergreifend, im Entwicklungsbereich verankert. Außerdem wurde die Verantwortung des strategischen und des operativen Managements herausgestellt und im Organigramm deutlich gemacht.

Die Marketingkompetenz wird von regionalem Marktmanagement und Produktmanagement getragen. Marketing wird damit nicht als begrenztes Ressort, sondern als unternehmerische, auf den Markt gerichtete Grundhaltung verstanden, die in funktionsübergreifenden Prozessen zur Wirkung kommt und durch das strategische Management angestoßen und gesteuert wird.

Die *regionalen Marktmanager* haben die Aufgabe, neue Märkte in den ihnen zugeordneten Regionen zu erschließen, bestehende Märkte zu sichern und für die nötige Marktdurchdringung zu sorgen. Ihnen obliegt die Kundenpflege und die Vertriebssteuerung (über Vertragspartner) vor Ort. Der Fokus der Regionalmanager liegt in der Ausschöpfung von Marktpotentialen.

Die *Produktmanager* nehmen die Funktion des Produktmarketing wahr. Sie erschließen neue bzw. weitere Anwendungsfelder für beste-

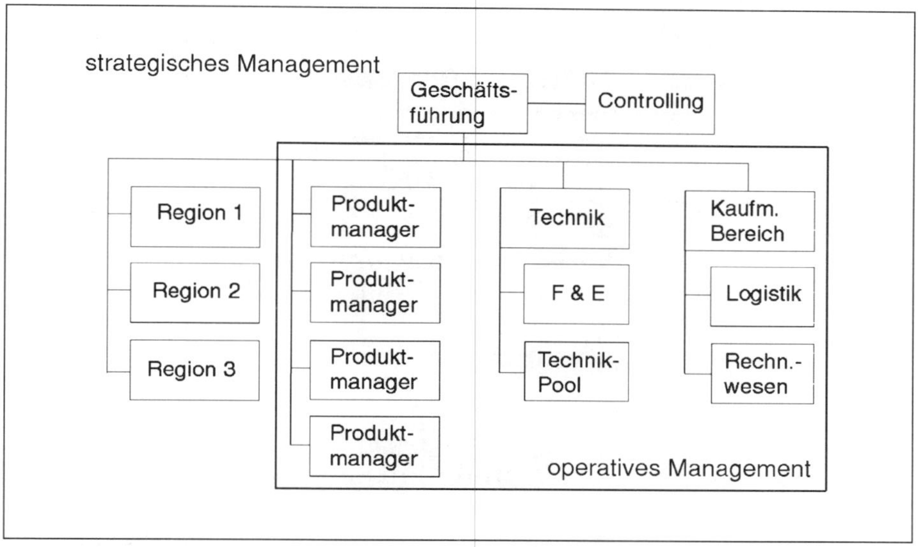

Abb. 4: Neue Aufbauorganisation

hende Produkte und sichern die Wettbewerbsfähigkeit der Produkte über Qualität, technischen Standard und das Preis-Leistungsverhältnis ihrer Produkte. Sie tragen damit Verantwortung für die Wirtschaftlichkeit und die Produktpositionierung im Produktlebenszyklus. Im Rahmen des Projektgeschäfts steuern sie die technische Bearbeitung im Sinne des Projektmanagements. Sie führen – allerdings nur projektbezogen – Mitarbeiter aus anderen Funktionsbereichen, insbesondere aus dem Technikpool. Der Produktmanager sorgt für das erforderliche Produktwissen im Vertrieb und unterstützt die Vertriebsfunktion der Regionen. Sein Fokus liegt in der Ausschöpfung anwendungstechnischer, produktbezogener Potentiale.

Im Sinne der Unternehmensentwicklung spielt der Innovationsbereich eine strategische Rolle. Es wurde erkannt, daß ein erfolgsbezogenes und kostenorientiertes *Innovationsmanagement* geschaffen werden muß. Gleichzeitig sollen technische Kompetenz und technischer Vorsprung durch neue, marktgerechte Problemlösungen gesichert werden. Die Führung des Entwicklungsbereichs erfordert deshalb visionäre Kraft und strategische Orientierung einerseits, aber auch konsequentes Management mit Planung und Kontrolle der für Innovationsvorhaben bereit gestellten Ressourcen. Der Entwicklungsbereich wurde deshalb – ebenso wie der des Produktmanagements – nach den Regeln des *Projektmanagements* gestaltet. Auf diese Weise wird die funktionsübergreifende Zusammenarbeit gefördert und die strikte Ausrich-

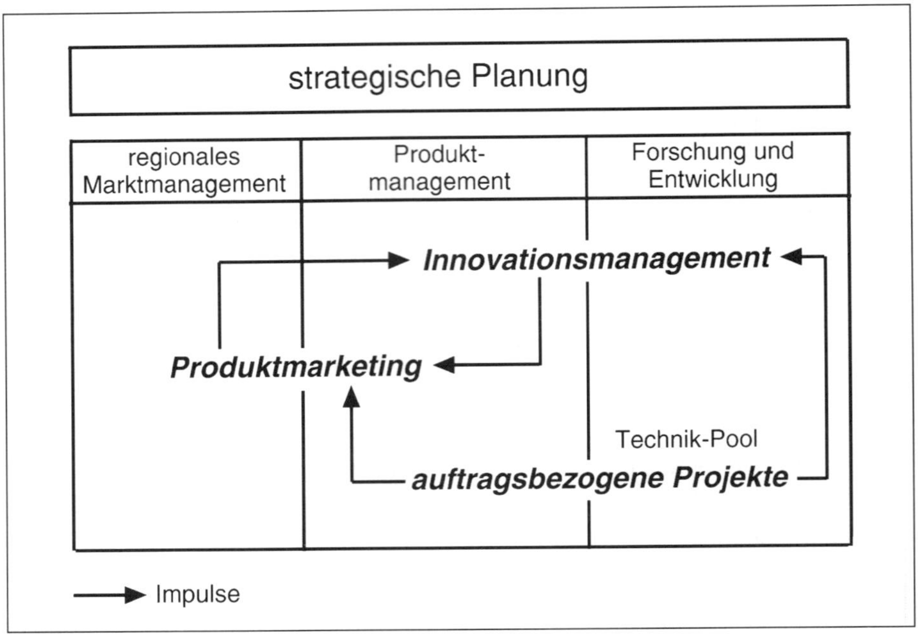

Abb. 5: Neue Ablauforganisation

tung an einer strategischen Planung und den tatsächlichen Anforderungen des Marktes (der Kunden) sicher gestellt.

4.5 Projektgesteuertes Innovationsmanagement

Im Rahmen der strategischen Planung werden beispielsweise Entwicklungsvorhaben definiert und in Bezug auf Erfolgspotentiale bewertet. Für die im Entscheidungsprozeß des Managements mit hoher Priorität versehenen Vorhaben werden die erforderlichen Ressourcen – und zwar projektbezogen – definiert und budgetiert. Damit ist eine bestmögliche Ressourcenverwendung gewährleistet und die Erfolgskontrolle durch das Management sichergestellt. Die Aufgabenplanung und Einsatzsteuerung erfolgt innerhalb des Projektauftrages.

Zur Sicherung der erforderlichen Kapazität und der Bereitstellung der technischen Kompetenz im Rahmen auftragsbezogener Projektierungen wird im Entwicklungsbereich ein Technikpool vorgehalten, der – projektbezogen- sowohl an Entwicklungen wie an Projektierungen (unter der Verantwortung des jeweiligen Produktmanagers) arbeitet. In diesem Technikpool sind zudem funktionale Experten wie z.B. Statiker und CAD-Konstrukteure angesiedelt, die sowohl für auftragsbezogene Projekte wie für Entwicklungsprojekte eingesetzt werden können. Durch ein entsprechendes Projektmanagementkonzept mit Auftragserteilung, Projektplanung und Controlling im Sinne eines Multiprojektmanagements können die Probleme, die bei knappen Ressourcen und konkurrierenden Projekten entstehen können, gelöst werden. Gleichzeitig dient die Einführung des Projektmanagement als Organisations- und Führungskonzept dem Schnittstellen-Management zwischen Entwicklung, Projektbearbeitung, Anwendungstechnik und Auftragsbearbeitung.

Die Umsetzung 4.6

Die neue Struktur und die damit verbundenen Veränderungen hinsichtlich Zuständigkeiten, Aufgaben und Verantwortung wurden zunächst mit den Führungskräften ausgiebig diskutiert. Das Management ließ dabei keinen Zweifel an der Notwendigkeit und Sinnhaftigkeit der bevorstehenden Veränderungen. In Teilprojekten mit internen Teams wurden die Vorschläge des Beraters konkretisiert und Teilschritte für die Realisierung ausgearbeitet. Die Projektteams wurden in regelmäßigen Sitzungen durch den Berater begleitet. Die Realisierungsprojekte wurden zu strategischen Unternehmensprojekten erklärt, denen das Management höchste Aufmerksamkeit widmete. Für die Realisierungsphase wurde ein Projektmanagement mit Projektstruktur, Phasenplan und formaler Projektorganisation geschaffen.

In den Veränderungsprozeß waren alle Mitarbeiter einbezogen. Während des Veränderungsprozesses wurde größter Wert auf eine offene und zukunftsweisende Informationspolitik gelegt, um die Veränderungsbereitschaft und Motivation der Mitarbeiter zu fördern. Allein dadurch entstand eine Aufbruchstimmung und in einigen Teilbereichen der Organisation war wieder so etwas wie Pioniergeist zu spüren. Die neu geschaffene Position des Produktmanagers bedeutete beispielsweise eine enorme Herausforderung und zugleich eine bisher nicht vorhandene Karrierechance für junge, qualifizierte Ingenieure.

Es darf aber nicht verschwiegen werden, daß flachere Strukturen und die Überlagerung der Ressorts durch Projekt- und Prozeßmanagement vor allem im mittleren Management als Gefährdung wahrgenommen wurden. Deshalb wurden sehr früh mit den betroffenen Gruppen- und Abteilungsleitern durch den neuen Geschäftsführer Gespräche geführt, in denen offen und konkret die Zukunftsaussichten und die Erwartungen definiert wurden.

Die Rolle des Beraters 4.7

Die organisatorische Veränderung macht zusätzliche Managementkapazität erforderlich, um neue Lösungen zu entwickeln und Mitarbeiter und Führungskräfte an die veränderten Strukturen heranzuführen.

Häufig sind die in der Unternehmenstradition verwurzelten Menschen ohne externe Anregungen und gezielte Unterstützung nicht in der Lage, sich auf eine neue Unternehmenssicht einzustellen. Gerade im Veränderungsprozeß ist es von Vorteil, als Externer im betrieblichen Sozialisationsprozeß noch unverbraucht und in die Mikropolitik des Betriebes nicht unmittelbar einbezogen zu sein. Ganz wesentlich aber ist die gezielte und methodisch abgesicherte Vorgehensweise bei der Entwicklung und Implementierung neuer Organisations- und Führungskonzepte und die Projekt- und Krisenerfahrung, die der Berater mitbringt.

5 Fazit

Die Gesamtdauer des dargestellten Veränderungsprojektes betrug etwa ein Jahr, wobei die der Neustrukturierung vorausgegangene organisatorische Bestandsaufnahme bereits zu konkreten Verbesserungsvorschlägen führte, die kurzfristig umgesetzt werden konnten. Die Investition des Unternehmens, die mit dem Einsatz eines externen Beraterteams (3 Berater) verbunden war, wurde durch Realisierung der kurzfristigen Maßnahmen und der damit verbundenen Rationalisierungseffekte innerhalb eines Jahres amortisiert.

Das Unternehmen wurde in enger Kooperation von Management und Berater mit Erfolg auf einen neuen Kurs gebracht. Dieser Prozeß war nicht immer schmerzfrei. Mitarbeiter und Führungskräfte haben aber gelernt, die Verantwortung für eine positive Unternehmensentwicklung zu übernehmen. Die Realisierung erfolgte in Teilschritten. Dabei wurde den der Veränderungsbereitschaft und Veränderungsfähigkeit der Mitarbeiter große Aufmerksamkeit geschenkt.

Obwohl die Realisierung noch nicht vollständig abgeschlossen ist, kann der Erfolg der Neuausrichtung heute schon abgesehen werden. Der Gesamtnutzen wird sich erst dann zeigen, wenn die neue strukturelle Ausrichtung durch eine verbesserte Marktleistung zur Wirkung kommt. Unabhängig davon wurden durch Einführung von strategischer Planung und konsequentem Projektmanagement wesentliche Akzente in der Unternehmenskultur gesetzt.

Weiterführende Literatur 6

Grässle, Anton A.: Quantensprung. München 1993

Harrington, H. J.: The Improvement Process. New York 1987

Harrington, H. J.: Business Process Improvement. New York 1991

Lullies, V./Bollinger, H./Weltz, F.: Wissenslogistik. Frankfurt 1993

Püming, C./Prange, J.: Management der Unternehmensentwicklung. Frankfurt 1991

Saaman, W.: Auf dem Weg zur Organisation von Morgen. Stuttgart 1989

Projektmanagement und Informationssysteme – die Mischung macht's

Dr. Eric Schott M.A.

Campana & Schott Realisierungsmanagement, Köln

Angenommen, in Ihrer Firma gehen viele Aufträge ein (das ist gut).

Sehr viele Aufträge (das ist sehr gut).

Was aber tun, wenn der Auftragsberg so wächst, daß sogar die klare Sicht des Unternehmers nicht mehr allzuweit reichen kann? Seine Sicht muß durch eine gute Sicht von draußen verbessert werden, dauerhaft.

Der folgende Beitrag gibt Auskunft und konkrete Hinweise, wie eine gezielte Kombination aus Projektmanagement-Beratung und EDV-Einsatz zur nachhaltigen Senkung von Projektdauern führt. Ausgangspunkt ist die ausgewogene Berücksichtigung bzw. Einbindung von Geschäftsführung und Projektleitern.

Die Ausgangssituation 1

Das Unternehmen 1.1

KEWO Markenhaus ist eine innovative, stark expandierende Unternehmensgruppe der Baubranche mit europaweit ca. 450 Mitarbeitern.

Die einzelnen Unternehmen bieten insgesamt ein breites Produktspektrum an, das von Serienprodukten (Fertighäuser) bis hin zu individuellen, maßgeschneiderten Geschäftsbauten, Arzthäusern oder Ferienanlagen reicht.

Das Unternehmen versteht sich zugleich als Dienstleistungsunternehmen, das dem Bauherrn eine Vielzahl von Aufgaben abnimmt. Zu solchen Dienstleistungen gehört die Bereitstellung von Architektenleistungen bis hin zur gemeinsamen Formulierung und Durchsetzung von Bauanträgen.

Bereits in der Vergangenheit wurden vom geschäftsführenden Gesellschafter und seinem Prokuristen erste Schritte in Richtung Projektorientierung gemacht. Dabei sollte für alle Aufgaben im Verlauf eines Bauvorhabens ein Verantwortlicher sowie für alle Anliegen des

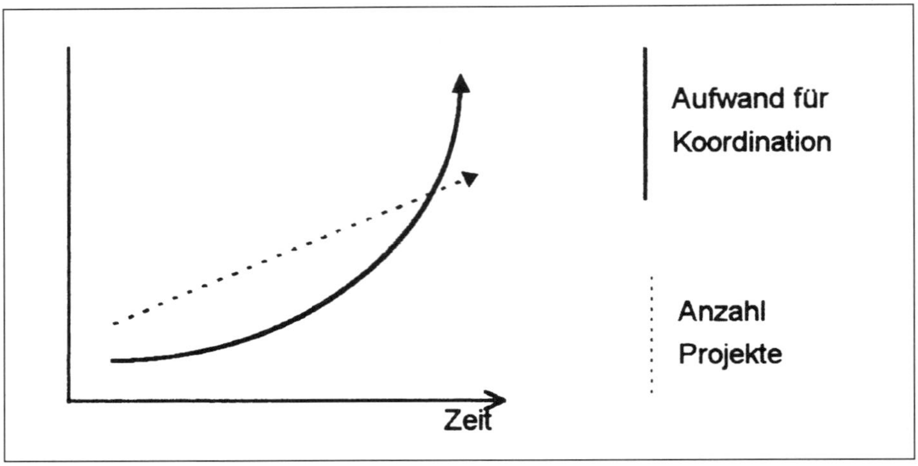

Abb. 1: Aufwandsentwicklung

Bauherrn ein zentraler Ansprechpartner zuständig sein: der Projektleiter.

1.2 Ein Berg von 700 Aufträgen

Die günstige Unternehmensentwicklung der letzten Jahre hat nun dazu geführt, daß über die Zeit mehr Aufträge eingehen als abgewickelt werden können. Infolge sind die Projektleiter zunehmend überlastet. Mehr und mehr Vorhaben geraten ins Stocken, oder schlimmer noch, in Vergessenheit.

Dabei wirkt der kumulierte Auftragsbestand von 700 Aufträgen, der mittlerweile knapp 200 Mio. DM ausmacht, bei *KEWO Markenhaus* wie eine Bremse: die durchschnittlichen Dauern der Bauprojekte steigen zunehmend – teilweise um 30 Prozent Verlängerung der mittleren Durchlaufzeit innerhalb eines Jahres. Damit bildet die Reorganisation der internen Prozesse und Abläufe das größte Potential für zusätzliche Erträge.

2 Der Auftrag

2.1 Vom Chaos zur Ordnung

Zu diesem Zeitpunkt wurde die *C&S Realisierungsmanagement* hinzugezogen. Gemeinsam mit der Geschäftsführung wurde in einem Workshop die folgende Zielsetzung für die Zusammenarbeit entwickelt:

Ziel	PM-Prozeß-neudefinition	Bestehende PM-Prozesse optimieren	Einsatz von Informationssystemen klären
Effizienzsteigerung und Kostensenkung im operativen Bereich		X	X
Reduzierung der Durchlaufzeiten bzw. der Projektdauern		X	X
Integration der bei KEWO definierten Geschäftsprozesse wie Projektplanung und -betreuung, Materialwirtschaft, Kundenservice usw.	X		X
Ausbau der in Ansätzen vorhandenen Projektstrukturen		X	
Operative Unterstützung der Projektteams	X		X
Vermeidung von Reibungsverlusten in der Zusammenarbeit zwischen den Abteilungen		X	
Ermittlung einer realistischen, transparenten Sicht auf die Wirklichkeit des Unternehmens: Aktuelle Informationen über Kapazitätsauslastungen, Meilensteine in den Projekten, Engpässe usw.		X	X
Intensivierung der Kundenorientierung		X	
Permanente Information statt monatliche »Papierberichte«	X		X

Abb. 2: Zielsetzungen für die Zusammenarbeit

Beratung und EDV-Einsatz verschmelzen 2.2

Aufgrund der Dringlichkeit der vorliegenden Probleme wurde von der *C&S Realisierungsmanagement* eine parallele Vorgehensweise vorgeschlagen: die Projektmanagement-Beratung verläuft simultan mit der Konzeption, Entwicklung und Einführung eines Informationssystems. D.h. zur Optimierung der internen Abläufe bei *KEWO* kommt die Realisierung einer EDV-Unterstützung hinzu.

Denn auch bei *KEWO* basiert Projektmanagement wesentlich auf Kommunikation und Informationsaustausch. Und dafür reichen die bisher vorhandenen Methoden nicht mehr aus. Die Mitarbeiter benötigen neue Methoden für den Kommunikationsbedarf im Projekt sowie für ihre tägliche Arbeitsplanung und -durchführung.

Im Fall *KEWO* führen diese Methoden zu einem »natürlichen Werkzeug« für die alltägliche Arbeit der Projektteams. Dieses Werkzeug muß der Entlastung der Projektteams dienen und damit zu einer intensiveren Kundenbetreuung führen. Gerade die Projektleiter und das *KEWO*-Marketing gaben zu verstehen, daß die Bauherrenbetreuung nach Vertragsabschluß bzw. die Qualitätssicherung insgesamt besser werden muß.

Auf Basis dieses Bedarfs wurde vom Beratungsunternehmen ein Vorgehen ermittelt, das einer Investition von ca. 150.000 DM seitens KEWO entsprach. Dieses »Paket« umfaßt die Umsetzung einer geeigneten Projektstruktur inklusive Optimierung der bisherigen Abläufe sowie die schlüsselfertige Realisierung einer unternehmensweiten Projekt-Datenbank.

3 Der Ansatz

3.1 Aufträge als Projekte verstehen und managen

Bereits zuvor wurden bei *KEWO* Aufträge meist als »Projekte« verstanden – ohne daß jedoch die verantwortlichen Mitarbeiter immer über das dafür notwendige Rüstzeug verfügten, beispielweise in den Bereichen

a) Terminsicherung

b) Meilensteinkoordination

c) Qualitätssicherung

Deshalb mußten die bisherigen Erfahrungen mit dem Projektmanagement bei *KEWO* ausgewertet und Anforderungen an neue Abläufe definiert werden. Hierbei konnten methodische Elemente aus der *PEP*-Methode zum Einsatz gebracht werden: Die *PEP*-Methode steht für *P*rozeß- und *E*rgebnisorientiertes *P*rojektmanagement und wurde in den letzten Jahren von *C&S Realisierungsmanagement* zusammen mit dem Kölner PM-Trainer Ralph Treier entwickelt.

Die PEP-Methode ist ein integrativer Ansatz, der auf der Verzahnung und Ergebniskopplung folgender Projektmanagement-Prozesse basiert:

1. *Konsensbildung bei der Zieldefinition*
2. *Projektplanung, insbesondere Termin- und Kostenplanung*
3. *Zusammenarbeit der Abteilungen anhand von Koordination der Meilensteine*
4. *Koordination und Verfolgung der Ziele*
5. *Entscheidungsfindung*
6. *Nutzen der bereits verfügbaren Mittel*
7. *Projektdokumentation*

Abb. 3: Die PEP-Methode

Mit Hilfe der *PEP*-Methode gelang es, die Vielzahl der Projekte bei *KEWO* nach vier verschiedenen Grundtypen zu klassifizieren. Zugleich wurden die bisherigen sowie die zukünftigen Abläufe in ein Meilensteinraster eingeteilt, das aus 40 (teils parallelen) Abschnitten besteht.

Auf dieser Basis wurden die Projektteams bzw. die Projektleiter in die Lage versetzt:

- ihre Aufgaben im Projektalltag effizienter zu koordinieren
- ihre Zuständigkeiten besser zu erkennen
- und so die Zusammenarbeit zwischen den Abteilungen insgesamt zu optimieren.

Projektmanagement-Beratung 3.2

Als Beispiel für die konkrete Vorgehensweise von *C&S Realisierungsmanagement* wird im folgenden kurz beschrieben, wie ein Projektmanagement-Workshop für die Feindefinition der Anforderungen an das unternehmensspezifische Projektmanagement genutzt wurde.

Teilnehmer des Workshops

- Geschäftsführung
- 3 Projektleiter

- 4 Mitarbeiter aus Abteilungen, die stark im Projektgeschäft der *KEWO* involviert sind
- 2 Moderatoren des Beratungsunternehmens

Ablauf des Workshops

- Dauer: 1,5 Tage
- Methode: Präsentation und Diskussion einer Fallstudie, Gruppenarbeit, Metaplan, PEP

1. Klärung der Ausgangssituation

2. Wie wird Projektmanagement bei KEWO zur Zeit praktiziert und »erlebt« (Erhebung auf Basis der PEP-Methode)?

3. Wo liegt das größte Potential für neue oder restruktrurierte Abläufe?

- ☐ *Welche für das Projektmanagement definierten Geschäftsprozesse sollen einbezogen werden – mit welcher Priorität?*
- ☐ *Wie erfolgt zur Zeit die Zusammenarbeit zwischen Projektleiter, Projektmitarbeitern und den Fachabteilungen, wie soll sie in Zukunft erfolgen?*

4. Diskussion und Spezifikation der Anforderungen

- ☐ *Wie kann ich die Zusammenarbeit im Projektteam optimieren?*
- ☐ *Wie kann ich mich durch Projektmanagement sinnvoll entlasten?*

- ☐ *Umsetzungsstrategien: Wie können die identifizierten Potentiale erreicht werden – Einführung eines Projekt-Informationssystems?*

Abb. 4: Workshop-Ablauf

3.3 Ein Frühwarnsystem für »hängende« Projekte

Neben der Ablaufdefinition wurde vom Beratungsunternehmen die Auswahl eines geeigneten EDV-Systems vorbereitet. Hier erlaubte die große Anzahl von Projekten, die untereinander vergleichsweise homogen sind, allerdings nicht die Einführung einer marktgängigen Projektmanagement-Software. Vielmehr mußten, aufgrund der Workshop-Ergebnisse, folgende Bereiche unterstützt werden:

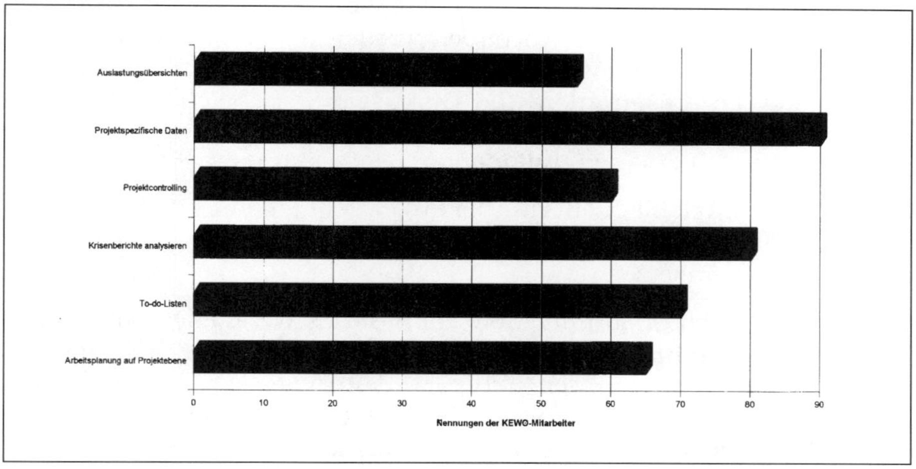

Abb. 5: Relevanz der unterstützten Bereiche

Dabei wurde, übergreifend und gleichsam quer zu diesen Bereichen, besonderes Augenmerk auf die »hängenden« Projekte gelegt. Das sind Projekte, deren Meilensteine deutlich im Verzug sind und bei denen sogar das geplante Projektende insgesamt, aus heutiger Sicht, gefährdet ist. Genau diese Projekte gilt es zu erkennen – so früh wie möglich. Daher sollten nicht nur die o.a. Aufgaben im Projektmanagement unterstützt werden, sondern das System insgesamt mußte zugleich als Frühwarnsystem eingesetzt werden können. Hierfür wurde der Aufbau eines computergestützten Informationssystems im Sinne einer Projekt-Datenbank vorgeschlagen. (Datenbank meint hier mehr als nur das strukturierte »Sammeln« von Daten.)

3.4 Indianer und Häuptlinge – jeder muß profitieren

Der von *C&S Realisierungsmanagement* entwickelte Ansatz einer Projekt-Datenbank kann jedoch nur greifen, wenn zwei Ebenen gleichberechtigt einbezogen werden:

- Operative Unterstützung der Projektleiter
- Zentrales Informationssystem für die Geschäftsführung

Das heißt konkret:

Für die *operative Steuerung der einzelnen Projekte* ergibt sich für die Projektteams der Bedarf, von der Neuplanung bis zur Verfolgung von Gewährleistungsansprüchen alle Vorgänge nachzuhalten und mögliche, absehbare Verzögerungen weitestgehend zu vermeiden. Für jedes Projekt bzw. für jedes Bauvorhaben werden dabei ab der Auftragsbestätigung relevante Informationen erfaßt über:

- realisierte Fortschritte in den Projekten
- beteiligte Personen, Kolonnen, Lieferanten usw.

Anwender sind dabei nicht nur die Projektleiter, sondern auch die Projektmitarbeiter und die Sekretariate werden dieses System in ihrem Arbeitsalltag einsetzen.

Für die *Geschäftsführung* aber muß dieses Werkzeug zum strategischen Informationssystem der *KEWO* werden. So muß jederzeit eine transparente Sicht auf den aktuellen Auftrags- bzw. Projektbestand möglich sein, mit der Option, zukünftige Entwicklungen, und vor allem Fehlentwicklungen, wie zum Beispiel mittelfristige Engpässe in der Montage, frühzeitig zu erkennen (und zu verhindern).

4 Die Lösung

4.1 Umsetzung der Beratungsergebnisse

Die Erfahrungen mit der Verbesserung der internen Abläufe fließen direkt und parallel in den Aufbau einer Projekt-Datenbank als Informationssystem ein. Diese unterstützt den Steuerungs- und Kommunikationsbedarf bei *KEWO* – indem das System die organisatorischen und technischen Gegebenheiten voll berücksichtigt:

- Zu den organisatorischen Gegebenheiten gehören die »Spielregeln«, auf deren Grundlage die einzelnen Projekte bearbeitet werden und die für die Erstellung der Terminabsprachen, Aufgabenpakete, Projektberichte, Auswertungen, etc. maßgeblich sind.
- Zu den technischen Gegebenheiten gehört beispielweise die momentane Ausstattung mit Hardware (Unix-Terminals und PCs) und die heterogene Netz-Infrastruktur (LANs/WANs in verschiedenen Standorten) inkl. der dort vorhandenen Basis-Software. Diese Gegebenheiten führten zum Einsatz der plattformübergreifenden Datenbank- und Entwicklungsumgebung von *PROGRESS*.

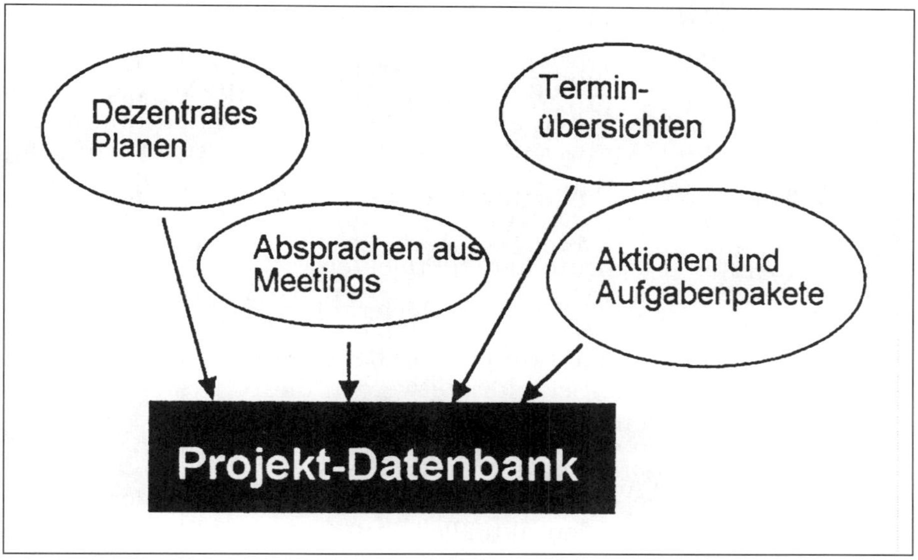

Abb. 6: System-Konzept

Auf dieser Grundlage wurde eine Einführung der Projekt-Datenbank in drei Stufen verabschiedet:

1. In der ersten Stufe werden in kurzer Zeit die Kernfunktionen der zukünftigen Projekt-Datenbank umgesetzt (August bis November 1994)
2. In der zweiten Stufe werden ein differenziertes Projektcontrolling und eine umfassende Kundendienststatistik umgesetzt. Parallel wird der Arbeitsbereich »Kundendienst«, d.h. Nachhalten der Gewährleistungsansprüche, Zuordnung der Mängelverursacher, usw., eingebunden (Januar bis April 1995)
3. In der dritten Stufe werden schließlich die »Zusammenstellung der Werkaufträge« sowie die Ankopplung an Materialwirtschaft, Bestellwesen und vor allem an die bestehende Interessentenverwaltung integriert (ab Mitte 1995)

Eine intelligente Projekt-Datenbank 4.2

Auf dem derzeitigen Realisierungsstand arbeiten alle am Projektgeschäft beteiligten Mitarbeiter, vom Kundendienst bis zum Geschäftsführer (über Laptop), mit der Projekt-Datenbank. Sie ist nicht nur ein strukturierter »Speicher« der Projektdaten, sondern die Projekt-Datenbank verfügt als vollständiges Computersystem über folgende Funktionalität:

1) Arbeitsplanung auf Projektebene
   - Laufende Terminplanung und -verfolgung (kein »Übersehen« oder »Vergessen« von wichtigen Terminen und Anlässen)
   - Zuordnung, Verteilung und Analyse der Projektinformationen
   - Erstellung von Listen und Auswertungsübersichten
2) Erstellung von persönlichen To-do-Listen
   - Handlungsbedarf in »hängenden« Projekten klären (Projekte, deren Meilensteine deutlich im Verzug sind und bei denen das geplante Projektende absehbar gefährdet ist)
   - Definition und Festhalten von Aktionen wie Briefen, Anrufen, Meetings, usw.
   - Tages- und Aufgabenplanung inkl. Wiedervorlage
3) »Krisenberichte« analysieren
   - »Krisenberichte« informieren als Basis für Projektteam-Besprechung über »hängende« Projekte: Wo stehen wir in bestimmten Projekten?
   - Aggregierte Anzeige der Projekte, die nicht im Plan sind
   - Liste, die in ausführlicher Form den aktuellen Stand »hängender« Projekte darstellt
4) Projektcontrolling
   - Controlling-Informationen wie Projektdurchlaufzeiten, Umsatz- und Kostentrends ermitteln
   - Durchschnittliche Projektdurchlaufzeiten ermitteln: Abweichungen von hinterlegten Abständen zwischen Meilensteinen gegenüber den durchschnittlichen Abständen je Projekt
   - Auslastung der Projektteams ermitteln: Anzahl der bearbeiteten Meilensteine/Projektschritte je Monat (Erweiterung heutiger »Teamberichte«)
5) Auftragsliste analysieren
   - »Vogelperspektive« auf alle parallele Projekte, Basis für Projektteam-Besprechung und Projektkommunikation
   - Übersicht über alle Projekte, für die ein Projektleiter verantwortlich ist

6) Auslastungsübersichten

   - Angaben über Terminsituation und Reichweite des Auftragsbestandes
   - Zeitauslastung: Wieviel Projekte werden wann fertig?
   - Ggfs.: Für wie lange reicht aktuelles Auftragsbuch?

7) Mängelverwaltung

   - Unterstützung des Kundendienstes bei Gewährleistungen und Qualitätssicherungsmaßnahmen.
   - Erstellung einer Kundendienststatistik
   - Erstellung von Mängelberichten
   - Auswertung der Mängelliste nach externen und internen Verursachern (Wer war für welche Mängel verantwortlich?)

Erste Ergebnisse 4.3

Nach Entwicklung und Test der Projekt-Datenbank wurden alle am Projektgeschäft beteiligten Mitarbeiter mit dem System vertraut gemacht. Auch wenn der Einarbeitungsprozeß etwas länger ausfiel als erwartet, zeichneten sich doch nach der Einführung der Projekt-Datenbank binnen kurzer Zeit folgende Ergebnisse bei *KEWO* ab:

- Zunahme der durchgeführten Projekte (bei Kostensenkung durch rationelle Verfolgung der jeweiligen Meilensteine) um 34 Prozent
- Abnahme der Durchlaufzeiten um bis zu 47 Prozent
- Bessere Zusammenarbeit und höhere Arbeitszufriedenheit der Mitarbeiter bei Projektplanung und -betreuung, Kundenservice, usw.
- Tiefere Verankerung des Projektmanagements bei *KEWO*
- Entlastung der Projektteams bzw. Übernahme von neuen Aufgaben/Projekten: zwei Projektteams können sich jetzt nahezu ausschließlich auf den Aufbau eines neuen Geschäftsbereichs (Sanierungen) konzentrieren, der ebenfalls projektorientiert bearbeitet werden soll
- Kundenorientierung: Projektleiter sind in Zukunft zentraler Ansprechpartner für *alle* Kundenfragen und -wünsche (Weiterleiten von Anfragen im Unternehmen entfällt)
- Effizientere und kürzere Arbeitsbesprechungen durch bessere Vorbereitung (Projektdokumentation)

5 Die Zukunft

5.1 Abteilungsübergreifende Zusammenarbeit

Die abteilungsübergreifende Zusammenarbeit auf der Basis von Projektmanagement wird bei *KEWO* weiter ausgebaut. Sie wird in Zukunft folgende zusätzliche Bereiche erfassen:

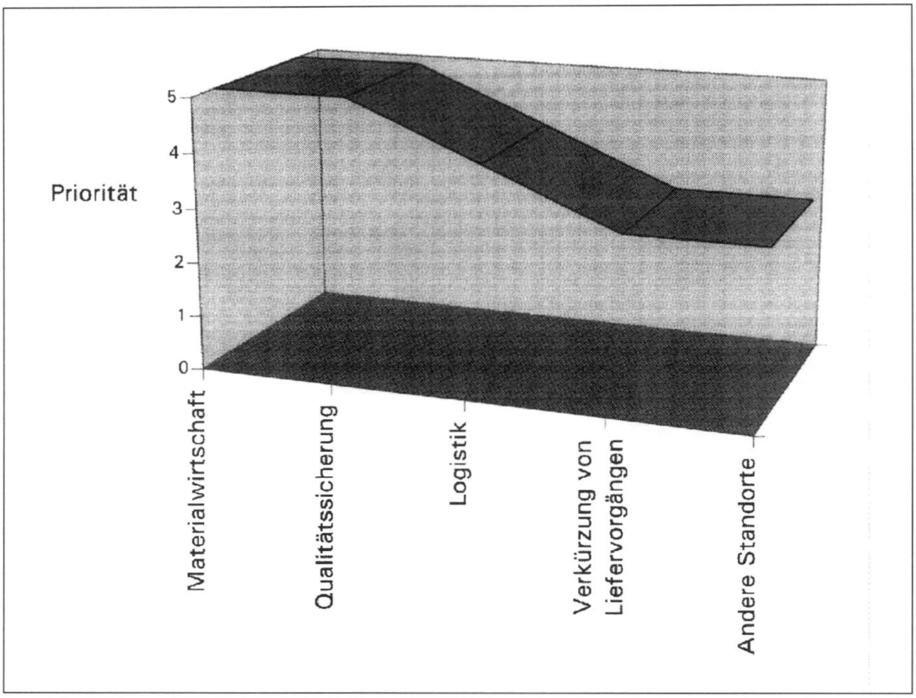

Abb. 7: Priorität der zukünftig unterstützten Bereiche

C&S liefert dafür ein echtes Realisierungsmanagement, d.h. die weitere Umsetzung wird durch phasenweisen, aber kontinuierlichen Kontakt praktiziert. Diese Vorgehensweise gründet auf einer ergebnisorientierten Zusammenarbeit zwischen Kundenunternehmen und Beratungsunternehmen. Diese Form der langfristigen Zusammenarbeit ist vertraglich fixiert.

5.2 Übertragbarkeit auf andere Unternehmen

Projektmanagement als Arbeits- und Organisationsform hat ganz erheblich an Bedeutung gewonnen. Dieser Trend wird sich in der Zukunft fortsetzen bzw. verstärken.

In vielen Bereichen aber wird dabei die Notwendigkeit externer Unterstützung offensichtlich:

- Das Verständnis, daß Projektmanagement keine Aufhäufung von Techniken und Netzplänen ist, sondern eine übergeordnete Arbeits-, Organisations- und Denkform, ist im Unternehmen nicht etabliert.
- Traditionell pflegen unterschiedliche Abteilungen des Unternehmens unterschiedliche »Kulturen«: Sie haben ein spezifisches Selbstverständnis, wie *innerhalb* ihrer Abteilungsgrenzen die Projektarbeit organisiert wird bzw. werden soll (Projektkultur). Diese Kulturen passen meist nicht ohne weiteres zusammen.
- Das gewaltige Potential »schlanker« (und kostengünstiger) Informationssysteme für das unternehmensweite Projektmanagement wird nicht genutzt.

Gerade die Kombination aus Ablaufoptimierung, exemplarischer Betreuung der Projektteams und intensiv begleiteter Einführung eines Informationssystems (hier: Projekt-Datenbank) hat sich als erfolgswirksam erwiesen.

Der zunehmende Zeitdruck, in dem das Kundenunternehmen steht, hat dabei auch Konsequenzen für die Einführung von kundenspezifischen Informationssystemen. Denn nicht nur die Entwicklung von neuen Produkten, auch die Entwicklung von neuen Werkzeugen muß beschleunigt werden.

Das beauftragte Beratungsunternehmen hat diese Anforderung bereits frühzeitig aufgegriffen: Bei der Erstellung von individuellen Informationssystemen ist der herkömmliche, zeitintensive Prozeß von Analyse, Konzepterstellung, Realisierung, Testing und Schulung oft nicht mehr vertretbar.

C&S Realisierungsmanagement geht daher meist einen anderen Weg: Nach einer komprimierten Erhebungs- und Konzipierungsphase wird bereits zu einem sehr frühen Zeitpunkt ein Prototyp der neuen Software im Kundenunternehmen zum Einsatz gebracht. Bei der konkreten Arbeit mit dem System können dann die Anwender am schnellsten ihre eigentlichen Vorstellungen bzw. Anforderungen erkennen. Diese Anforderungen lassen sich dann noch voll im Informationssystem umsetzen, während früher die Systeme zum Zeitpunkt ihrer Einführung bereits »abgedichtet« waren gegen echte Anwenderanforderungen.

5.3 Die Rolle des Beraters

C&S Realisierungsmanagement hat Erfahrung mit der Einführung von Projektmanagement und von Projektmanagement-Software. Im Mittelpunkt steht dabei die Organisation und deren Mitarbeiter.

Zentrales Ziel ist die Optimierung und Umsetzung von teamorientierten Geschäftsprozessen (als Basis des intern definierten Projektmanagements), und zwar auf drei Ebenen:

- auf Ebene der Gesamtorganisation bzw. des gesamten Unternehmens
- auf Ebene des einzelnen Mitarbeiters
- auf technischer Ebene

Hier entsteht der Nutzen für das Kundenunternehmen: Es profitiert vom profesionellen Know-How und vor allem von der gesammelten Erfahrung des Beratungsunternehmens. Gerade die Neudefinition sowie die Optimierung der Geschäftsprozesse im Projektmanagement verlangen ein hochspezialisiertes, methodisch-strukturiertes Vorgehen. Dieses Wissen kann das Kundenunternehmen in den seltensten Fällen vollständig selbst aufbauen. Vielmehr ist es in mehr als 90 Prozent der Fälle ökonomisch sinnvoller, d.h. rentabler, solche Dienstleistungen von außen einzukaufen und wie mit einer Steuerberater- oder Anwaltssozietät langfristig zusammenzuarbeiten.

Ähnliches gilt für die Auswahl, Konzeption und Einführung von Informationssystemen für das unternehmensspezifische Projektmanagement. Denn längst ist nicht immer das traditionelle, netzplanbasierte Projektmanagementsystem die optimale Lösung. Vielmehr steht heute ein breites Spektrum an verfügbaren Informationstechnologien zur Verfügung: von mächtigen Datenbanksystemen bis hin zu unternehmensweiten Groupwarelösungen. Auch für die Auswahl eines aufgabenoptimalen Informationssystems wird also die Zusammenarbeit von Kunde und Beratungsunternehmen oft die unter dem Strich kostengünstigste Lösung sein.

Die größte Aufgabe besteht jedoch, wie oben für das Beispiel bei *KEWO* beschrieben, in der Kombination von Projektmanagement-Beratung und Einführung von entsprechenden Informationssystemen. Denn bei dieser Art von Aufgabenstellungen ist die Umsetzung im allgemeinen viel weniger eine technische, als eine organisatorische Frage. Dafür wird eine eigenständige Instanz benötigt, bei der die Ergebnis- und Durchführungsverantwortung für alle Projektmanagement-Fragen zusammenläuft – gleichgültig, ob es sich dabei um Fragen der Prozeßoptimierung oder um die Umsetzung eines Informationssystems handelt.

Dafür sollte in der Regel ein erweitertes Team aus Mitarbeitern des Kundenunternehmens, sowie eines beauftragten Beratungsunternehmens – wie beispielsweise der *C&S Realisierungsmanagement* -zusammengestellt werden, das die Projektmanagement-Integration auf allen Ebenen aktiviert und vorantreibt.

> Aber: Die systematische Einführung und Nutzung von Projektmanagement in den verschiedenen Bereichen eines Unternehmens kann nie disziplinarisch, sondern immer nur konsensorientiert verlaufen.

6 Weiterführende Literatur

Ancona, D. G./Caldwell, D. F.: Information Technology and Work Groups: The Case of New Product Teams. In: Intellectual Teamwork. Social and Technological Foundations of Cooperative Work, hrsg. von J. Galegher, R. E. Kraut und C. Egido, Hillsdale NJ 1990

Barlow, J.: Group decision making in computer project justification. Journal of Systems Management 6, 1991

Borchers, D.: Teamgeist – Trend und Perspektiven auf dem Groupware-Markt. c't 7, 1993

Bogen, M.: Integriertes Projekt-Informationssystem. Der Weg vom operativen System zum EIS. Office Management 5, 1992

Brill, H.: EDV-Trends und moderne Organisationskonzepte. Online 5, 1993

Klöckner, K.: Groupware-Einsatz in Organisationen. Gesellschaft für Mathematik und Datenverarbeitung, Sankt Augustin. GMD-Studien Nr. 220, 1993

Lavery, M./Templeton, A.: Flexible Working with Information Technology. OVUM Report, London 1993

Nouvortne, D.: Groupware erleichtert Lean Management. Computerwoche Extra 3, 1993

Wagner, H. P./Wehking, F.: Neue Führungssysteme tun not. Harvard Manager 4, 1990

Claim-Management – eine Methode zur Verbesserung der Ertragssituation bei Anlagen- und Bauprojekten

Dipl.-Kfm. Wilhelm Doetsch

FRASER Gesellschaft für Projektmanagement GmbH, Essen

Wenn die Ertragslage zum Handeln zwingt ... 1

Schon die Goldgräber im Wilden Westen pflegten »ihre Claims abzustecken«, d.h. Pflöcke in den Boden einzuschlagen, um ihre Ansprüche auf das Fleckchen Erde geltend zu machen und um gleichzeitig die Gegenansprüche von Kontrahenten abzuwehren.

In den Projekten werden zwar auch hin und wieder »Pflöcke in den Boden gerammt«, jedoch dient das eher selten dazu, die eigentlichen Projekt-Claims abzustecken. Häufiger geht es dagegen um die Durchsetzung von Ansprüchen und die Abwehr von Gegenansprüchen unter den am Projekt Beteiligten: Bauherr, Projektsteuerer, Generalunternehmer, Subunternehmer, usw. Dazu kann in Projekten eine spezielle Disziplin des Projekt-Managements, nämlich das sogenannte Claim-Management, eingesetzt werden. Das Claim-Management, also das Managen von Ansprüchen und Gegenansprüchen, kann in den unterschiedlichsten Projekten zur Verbesserung der Ertragslage sinnvoll eingesetzt werden.

Die nachstehenden Beispiele sollen Ihnen zunächst ein Gespür dafür geben, wo sich Claim-Management anbieten kann, und wo es sinnvoll einzusetzen ist.

1. Beispiel: Auszug aus einer Projekt-Besprechung

»Vor 5 Monaten wollten wir die Anlage bereits in Betrieb nehmen. Jetzt sagen Sie uns, daß Sie mindestens zwei weitere Monate für die Fertigstellung und einen weiteren Monat für die schlüsselfertige Übergabe benötigen.

Dabei liegen Sie bereits schon jetzt sicherlich um 30% über Ihrem Kostenlimit. Na ja, wenigstens ist das nicht auch noch unser Problem.«

»Da haben Sie nur bedingt Recht. Nach Vertragsschluß haben wir die Anlage gemäß Ihren Wünschen mindestens 5 mal umgeplant, haben technische Komponenten gegen fortschrittlichere und somit teurere Komponenten ausgetauscht, und und und ... Diese Konfigurationsänderungen haben wir Ihnen bislang nicht in Rechnung gestellt, um unsere langjährige gute Geschäftsverbindung nicht zu strapazieren.

Da wollen Sie uns tatsächlich die vertraglich vereinbarte Konventionalstrafe und eine Schadenersatzklage wegen verspäteter Fertigstellung und Gewinnentgang anhängen.

Soweit ich mich erinnern kann, konnten wir doch mit der Realisierung des 2. Teilprojektes erst über etwa 3,5 Monate später beginnen, weil die von Ihnen bereitzustellenden Unterlagen und Genehmigungspapiere nicht vorgelegt werden konnten.

Außerdem gab es doch bei dem 3. Teilprojekt Abnahmeverzögerungen, weil es bei Ihren zuständigen Mitarbeitern im Projekt-Team Probleme gab.

Und das sind nur ein paar Einflüsse, die mir jetzt ganz spontan einfallen. In unseren Projektunterlagen lassen sich da sicherlich noch weitere finden.«

So, oder so ähnlich könnte auch mal eine Ihrer Projekt-Besprechungen verlaufen. Nur gut, daß Sie dann besser gerüstet sein werden.

2. Beispiel: Zahlenwerte aus einem anderen Projekt

Das nächste Beispiel-Projekt ist ein durchgeführtes Projekt, das ein Gesamtprojektvolumen von etwa 200 Mio. DM umfasste.

Im Laufe dieses Projektes ergaben sich Konfigurationsänderungen, Erweiterungen, und ähnliche projektübliche Anpassungen.

Dabei war ein Volumen von insgesamt 30 Mio. DM »claimverdächtig«, d.h. eine Summe in Höhe von 30 Mio. DM hätte nach einer ersten flüchtigen Einschätzung nachträglich und zusätzlich zu den 200 Mio. DM eingefordert werden können.

Diese 30 Mio. DM mussten natürlich noch einer Vorprüfung unterzogen werden, um die sinnvollerweise zu verhandelnden Claims herauszufinden.

Nach Durchführung eines professionellen Claim-Managements konnten dann nach entsprechenden Verhandlungen hiervon 15 Mio. DM tatsächlich durchgesetzt werden. Nach Abzug von ca. 2 Mio. DM Kosten für die projektbegleitende Claimbearbeitung verblieb somit ein Erfolg von 13 Mio. DM, der ohne Claim-Management nicht realisiert worden wäre.

3. Beispiel: Zahlenwerte und Verflechtungen in einem weiteren Projekt

Ein anderes Beispiel illustriert die Ansprüche und Gegenansprüche bei einem Großprojekt aus der Sicht des Auftragnehmers.

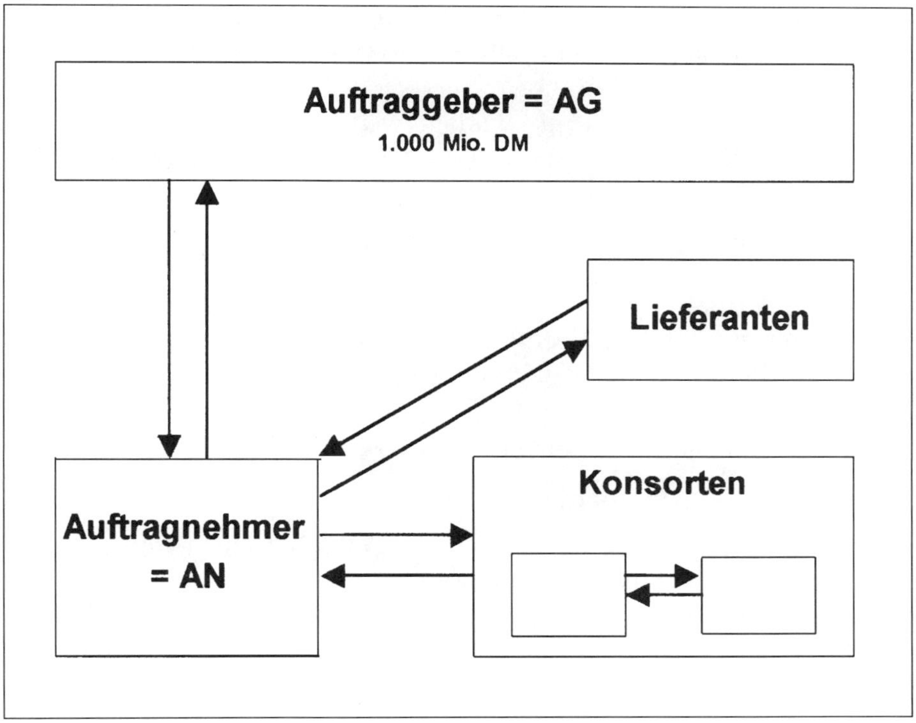

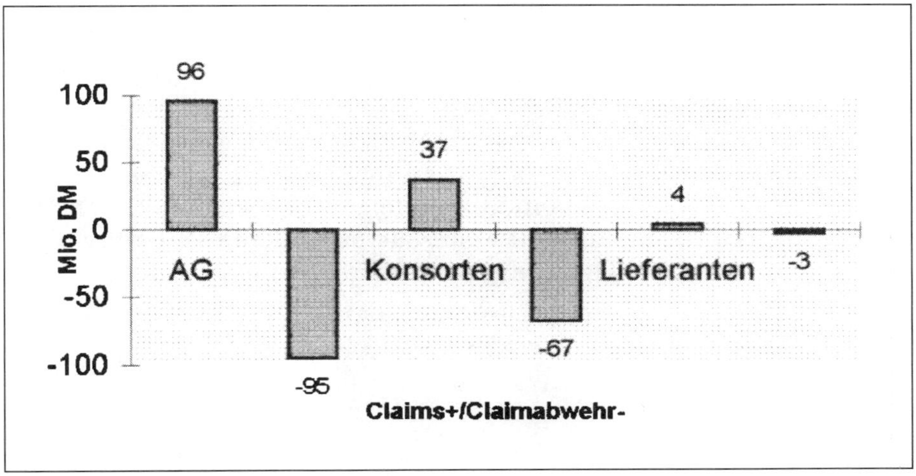

Abb. 1: Erfahrungen aus einem Praxisfall

Der Auftragnehmer nahm dabei die Funktion des Konsortialführers wahr. Das beauftragte Projekt umfasste in diesem Beispiel ein Gesamtprojektvolumen von 1.000 Mio. DM.

Dabei waren gegenüber dem Auftraggeber 96 Mio. DM, den Konsorten 37 Mio. DM und den Lieferanten 4 Mio. DM claim-verdächtig.

Diesen möglicherweise durch den Auftragnehmer bei seinen Vertragspartnern einforderbaren Claims standen andererseits Claims der Vertragspartner an den Auftragnehmer gegenüber. Nach einer ersten Schätzung mußten somit gegenüber dem Auftraggeber 95 Mio. DM, den Konsorten 67 Mio. DM und den Lieferanten 3 Mio. DM abgewehrt werden können.

2 Ursprung und Einsatzgebiete des CM

2.1 Ein weiteres amerikanisches Prinzip?

Aus den Beispielen heraus wurde bereits deutlich: Claim-Management, kurz CM, ist ein Instrument zur Durchsetzung eigener vertraglicher Nachforderungen und zur qualifizierten Abwehr der Gegenforderungen von Vertragspartnern.

CM wird derzeit hauptsächlich beim Anlagenbau, in der Bauwirtschaft und in Großprojekten praktiziert. Da es sich aber um eine eher konzeptionelle Management-Disziplin handelt, lassen sich die angewandten Methoden und Techniken auch auf andere Branchen und Projekte übertragen.

Seine Ursprünge hat das CM im Angelsächsischen. In den Vereinigten Staaten und auch in Großbritannien wird Claim-Management schon seit vielen Jahren erfolgreich praktiziert. Der Einsatz von CM wird dort als ein Teil der Strategie zur Auftragserlangung und zur Sicherung des kommerziellen Erfolgs gesehen. Nicht zuletzt deswegen haben sich dort auch schon seit vielen Jahren Berater als sogenannte »Quantity-Surveyor« etabliert, die vielfach auch grenzüberschreitend tätig sind.

Im europäischen Raum, speziell im deutschsprachigen Raum, findet CM bislang noch kaum gezielte Anwendung. Deshalb sind auch Beiträge in der deutschen Wirtschafts- und Fachliteratur über CM bislang als Mangelware zu bezeichnen.

Das schlägt sich leider auch in der Wirtschafts- und Fachliteratur nieder.

Beiträge über CM sind somit bislang als Mangelware zu bezeichnen.

Ähnlich sieht es in Deutschland auch bei der Suche nach erfahrenen Beratern aus, die bei der Einführung, Durchführung und Institutionalisierung des Claim-Managements im Unternehmen beitragen können. Doch es gibt sie, und einer von ihnen berichtet ja hier sogar aus seiner Praxiserfahrung.

Derzeitige Situation im deutschsprachigen Raum 2.2

In den letzten Jahren hat sich der Konkurrenzkampf, speziell in der Anlagen-, Bau- und Maschinenbaubranche, drastisch verschärft. Der Auftragnehmer wird vom Kunden dirigiert.

Der in die Angebotskalkulation einzubringende anteilige Gewinn schrumpft gegen Null zusammen, es muß teilweise eine Angebotskalkulation und ein Vertragsabschluß zu Grenzkosten akzeptiert werden, will man überhaupt noch zu einem Auftrag gelangen.

Die Basisverträge bewirken lediglich eine gerade mal ausreichende Beschäftigung. Aber eine Verbesserung der Deckungsbeitragssituation oder gar eine Gewinnsteigerung ist darüber i.d.R. nicht zu erwarten. Langfristig gesehen ermöglicht das keine gesunde Unternehmensentwicklung.

Zwar ist im deutschsprachigen Raum das Nachforderungswesen im Anlagenbau oder bei Bauprojekten als praktikables Instrument zur Ergebnisverbesserung schon seit Jahren bekannt, darüberhinaus tut sich wenig in Deutschland.

Dies ist unverständlich, denn die Durchsetzung und Abwehr von (vertraglichen) Nachforderungen wird zu einer immer entscheidenderen Quelle des wirtschaftlichen Erfolgs von Großprojekten werden.

Zielgruppe und Nutzen des CM 2.3

Die Notwendigkeit zur Einrichtung und zum konsequenten Betreiben des Claim-Managements wird um so dringender, je höher der Wert und die Dauer des Projektes sind. Als naheliegende Zielgruppe ist deshalb der Anlagenbau, die Bauwirtschaft und sonstige Großprojekte mit größerem Auftrags-Volumen zu nennen.

Die Analyse abgelaufener Projekte zeigte, daß in der Regel mindestens 15% der Projekt-Summe »claimverdächtig« sind. Der Realisierungsgrad hängt jedoch primär von der Qualität des Vertrages bzw. der Qualität des Claim-Managements ab.

Erfahrungsgemäß werden aus den potentiellen Nachforderungen ein Anteil von etwa 10% der Projekt-Summe zu direkt einforderbaren Claims. Hinter dieser Kosten-Nutzen-Relation steckt also ein enormes Erfolgspotential.

Für die Claimbearbeitung durch Beratereinsatz ist auf der anderen

Seite ein Anteil von ca. 1% der Projekt-Summe zu berücksichtigen, der wiederum erfolgsmindernd wirksam wird.

Als Faustformel läßt sich anmerken:

Je konkreter der Vertrag, desto geringer die Claims.
Je unschärfer der Vertrag, desto notwendiger das Claim-Management.

3 CM im Dienste des Unternehmenserfolgs

3.1 Stand der Dinge in den Unternehmen

Vielfach werde ich von meinen Kunden erst dann eingeschaltet, wenn das Kind schon in den Brunnen gefallen ist.

Dann gilt es erst mal die angetroffene Situation zu erfassen und zu analysieren.

Bei der Analyse der Projekt-Situation der von mir und auch von meinen Mitarbeitern beratenen Kunden konnten wir vielfach immer wieder gleiche bzw. ähnliche Defizite feststellen (vgl. Abb. 2).

Wenn das Claim-Management für den kaufmännischen Projekterfolg eine solch überragende Bedeutung hat, wie im vorangegangenen

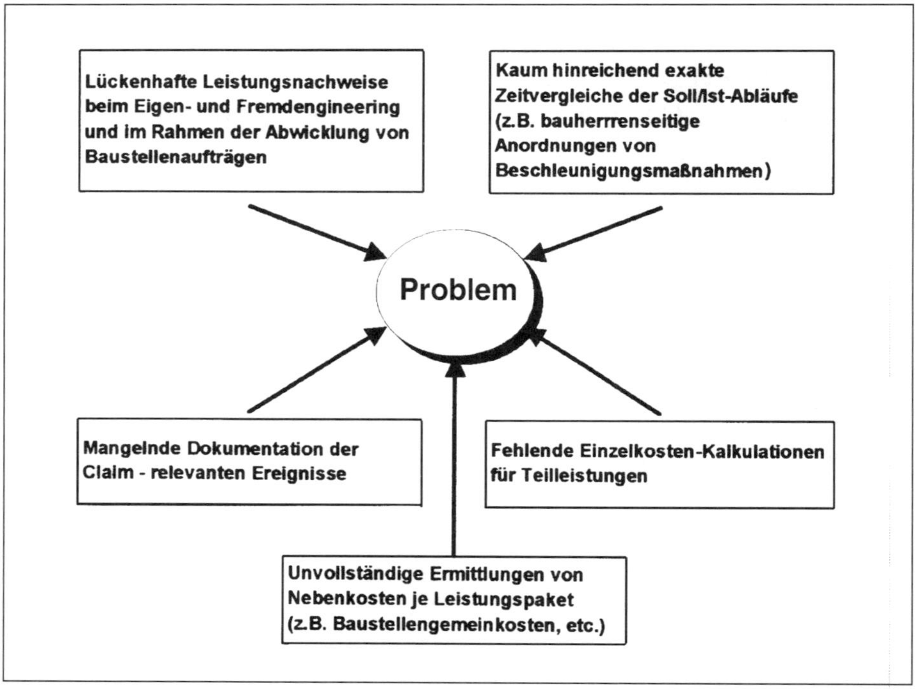

Abb.2: Defizite ohne Claim-Management

Kapitel dargestellt wurde, stellt sich zwangsläufig die Frage, warum es von den entsprechenden Organisationseinheiten eines Unternehmens nicht von selbst konsequent durchgeführt wird, und warum die aufgezeigten Defizite nicht behoben werden.

Diese Überlegung führte dazu, die Einflußfaktoren für ein erfolgreiches Claim-Management genauer unter die Lupe zu nehmen.

Dabei haben sich eine Reihe von Einflußfaktoren herausgebildet. Darunter sind u.a. folgende Faktoren zu nennen:

- Mitarbeiterqualifikation
- Methoden-Kenntnisse und -Einsatz
- Projektmanagement-Know-How und -Erfahrung
- Einsatz von durchgängiger Informations-Technologie (IT)
- äußere Einflüsse
- weitere Einflüsse

Einflußfaktoren des Claim-Managements 3.2

Einflußfaktor Mitarbeiterqualifikation 3.2.1

Der Erklärungsansatz läßt sich zunächst in der eigentlichen Thematik des Claim-Managements finden.

Es handelt sich ja beim CM um einen Methoden- und Aufgabenkomplex, der prinzipiell mehrdimensional ausgebildete und praxiserfahrene Mitarbeiter erfordert (vgl. Abb. 3).

Juristisches Fachverständnis mit dem nötigen Gespür für das Haar in der Suppe ist erforderlich, um Vertragspositionen ausloten zu kön-

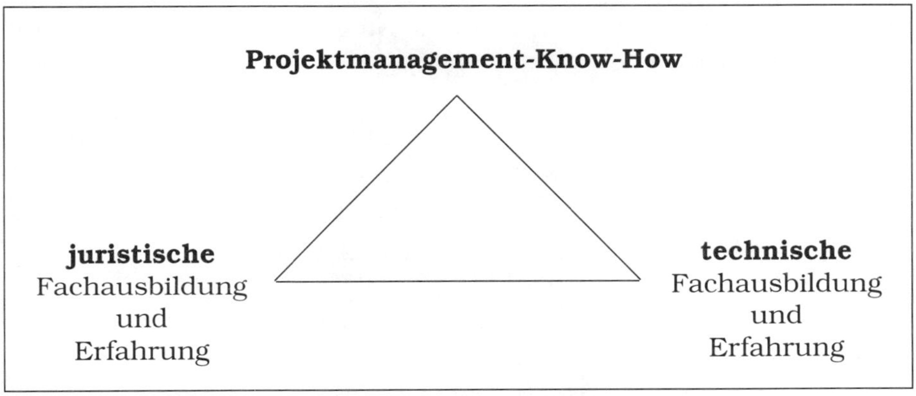

Abb. 3: Mitarbeiterqualifikation

nen, um Vorkommnisse im Projekt-Verlauf richtig einstufen und beurteilen zu können, u.v.a. mehr.

Dazu kommt noch das gezielte technische Verständnis, das für die Beurteilung und Einschätzung des eigentlichen Projekt-Gegenstandes (Objekt) notwendig ist, sowohl unter technischen als auch unter wirtschaftlichen bzw. kaufmännischen Gesichtspunkten.

Abschließend müssen natürlich auch die Methoden und Verfahren des Projekt-Managements bekannt sein, beherrscht werden und schließlich auch sinnvoll eingesetzt werden. Dazu gehören zahlreiche kaufmännische und analytisch-planerische Aufgabenfelder, wie z.B. Projekt-Planung, -Controlling, -Kosten-Rechnung, -Status-Analysen, Netzplantechnik, Earned-Value-Analysen, ... um an dieser Stelle nur einige zu nennen.

Vielfach sind jedoch solche Mitarbeiter in den eigenen Reihen nicht zu finden. Man will bzw. muß die Aufgabe (den Auftrag) aber dennoch erfüllen, und fängt deshalb einfach mal an ...

Noch immer scheuen sich viele Unternehmen, in solchen Fällen externe Spezialisten und Berater einzuschalten. Hier wird sich in den nächsten Jahren hoffentlich ein Denkwandel vollziehen. Immerhin arbeiten Sie ja auch jetzt schon seit vielen Jahren mit Ihrem Steuerberater, Ihrem Rechtsanwalt und vielen anderen unterstützenden externen Partner zusammen.

3.2.2 Einflußfaktor Methoden-Kenntnisse und IT-Einsatz

Vielfach werden die Aufgaben relativ unabgestimmt von mehreren Mitarbeitern im Unternehmen übernommen, und die Arbeit geteilt.

Gegen eine Arbeitsteilung ist prinzipiell nichts einzuwenden – im Gegenteil. Jedoch erfordert eine Arbeitsteilung eine auf die Problemstellung abgestimmt Methodik, um die Aufgaben zielgerecht, effektiv und effizient erfüllen zu können. Aber genau da krankt es in vielen Unternehmen!

Somit wirkt der Einflußfaktor Mitarbeiterqualifikation unmittelbar auf die weiteren Einflußfaktoren.

Eine systematische Dokumentation über berechnungsfähige Mehrleistungen und Abweichungen vom Vertrag wird meistens nicht geführt. Wird sie doch geführt, dann meist dezentral.

Jeder Projektverantwortliche hat dabei seine eigene Ordnungs-Systematik.

Jeder Projektverantwortliche hat seine eigenen Vorstellungen zur Darstellung von Vertragsabweichungen.

Jeder Projektverantwortliche hat ...

Diese Reihe ließe sich beliebig fortsetzen. Aber das überlasse ich gerne Ihrer Praxiserfahrung und Ihrem Vorstellungsvermögen.

Spätestens wenn benötigte Unterlagen zu einem Sachverhalt aus verschiedenen Stellen zusammengesucht werden müssen, stellt sich die Frage, ob das denn nicht auch einfacher und schneller, vielleicht sogar auf Knopfdruck, möglich sein könnte.

Wie ich Ihnen im nächsten Kapitel noch zeigen werde, ist es möglich – ob mit oder ohne EDV-Einsatz.

3.2.3 Einflußfaktor (PM-) Erfahrung und äußere Einflüsse

Auf die Bedeutung der Kenntniss der PM-Techniken und -Methoden bin ich bereits eingegangen. Daß deren Beherrschung und sinnvolle Anwendung ebenso wichtig ist, liegt auf der Hand.

Vor zwei Fehlern, die selbst »alten Hasen« noch passieren, möchte ich Sie an dieser Stelle schützen:

- In der Regel geht man davon aus, daß ein Projekt – *wie geplant* – reibungslos läuft.
- Abweichungs-Analysen und Frühwarn-Systeme sind nicht bekannt bzw. werden nicht eingesetzt.

Selbst Ihr 1000 und einstes Projekt wird nicht so laufen, wie Sie es geplant haben. Dafür werden schon die Murphy'schen Gesetze sorgen.

Auch der Nutzen von Abweichungs-Analysen und Frühwarn-Systemen sollte nicht unterschätzt werden – gleichzeitig aber auch nicht überschätzt werden.

Auf die äußeren Einflüsse bin ich bereits eingegangen. Hier nochmals die zwei wichtigsten:

- Bei der heute zunehmend härter werdenden Wettbewerbssituation auf mehr und mehr internationaler oder zumindest europäischer Ebene werden die geforderten Kosten, Preise, Termine und Qualitäten und damit die Konditionen immer enger.
- Es ist keine »Luft« mehr in der Kalkulation und vielfach werden aus Kapazitäts- oder Auslastungsgründen z.T. auch nicht realistische Bedingungen akzeptiert.

Diese Feststellungen werden häufig und gern schon aus den Akquisitionsüberlegungen verdrängt. Damit sind sie für den restlichen Verlauf des Projektes unter den Tisch gefallen.

3.3 Ein typischer Projektverlauf ohne durchgängiges CM

Erfahrungsgemäß zeigen sich spätestens nach ca. 60% der Projektlaufzeit Kosten-, Zeit- und/oder Qualitätsprobleme.

Meist erst dann wird verstärkt nach Gründen für die Abweichungen gefragt und wie die Situation, insbesondere in wirtschaftlicher Hinsicht, verbessert werden kann.

Dabei entsteht dann zwangsläufig die Frage nach möglichen Vertragsabweichungen in Form von »Mehr- oder Minderleistungen« gegenüber dem vereinbarten Leistungsumfang sowie der Leistungstiefe:

- Wo gibt es berechenbare Ansprüche/Claims gegenüber dem jeweiligen Vertragspartner?
- Wie können Gegenansprüche abgewehrt werden?

Erst in dieser Situation wird versucht, ein »reguläres« Claim-Management zu installieren und zu betreiben. Das kann natürlich nicht ohne Probleme laufen.

Mitten im Projekt wird jetzt begonnen, Abweichungen vom Vertrag, Differenzen, Mehrleistungen, Änderungswünschen des Kunden, Planungsänderungen etc. nachzugehen.

Doch die Verantwortlichen stecken jetzt mitten im Projekt bzw. in der Endphase und kümmern sich u.a. um:

- Inbetriebnahmen/Inbetriebsetzungen
- Restpunkte
- Abnahmen
- Übergaben

Die Zeit, mögliche Ansprüche sorgfältig aufzuarbeiten, besteht nicht. Erst jetzt wird aber die Notwendigkeit eines durchgängigen Claim-Managements offensichtlich, und damit wird es jetzt arbeits- und kostenintensiv.

In kürzester Zeit müssen dann eine Vielzahl von ungeordneten Unterlagen aufgearbeitet werden.

Das ist der Punkt, an dem dann hoffentlich spätestens ein externer Berater hinzugezogen wird. Dieser kann dann eine effektive und effiziente Vorgehensweise aufzeigen und aus seinem Mitarbeiterpool die jeweils geeignetsten Leute für Ihr Projekt bereitstellen.

Die jetzt anstehenden Aufgaben lassen sich, fast wie in einer kleinen Check-Liste, zu den folgenden Arbeitsschritten zusammenfassen:

- mögliche Mehrleistungen/Abweichungen und damit Ansprüche müssen von fachlich Beteiligten mühsam erfragt und anschliessend rekonstruiert werden
- auf Basis dieser Ergebnisse folgt eine Akten-, Unterlagen- und Schriftverkehrs-Recherche
- es werden Unterlagen/Dokumente aufbereitet und auf zeitliche sowie sachliche Plausibilität geprüft
- »Beweisunterlagen« zur berechnungsfähigen Abweichung vom Vertrag werden gesucht
- der vorläufige Anspruch wird mit dem Vertrag abgeglichen
- eine Fallbeschreibung mit einer tragfähigen Beweiskette wird aufgebaut
- diese wird mit den Fallbeteiligten durchgesprochen und auf Stichhaltigkeit, Widerspruchsfreiheit und Gegenargumente geprüft.

3.4 Aufgaben des CM und Rahmenbedingungen

CM-Tätigkeiten, einschließlich der Berichterstattung, sind, nicht zuletzt aufgrund der in den vorangehenden Kapiteln erläuterten wirtschaftlichen Relevanz, ein eigenständiger Aufgabenkomplex innerhalb des ergebnisorientierten Projektmanagements.

Hierin einbezogen wird die systematische Erfassung, Verwaltung sowie Dokumentation aller relevanten Vorgänge, also die Organisation, das Management zur Durchsetzung von vertraglich nicht genau definierten bzw. nach Vertragsabschluß – aus welchen Gründen auch immer – (möglicherweise) entstandenen Ansprüchen aus Leistungsbildänderungen oder Neuauslegungen etc. von Vertragspositionen und zwar gegen den Auftraggeber, den Auftragnehmer, die Lieferanten und Konsorten.

Um diese Aufgaben effektiv und effizient wahrnehmen zu können, bedarf es:

- der Entwicklung und Installation von standardisierten Methoden für:
  - frühzeitiges Erkennen von Claimberechtigungen und -potentialen
  - systematische Erfassung der Claimberechtigungsgrundlagen
  - möglichst vollständige Erfassung der Mehr-/Minderkosten
- der projektbegleitenden Abfragung der Fachbereiche im Hinblick auf Mehrungs-/Minderungsmöglichkeiten

- der umfassenden Analyse der Änderungen/Abweichungen von den vertraglichen Leistungs- und Lieferspezifikationen hinsichtlich ihrer Claimrelevanz
- der Bewertung und Durchsetzung, bzw. Abwehr von Claims im Rahmen der Einzelfallbearbeitung
- einer frühzeitigen Festlegung der Strategie zur Claimdurchsetzung bzw. Claimabwehr

Die erfolgreiche Erfüllung dieser Schwerpunktaufgaben steht in enger Beziehung zum Vertragsmanagement und zu den übrigen Projektsteuerungs-Instrumentarien, insbesondere der Termin- und Projektablaufplanung.

3.5 Phasen des Claim-Managements

Das Claim-Management läßt sich in 3, nicht zwangsläufig sequentielle, Phasen unterteilen:

1. Erfassung und Dokumentation
2. Vorprüfung und Vorbereitung
3. Claim-Durchsetzung

3.5.1 Erfassung und Dokumentation

In dieser Phase geht es um die ständige projektbegleitende Erfassung und Bewertung der Auswirkungen vertraglicher Änderungen, sowie um die jeweils zugehörige Dokumentation.

Dabei kommt der Systematik und Pflege des Änderungsverfahrens eine hohe Bedeutung zu.

Besonders wichtig sind dabei:

- allgemeine wirtschaftliche, auftragsorganisatorische Rahmenbedingungen
- Leistungsabgrenzungen/Schnittstellen/Ausschlüsse
- Qualitätsstandards
- technische Standards
- gesetzliche Regelungen, Genehmigungs-/Freigabepraxis
- Termin- und Kostenrahmen
- Garantien und Leistungsnachweise

Wichtig ist dabei die möglichst einheitliche und systematische Claim-Dokumentation als geordnete Grundlage der Claim-Durchsetzung, bzw.

Abwehr der Claims von Vertragspartnern. Dazu können Claim-Erfassungs- und Bewertungsformblätter eingesetzt werden, in denen alle Änderungen bzw. Leistungsstörungen einschließlich der jeweiligen Kosten und Nebenkosten festgehalten werden.

Vorprüfung und Vorbereitung der Claims 3.5.2

Basierend auf der systematischen Erfassung kann der Claim-Manager die claimrelevanten Vorgänge einer Vorprüfung auf ihre vertragliche Konformität unterziehen.

Voraussetzung hierfür ist eine umfangreiche Vertragsauswertung möglichst zum Start, und eine konsequente Betreuung der vertragsgemäßen Abwicklung während des Projektverlaufs.

Ist ein Vorgang als claimfähig eingestuft worden, so beginnt die Hauptarbeit, nämlich die jeweilige Einzelbearbeitung der Claims.

Dann ist im Wesentlichen für jeden claimfähigen Vorgang einzeln durchzuführen:

- die Sachverhaltsermittlung
- die Aufarbeitung und Untermauerung des Anspruchsgrundes und die Formulierung der Anspruchsgrundlage(n), z.B.:
  - Änderung der Vertrags-Definition seit Abschluß
  - Änderung der technischen Richtlinien/Normen
  - Pönalisierung bestimmter Vertragsverletzungen (meist Termine)
  - Änderung Stand der Technik
  - usw.
- die Zusammenstellung der Nachweise als möglichst lückenlose Dokumentation des Schriftverkehrs, insbesondere: Leistungs-/Lieferspezifikationen und Kalkulation der sich aus dem Anspruchsgrund ergebenden durchzusetzenden bzw. abzuwehrenden Forderungen
- die Veranlassung ergänzender Erarbeitung von Unterlagen, welche die Fachbereiche z.B. aus mangelnder Sachkenntnis oder aus Kapazitätsgründen nicht beistellen können.

Für die Summe aller ausgearbeiteten Claims sind dann noch folgende Aufgaben durchzuführen:

- der Aufbau einer Strategie zur Durchsetzung bzw. Abwehr der Claims

- die Koordination der Claim-Einreichung bzw. der konkreten Abwehr von Claims
- die Vorbereitung/Mitwirkung von/bei Claimverhandlungen
- der Aufbau und die aktuelle Fortschreibung einer »Expediting-Liste« hinsichtlich der Claim-Bearbeitung (z.B. Bearbeitungs- und Bewertungsstand, offene Punkte)

Parallel zur Claim-Vorbereitung erfolgt in enger Abstimmung mit dem Project-Cost-Controlling die turnusmäßige Einbindung der bewerteten Claims in die mitlaufende Projektkalkulation.

3.5.3 Claim-Durchsetzung

Mit den in der 2. Phase erarbeiteten Unterlagen kann der Claim-Manager dann fundiert eigene Claims einfordern bzw. die Claims von Vertragspartnern entsprechend abwehren.

4 Effizienz-Steigerung durch EDV-Einsatz

4.1 Muß denn schon wieder ein neues Programm her?

Viel ist schon getan, wenn Sie die von mir vorgestellten Techniken und Methoden in Ihrem nächsten Projekt anwenden können, und somit Ihren wirtschaftlichen Projekterfolg steigern können.

In vielen Bereichen haben Sie in den letzten Jahren und Jahrzehnten erkennen können, daß sich fast alle EDV-Aufgaben auch manuell erledigen lassen, und umgekehrt.

Es ist einfach bequemer und schneller, Routine-Aufgaben von einer Maschine erledigen zu lassen. Das war zumindest noch der Ansatz vor etwa zwei Jahrzehnten gewesen.

In den letzten Jahren hat sich hier glücklicherweise bereits ein Wandel vollzogen, und die EDV-Branche hat mit vielen Schlagwörtern und dazugehörigen Konzepten nicht nur von sich reden gemacht, sondern hat auch geholfen, in vielen Bereichen nicht nur die Effektivität zu steigern, sondern auch die Effizienz.

Client-Server-Architekturen, Relationale Datenbanken, Optische Archivierungs-Systeme, Group-Ware-Konzepte u.v.a. haben in den Unternehmen Eingang gehalten.

Die Buchhaltung, die Produktionsplanung und -Steuerung, die Kostenrechnung, die Projekt-Planung und -Steuerung, das Projekt-Management, -Controlling und -Kosten-Rechnung haben ihren Platz im EDV-Einsatz erhalten.

Viele der von diesen Systemen verwalteten Daten und Informationen sind auch für das Claim-Management von großer Bedeutung. Es liegt somit also nahe, einen Medienbruch zu vermeiden, und das Claim-Management ebenfalls der DV-Unterstützung zuzuleiten.

In meinen Projekten habe ich anfänglich vielfach ohne ein EDV-gestütztes CM-Tool auskommen müssen. Daß das möglich war, läßt sich nicht bestreiten. Doch mit einem entsprechenden Tool hätte die Arbeit sicherlich angenehmer laufen können.

4.2 EDV-gestütztes Claim-Management

Aus der Beratungs-Praxis heraus wurde deshalb ein PC-gestütztes und dialoggeführtes Claim-Management-System (CMS) entwickelt.

Es erlaubt, die Claims von Projektbeginn an zeitgenau und in einheitlicher Systematik lückenlos zu erfassen. Somit können sämtliche Claims in einer Umgebung verwaltet und ausgewertet werden. Dadurch werden auch die Probleme vermieden, die in den vorangegangenen Kapiteln aufgezeigt wurden.

Das CMS (FRASER) läuft unter Microsoft Excel, kann auf jedem IBM-kompatiblen PC installiert werden und ist dadurch einfach zu handhaben. So können claimverdächtige Vorgänge unmittelbar, zeitnah und kontinuierlich erfaßt werden. Das System wird speziell auf die Anforderungen eines Projektes, insbesondere der jeweiligen Verträge, konfiguriert und kann mit wenig Aufwand an das jeweilige Änderungswesen bzw. an individuelle Kundenwünsche angepaßt werden.

Der EDV-Einsatz hat auch beim Claim-Management entscheidende Vorteile:

- die PC-gestützte Claim-Erfassung ist einfach zu bedienen und jederzeit auf dem PC präsent
- die Erfassung ist zeitnah, und es besteht eine einheitliche Systematik der Erfassung
- es gehen keine Anspruchsgrundlagen verloren
- damit werden auch Zeit und Kosten für Recherche, Dokumentensuche etc. gespart
- die Qualität der Claim-Bearbeitung verbessert sich
- Sie sind jederzeit auskunftbereit im Sinne des »Project-Cost-Controlling«
- die Erstellung einer ausgewählten Claim-Bilanz bzw. einer Offene-Posten-Liste ist jederzeit möglich

Die Praxis hat gezeigt, daß meist mehr als 50% der Claimbearbeitung in der sorgfältigen Dokumentation und der nachträglichen Recherche bestehen und durch solch ein EDV-unterstütztes System größtenteils ersetzt bzw. unterstützt werden kann.

Es ist ferner durch die einheitliche Dokumentation und hohe Qualität der Claimbearbeitung eine höhere Erfolgschance an durchsetzbaren Claims zu erwarten.

Wird das System in ein laufendes Projekt eingebracht, so erfolgt nach der Installation gemeinsam mit dem Projektteam und dem Berater eine Bestandsaufnahme aller bis dato erbrachten Lieferungen und Leistungen, die Änderungen (Mehrung oder Minderung) gegenüber dem vertraglich vereinbarten Leistungsumfang darstellen.

Gemeinsam mit der Projekt- und Auftragsleitung werden diese Leistungen erfaßt, definiert, präzisiert und bewertet. Am Ende dieser Phase steht eine Claim-Bilanz, die den Umfang von Forderungen und Gegenforderungen transparent macht. In regelmäßigen Abständen werden die Einzelclaims aufgearbeitet und die Claim-Bilanz aktualisiert.

Vor Projektabschluß werden die Claims in verhandlungsreifer Form aufbereitet und eine Verhandlungsstrategie entwickelt.

Durch diese Art des Claim-Managements ist gewährleistet, daß keine Ansprüche/Forderungen entgehen, und Gegenforderungen qualifiziert begegnet werden kann.

4.3 Die Struktur des CMS

Damit Sie sich die Struktur und den Umgang mit einem solchen System etwas besser vorstellen können, zeige ich Ihnen hier die Funktionsstruktur des von uns entwickelten CMS:

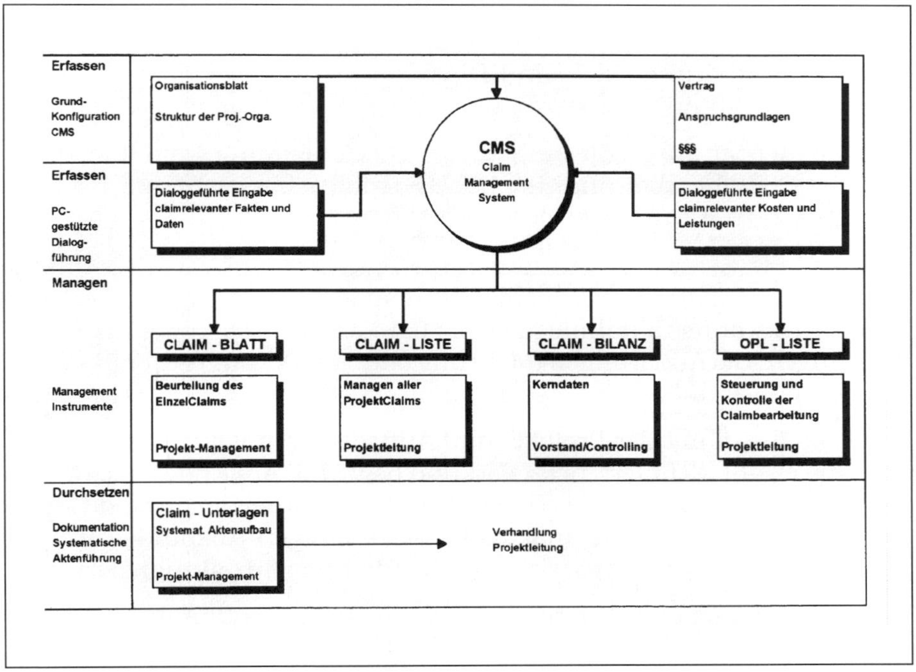

Abb. 4: CMS-Funktionsstruktur

Der Benutzer wird hier dialoggeführt zur Eingabe der claim-relevanten Daten aufgefordert. Dazu gehört u.a. eine Auswahl von maximal 5 Rechtsgründen, bzw. Anspruchsgründen je Vorgang aus einer speziell nach einer Vertragsanalyse für den Vertrag herausgearbeiteten, vorgegebenen Liste.

Bei der Auswahl der Anspruchsgründe kann der Benutzer zu jedem Anspruchsgrund den entsprechenden Vertragspassus sowie 5 Voraussetzungen abrufen, die für die Durchsetzung des Anspruchsgrundes erfüllt sein müssen.

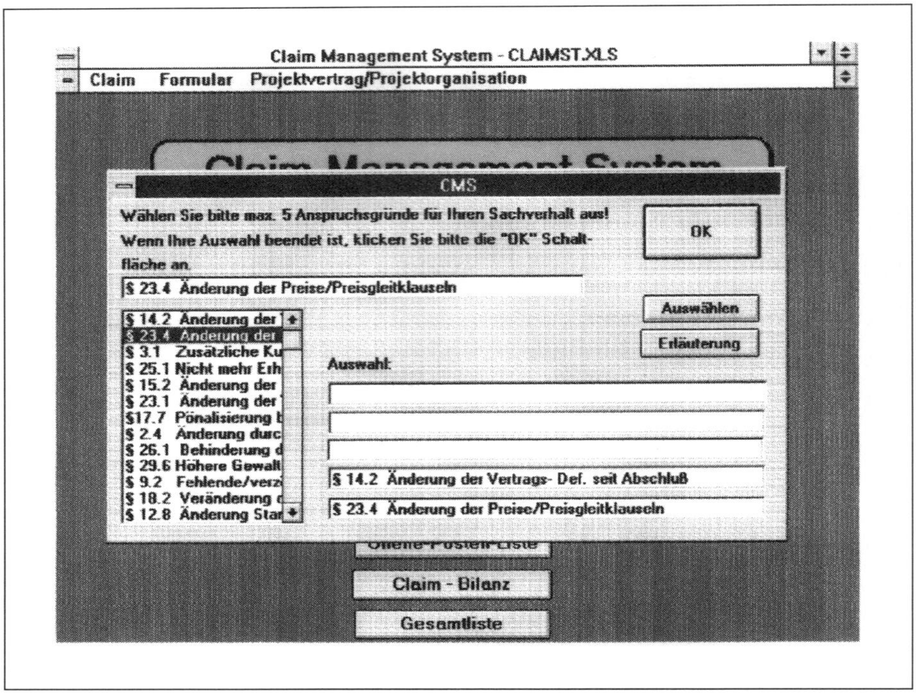

Abb. 5: Claim-Eingabe

Für eine sinnvolle und effiziente Claimbearbeitung ist eine übersichtliche und systematisierte Erfassung und Verwaltung der Claimunterlagen erforderlich.

Aus diesem Grunde werden nach jeder Claim-Eingabe neben dem Anspruchsblatt und den Preisblättern, welche die eingegebenen Rechnungen enthalten, ein Blatt zur Aktenführung inklusive beschrifteter Heftstreifen und einem Deckblatt gedruckt. Somit wird zu jedem Claim eine übersichtliche und einheitlich strukturierte »Claim-Mappe« angelegt.

Aus dieser kurzen Übersicht haben Sie bereits erkennen können, daß ein solches DV-System nicht nur die klassischen Vorteile der EDV bietet, sondern hier auch auf eine spezielle Art und Weise das Spannungsfeld der Mitarbeiterqualifikation entspannt werden kann. Die Datenerfassung, -Verarbeitung und -Auswertung kann somit von unterschiedlichen Mitarbeitern vorgenommen werden, so daß die hochqualifizierten Spezialisten nur noch für ausgewählte Aufgaben benötigt werden. Auch die Grundgedanken des Work-Group-Computings sind hier somit ebenfalls berücksichtigt.

Zusammenfassung 5

Claim-Management ist unter wirtschaftlichen Gesichtspunkten eine wichtige Disziplin im Rahmen des Projektmanagements von (Groß-) Projekten.

Häufig wird erst im Projektablauf die Notwendigkeit einer systematischen Behandlung von Ansprüchen und Gegenansprüchen erkannt.

Dies führt zu vielschichtigen Problemen. Dabei gehen häufig einforderbare Claims verloren.

Mit dem Einsatz eines EDV-gestützten Claim-Management-Tools werden sowohl die Methodik, als auch die Effizienz des Claim-Managements im Projekt sinnvoll unterstützt. Dabei handelt sich also um ein weiteres Projektmanagement-Werkzeug, das die Arbeiten entscheidend reduziert und auf den Kern konzentriert, sowie das Spannungsfeld der hohen Mitarbeiterqualifikation entspannen hilft.

Der für den wirtschaftlichen Erfolg eines Projektes mitentscheidende Erfolgsfaktor – Claim-Management – kann somit durch eine einheitliche Systematik, die Dokumentation und die schnelle Verfügbarkeit effektiv und effizient unterstützt werden.

Leistungsverrechnung von Software-Entwicklung in Versicherungskonzernen – Projektmanagement, ein mögliches Steuerungssystem

Bernd Rudolf Schwander
KPMG Unternehmensberatung GmbH, Köln

Einführung 1

Projektmanagementverfahren werden seit vielen Jahren angewandt und in den unterschiedlichsten Vorhaben und Branchen mit mehr oder weniger großem Erfolg eingesetzt. Die anstehenden Vorhaben müssen unbedingt methodisch angegangen und umgesetzt werden. Es ist wichtig, in diesem Zusammenhang darauf hinzuweisen, daß ein Außenstehender, ein externer Berater, geradezu prädestiniert ist, die Durchführung von Projektmanagementvorhaben erfolgreich zu unterstützen.

Der außenstehende Berater kann objektiver urteilen, er ist nicht in den Arbeitsprozeß involviert und da er in seiner Praxis schon die verschiedensten Aufgabenstellungen gemeistert hat, kann er auf diesen Erfahrungsschatz zurückgreifen. Seine Entscheidungen sind nicht firmeninternen Zwängen unterworfen. Er wird nach getaner Arbeit das Unternehmen wieder verlassen und ist nicht eventuellen Animositäten ausgesetzt.

Es soll damit nicht ausgedrückt werden, daß Mitarbeiter eines Unternehmens nicht in der Lage sind, solche Aufgaben alleine zu bewältigen. Es ist jedoch häufig schwierig, das hierfür erforderliche Spezialwissen innerhalb kürzester Zeit im Unternehmen bereitzustellen und den geeigneten Mitarbeiter zu finden. Damit wären wir bei der Begründung, warum im Zweifelsfalle der externe Berater die bessere Lösung ist.

In unserem Fall besteht die Kunst darin, unternehmerische und betriebswirtschaftliche Anliegen mit den vorhandenen gesetzgeberischen Maßgaben sinnvoll in Einklang zu bringen.

2 Die Bedeutung des Leistungsaustausches

Die Bedeutung des Leistungsaustausches in Versicherungskonzernen innerhalb der Konzerngesellschaften wird im Sinne einer kostengünstigen Verwendung von Ressourcen immer größer

Die Umsetzung der dritten EG-Richtlinien hat auf die Versicherungswirtschaft Auswirkungen, deren konkrete Ausprägungen in ihrer letzten Konsequenz noch nicht erfaßt werden können. Im Laufe der Zeit werden Niederlassungs- und Dienstleistungsfreiheit das Volumen grenzüberschreitender Versicherungsgeschäfte vergrößern. Die Zunahme der Mitbewerber und die getroffenen Deregulierungsmaßnahmen können insbesondere durch eine stärkere Berücksichtigung der Preispolitik zu einer Wettbewerbsintensivierung in allen Bereichen der Versicherungswirtschaft führen. Durch den zunehmenden Wettbewerb wird ferner der Konzentrationsprozeß in der Versicherungswirtschaft noch mehr intensiviert werden.

Die steigende Bedeutung der Preispolitik wird diesen Prozeß voraussichtlich verstärken. Die Versicherungswirtschaft in Deutschland hat bei risikoadäquater Tarifierung nur einen geringen Spielraum für Preissenkungen. Verändern Versicherungsunternehmen ihre Geschäftspolitik hin zu einer offensiven Preispolitik, wird dies aller Voraussicht nach nicht nur Auswirkungen auf die Qualität der angebotenen Produkte haben, sondern auch zu einer Veränderung bestehender Marktstrukturen führen[2].

Die zunehmende Konzentration durch den Zusammenschluß von Versicherungsunternehmen führt bei einzelnen Konzernen oft zu einer Vielfalt von Integrationsproblemen. Eines dieser Probleme ist die Entwicklung von Softwaresystemen, die im ganzen Unternehmen eingesetzt werden sollen.

Durch organisatorische Maßnahmen innerhalb eines Konzernverbundes besteht die Möglichkeit, hinsichtlich dieser Dienstleistung beachtliche Synergieeffekte zu erzielen, in dem unter anderem die Softwareentwicklung durch Funktionsausgliederung auf bestimmte Konzernunternehmen deligiert wird[3]. Aus Gründen des spartenbezogenen Know-Hows werden die Aktivitäten je nach Art des Entwicklungsprojekts auf eine Konzerngesellschaft konzentriert. Die Entwicklung von Softwaresystemen nach einheitlichen Entwicklungsregeln bietet auf diese Weise für den Konzern ein erhebliches Potential, Entwicklungskosten zu reduzieren.

In diesem Zusammenhang treten vor allem Probleme bei der Verrechnung der durch eine Konzerngesellschaft erbrachten Leistungen auf. Ziel ist es, die Problematik der Leistungsverrechnung am Beispiel der Software-Systementwicklung darzustellen und eine pragmatische, praxisorientierte Lösung aufzuzeigen. Es wird dargestellt, daß es ohne Projektmanagementmaßnahmen nicht möglich ist diese Problematik zu lösen. Projektmanagement ist also auch der Schlüssel zur Lösung von Sachproblemen. Hier ist der externe Berater mit seinem übergreifenden Wissen und seiner Fachkompetenz gefordert.

Die Ermittlung von Verrechnungspreisen 3

Die Ermittlung von Verrechnungspreisen für den Austausch konzerninterner Leistungen greift auf notwendige Aktivitäten aus dem Projektmanagement zurück.

Verrechnungspreis-Politik 3.1

Die betriebswirtschaftliche Problematik des konzerninternen Leistungsaustausches besteht in der Bewertung jener Leistung, die von der mit der Entwicklung beauftragten Organisationseinheit erbracht wird. Eine Bewertung erfolgt in der Regel durch Festlegung von sg. Verrechnungspreisen (VP). Verrechnungspreise können unterschiedlichen Zwecken dienen. Bei der Entwicklung von Softwaresystemen dient der Ansatz von Verrechnungspreisen in erster Linie der Ermittlung von marktgerechten, realisierbaren Preisen und der Preiskalkulation. Die Ermittlung der Verrechnungspreise kann also sowohl marktorientiert als auch kostenorientiert erfolgen.

Gerade bei interner Verrechnung im Konzern kann durch die Festlegung solcher Verrechnungspreise eine Gewinnverschiebung zwischen den Konzerngesellschaften erzielt werden und auch gewollt sein. Diese Möglichkeit besteht vor allem bei Unterordnungskonzernen[5]. Handelt es sich bei einem Konzernverbund um einen Gleichordnungskonzern[6], muß zwischen den Konzerngesellschaften bei der Festlegung der Höhe der Verrechnungspreise eine einvernehmliche, abgestimmte Vereinbarung erzielt werden, da jedes Unternehmen viel stärker für den eigenen Geschäftserfolg verantwortlich zeichnet.

Das Versicherungsaufsichtsgesetz (VAG) bezieht sich in § 53 d VAG auf Konzerngeschäftsbeziehungen zwischen Nichtversicherungsunternehmen (NKonzerngesellschaften) und Konzerngesellschaften. Das VAG bestimmt, daß hierbei im Konzern Verrechnungspreise auf Grundlage vorhandener Marktpreise festgelegt werden sollen. Diese Vorgehensweise wird durch das Bundesaufsichtsamt für das Versicherungswesen (BAV) durch Verweis auf die §§ 8 Abs. 1 Nr. 2 und 81 Abs. 2 VAG auf Geschäftsbeziehungen zwischen verbundenen Konzerngesellschaften ausgedehnt. Der Ansatz von Marktpreisen bedeutet, daß die zur Bewertung von Leistungen heranzuziehenden Verrechnungspreise dem

Grundsatz des Fremdvergleichs bzw. dem »dealing-at-arm's-length«-Prinzip gerecht werden sollen, d.h. Verrechnungspreise werden in der Höhe festgelegt, wie sie auch von unabhängigen Dritten verlangt werden dürfen.

Aus dieser Feststellung ist also klar ersichtlich, daß in diesen Situationen ein erheblicher Beratungsbedarf entsteht, da hier ein Interessenskonflikt zwischen den einzelnen Anforderungen latent vorhanden sein kann.

Das BAV hat schon mehrfach die Dienstleistungsverträge von Konzerngesellschaften beanstandet[7] und weist darauf hin, daß insbesondere eine schriftliche Fixierung der Vereinbarungen notwendig ist. Dies ist insofern von Bedeutung, als dadurch die Kostenverteilung einer Software-Entwicklung nach Projektende relativ unproblematisch erfolgen kann, da kritische Größen wie z.B. Kostenverteilungsschlüssel oder Verrechnungspreise der Mitarbeiter vertraglich determiniert sind. Nicht nur die Schriftform der Verträge erscheint sinnvoll, sondern auch die zeitgerechte Dokumentierung der mit der Leistungserstellung verbundenen Kosten. Dies ist z.B. auch aus steuerlichen Aspekten angeraten, da bei einer Angemessenheitsprüfung im Rahmen einer Betriebsprüfung oft Einzelnachweise der verrechneten Dienstleistungen verlangt werden. Projektmanagement ist hier ein unverzichtbares Instrument.

3.2 Bedeutung der Marktpreise

Die Berücksichtigung von Marktpreisen zur Ermittlung von Verrechnungspreisen ist ein wesentlicher Faktor bei der Gewinnung objektiver Größen.

Grundsätzlich muß die Preisfestsetzung für eigenentwickelte Software in Konzerngesellschaften so erfolgen, daß sie dem Vergleich mit funktionsgleicher Software, sofern sie am Markt erhältlich wäre, standhält. Hier kann der externe Berater aufgrund seiner Marktübersicht hilfreich sein.

Sollen im Rahmen der Softwareentwicklung Marktpreise die Grundlage zur Ermittlung der Kosten-Anteile künftiger Benutzer sein, stehen dafür zwei Ansätze für die Preisermittlung zur Verfügung.

3.2.1 Preisvergleich

Um diesen Ansatz anwenden zu können, müssen Marktpreise vorhanden sein. Marktpreise werden üblicherweise zwischen den Marktteilnehmern in freiem Wettbewerb durch Angebot und Nachfrage gebildet.[8] Diese Methode des Preisvergleiches kann jedoch nur für Produkte gelten, die in bezug auf Funktionalität, Umfang und Qualität weitgehende Übereinstimmung mit dem eigenen Software-Produkt aufweisen. Dies bedeutet, daß zumindest ein fachliches Grobkonzept existieren muß, welches die notwendigen Vergleichs-Analysen zuläßt. Spezielle Beurteilungskriterien kennt der Berater.

Bei Konzerngesellschaften sind oft Softwaresysteme im Einsatz, die speziell auf die Bedürfnisse des Konzerns oder eines der Unternehmen abgestimmt sind. Damit ist eine Vergleichbarkeit mit am Markt erhältlichen Fremdprodukten nur selten im Detail möglich. Eine pauschale Übernahme von sogenannten »Katalogpreisen« ist daher kaum möglich und vielfach auch nicht sinnvoll.

Sollte in Einzelfällen eine Vergleichbarkeit von der Funktionalität her gegeben sein, muß der Marktpreis des Vergleichsproduktes für die Verwendung im Konzern korrigiert werden. Dies resultiert aus der Tatsache, daß bei dem herstellenden Konzernunternehmen, bedingt durch die Leistungsbeziehung zu anderen Konzernunternehmen, gewisse in den Marktpreis einfließende Kosten nicht entstehen.[9] Beispielhaft seien an dieser Stelle nur die Kosten für eine Absatzorganisation genannt. Wird der für Konzerngesellschaften ermittelte Marktpreis nicht um solche Kosten reduziert, die dem Produkt nicht direkt zurechenbar sind jedoch mit diesem in unmittelbarem Zusammenhang stehen, würden den herstellenden Konzerngesellschaften finanzielle Mittel zufließen, denen kein Leistungsverzehr gegenüber stände. Somit würde eine Gewinnverschiebung innerhalb des Konzerns vorliegen, die gemäß den VAG-Regelungen vermieden werden soll.

Wiederverkaufspreis 3.2.2

Die oben aufgeführten Rahmenbedingungen gelten grundsätzlich auch für den Ansatz von Wiederverkaufspreisen.[10] Sollte schon vor Projektbeginn die Vermarktung des Produktes durch das herstellende Konzernversicherungsunternehmen geplant sein und später auch entsprechend durchgeführt werden, kann ein Wiederverkaufspreis errechnet und angesetzt sowie auf die beteiligten Konzerngesellschaften verteilt werden.

Kostenorientierte Ermittlung von Verrechnungspreisen 3.3

Eine kostenorientierte Ermittlung von Verrechnungspreisen kann nur durch Einsatz von Projektmanagementmethoden durchgeführt werden.

Können aufgrund des hohen Spezialisierungsgrades der Software keine Marktpreise angesetzt werden, kann als Alternative die Kostenaufschlagsmethode angewendet werden. Sie berücksichtigt zunächst die mit der Dienstleistung in Zusammenhang stehenden Kosten. Sämtliche Projektkosten lassen sich unterteilen in direkt zurechenbare Einzelkosten und umzulegende Gemeinkosten (Verrechnungskosten). Nach welchem Verfahren die Verrechnungskosten verteilt werden, ist unternehmensspezifisch festzulegen.

Zu den Einzelkosten gehören alle diejenigen Kostenarten, die direkt den Konzerngesellschaften zugerechnet werden können. Sie sollten durch die Konzerngesellschaften direkt beeinflußbar sein. In Abhängigkeit von den Anforderungen der beteiligten Konzerngesellschaften an die zukünftigen Softwareprodukte erfolgt damit die Kostenzurechnung. Weichen die Anforderungen einer Konzerngesellschaft von denen der übrigen Mitbenutzer in starkem Umfang ab, werden zusätzliche Kosten verursacht. Diese müssen den entsprechenden Konzerngesellschaften zusätzlich zu den allgemeinen Entwicklungskosten gemäß dem Verursachungsprinzip direkt belastet werden.

Aus betriebswirtschaftlicher Perspektive muß bei der Betrachtung der Projektkosten für die Erstellung von Software noch das Ermittlungsverfahren determiniert werden. Da bei dem mit der Entwicklung der Software beauftragten Konzernversicherungsunternehmen aus aufsichtsrechtlichen Gründen die Deckung der Gesamtkosten (Vollkosten) gewährleistet sein muß[11], werden die Entwicklungskosten auf Grundlage der Istkostenrechnung ermittelt. Begründet werden kann dies durch die relativ gute Bestimmbarkeit der Istkosten, da alle notwendigen Informationen nach Beendigung der Entwicklungsarbeiten zur Verfügung stehen.

Die Istkostenrechnung hat jedoch den Nachteil, daß alle Kosten erstattet werden, und zwar auch diejenigen, die aufgrund einer nicht rationellen Arbeitsweise entstehen können. Auch hier hilft ein effektives Projektmanagement diese Aufwände so gering wie möglich zu halten. Dieser Umstand läßt sich nämlich auch als »indirekte« oder »verdeckte« Gewinnverschiebung bezeichnen und würde nicht den Interessen der Versicherungsnehmer dienen.

Nur bei Unterstellung eines adäquaten Projektmanagements und eines funktionsfähigen und zeitnahen Projektcontrolling ist die ausschließliche Berücksichtigung der Istkosten ein praktikabler Ansatz. Darüber hinaus können zusätzlich auch kalkulatorische Größen in die Kostenermittlung und -umlage einfließen. Hierzu gehören, soweit bestimmbar und dem Produkt direkt zurechenbar:

- Kalkulatorische Wagniskosten
- Kalkulatorische Abschreibungen
- Kalkulatorische Zinsen
- Kalkulatorische Eigenmieten
- Kalkulatorischer Unternehmerlohn.

Ob und in welcher Höhe diese kalkulatorischen Kosten bei der Kostenermittlung berücksichtigt werden können, wird oft durch die Geschäftspolitik des Konzerns determiniert. Die Berücksichtigung kalkulatorischer Zinsen ist – betriebswirtschaftlich gesehen – bei Ansatz der Vollkostendeckung sinnvoll. Diese kalkulatorische Größe stellt den Ersatz von Opportunitätskosten dar und vermeidet dadurch bei den softwareherstellenden Konzerngesellschaften eine Vermögenseinbuße.

In Abhängigkeit vom Zielsystem des Konzerns besteht auf Seiten der herstellenden Konzerngesellschaften zusätzlich die Möglichkeit, über den Ansatz der Kosten hinaus einen Gewinnzuschlag zu erheben. Begründet ist dieser Gewinnzuschlag als Entlohnung für das vom Hersteller der Software zu tragende Risiko eines nicht einsatzfähigen bzw. nicht profitabel vermarktbaren Produktes.

4 PM zwecks einfacherer Kostenverrechnung

Projektmanagement erleichtert nicht nur dieses Vorgehen, es ist ein unverzichtbares Muß.

Um die Kosten der Softwareentwicklung adäquat auf künftige Benutzer verteilen zu können, muß ein effizientes Projektmanagement zur Kostenermittlung und -kontrolle eingerichtet werden.

Für die weitere Betrachtung werden folgende Rahmenbedingungen angenommen:

- Das mit der Entwicklung betraute Unternehmen stellt das Projekt alleine her[12]
- Die herstellende Konzerngesellschaft trägt das volle Entwicklungsrisiko
- Alle Anwender erhalten nach Fertigstellung gegen Zahlung einer Lizenzgebühr ein Nutzungsrecht

Grundlegende Voraussetzung für eine nachvollziehbare Kostenverteilung ist die Ermittlung und Dokumentation aller Kosten zum Zeitpunkt ihres Entstehens oder zumindest zeitnah nach ihrem Entstehen. Ein bewährtes Vorgehensmodell für die Erfassung und Verteilung der anfallenden Kosten ist die Unterteilung des Gesamtprojektes in Projektphasen.

4.1 Projektphasen

Für die Softwareentwicklung ergeben sich folgende Projektphasen und Teilschritte, wobei sich die Darstellung an dieser Stelle auf eine grobe Gliederung beschränkt. In der Praxis wird es sich immer als günstig erweisen, je nach Komplexität, die einzelnen Phasen noch weiter herunterzubrechen, d.h. in kleinere Einheiten aufzuteilen.

Mindestens sind jedoch je Phase oder Phasenabschnitt folgende Aktivitäten notwendig, die ein oder mehrmalig ablaufen können, solange jedoch, bis die geforderte Qualität erreicht ist:

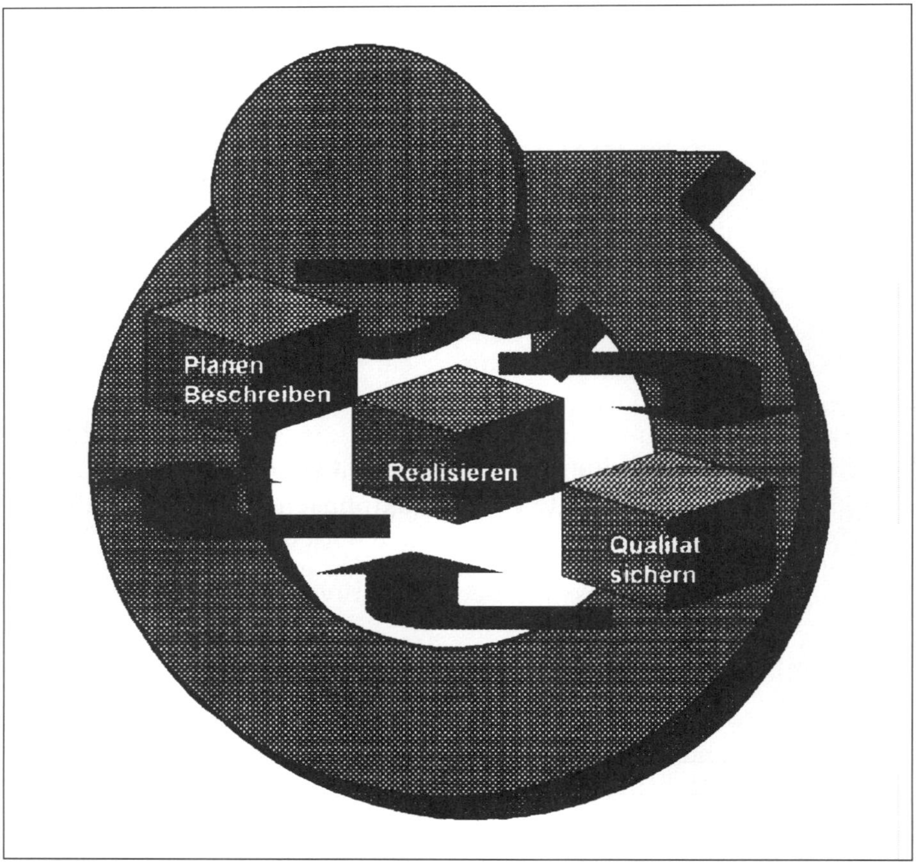

Abb. 1: Projektphasen

Die Phasen im einzelnen sind:

- Definieren und Abgrenzen des Projektinhaltes
- Erstellen einer Vorstudie, unter Berücksichtigung der Istsituation
- Anfertigen eines betriebswirtschaftlichen Pflichtenheftes
- Erstellen eines DV-technischen Pflichtenheftes

- Realisierung des geplanten Vorhabens
- Test und Abnahme der Einzelsysteme und des Gesamtsystems
- Evtl. Datenüberleitung oder Datenersterfassung
- Einführungsphase.
- Systemstabilisierung
- Wartung

Diese Phasengliederung muß sowohl auf das Gesamtsystem wie auch die einzelnen Teilsysteme angewandt werden.

Die Gliederung des Projektes in fachliche Einheiten (Projektgegenstände) sollte nach Realisierungsgrößen wie folgt aussehen:

- Gesamtprojekt
- Teilprojekte (Größenordnung ca. 200 Personentage)
- Arbeitsgebiete (Größenordnung ca. 50 Personentage)
- Einzelarbeiten (Größenordnung ca. 5–10 Personentage)

4.2 Kostenerfassung

In der Darstellungsform dieser Projektgliederung ergibt sich jetzt eine Tabelle, auf der in den Spalten die Projektphasen und in den Zeilen die Projektgegenstände dargestellt werden. Jeder Position in dieser Matrix wird eine Abrechnungs- oder Identifikationsnummer zugeordnet.

	Entwicklungsgegenstände				
Entwicklungsschritte	Grobplanung	1. Studie	Realisierung	Test	Einführung
Datenbasis ermitteln					
Schnittstellen beschreiben					
Sachgebiete ausklammern					
Kernmodule definieren					
Randmodule definieren					
Datenfluß beschreiben					
Plausibilitäten festlegen					
Dokumentation					
Anwenderhandbuch					
Datenschutz					
Hotline					

Abb. 2: Projektzeiterfassung

Alle Projektbeteiligten erfassen während der Projektlaufzeit ihre Aktivitäten unter Verwendung dieser Nummern. Mit dem Sachmitteleinsatz ist gleich zu verfahren. Auf diese Weise entsteht während der Projektlaufzeit eine detaillierte Kostenerfassung.

Hierbei sind die Entwicklungskosten teilweise den einzelnen Konzerngesellschaften direkt zurechenbar. Verrechnungskosten müssen mittels am Verursachungsprinzip ausgerichteter Kriterien auf die Konzerngesellschaften verteilt werden.

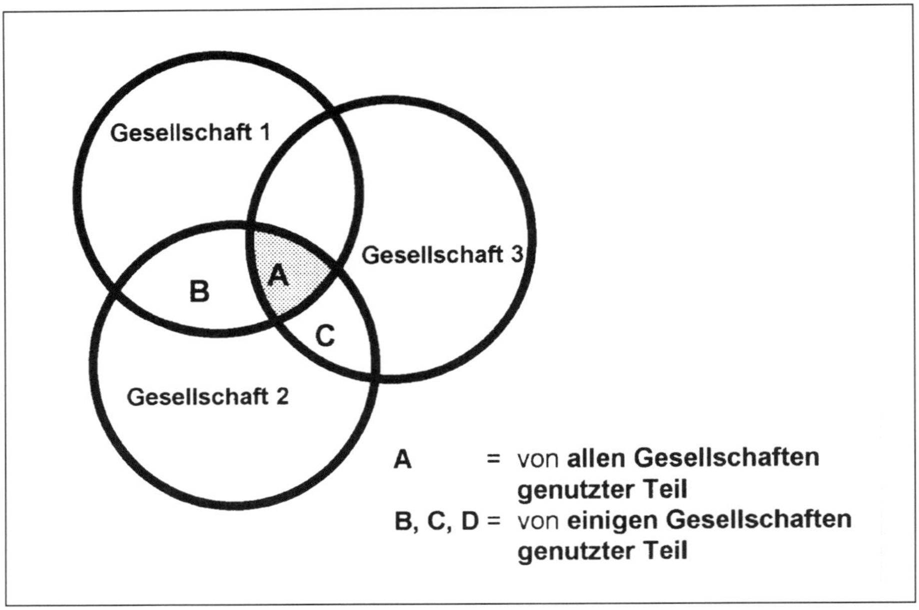

Abb. 3: Nutzung des Systems

Gemäß der oben vorgenommenen Unterteilung des Projektes in Projektphasen und -teilschritte, können die dort entstehenden Kosten detailliert erfaßt werden. Dabei muß für jede Projektphase bzw. jeden Teilschritt festgelegt werden, ob es sich bei den zugeordneten Entwicklungskosten um Einzelkosten oder verrechnete Gemeinkosten handelt. Da für diese Verrechnungskosten der Kostenverteilungsschlüssel zu Projektbeginn vertraglich festgelegt sein sollte, ist eine Verteilung dieser Kosten in der Regel problemlos möglich, insbesondere, wenn dies DV-gestützt erfolgt.

Die Personalkosten sind bei der Software-Entwicklung aller Erfahrung nach diejenige Kostenart mit dem größten Volumen. Es ist daher sinnvoll, bei dieser Kostenart nicht von einem durchschnittlichen Tagessatz aller an dem Projekt beteiligten internen Mitarbeiter auszugehen, sondern differenzierte Tagessätze für Projektleiter, Systemanalytiker und Programmierer zu ermitteln. Die konkrete Ermittlung der Tagessätze der Mitarbeiter sollte auf dem Ansatz der Vollkosten beruhen. Der Einsatz von Mitarbeitern anderer Konzernunternehmen ist unter der Voraussetzung detaillierter Zeitaufschreibungen unproblematisch. Die Mitarbeiter können während des Entwicklungszeitraums entweder an die herstellende Konzerngesellschaft ausgeliehen und von ihr bezahlt werden oder die bei der ausleihenden Konzerngesellschaft entstandenen Personalkosten werden mit der fälligen Lizenzgebühr verrechnet.

Spezifische Probleme können bei der Verrechnung der Kosten dann entstehen, wenn die Tagessätze der durch die herstellende Konzerngesellschaft für Detaillösungen eingesetzten externen Spezialisten nach oben von den Tagessätzen der internen Mitarbeiter abweichen. Diese Problematik sollte bereits zu Projektbeginn vertraglich geregelt werden. Eine Lösungsmöglichkeit besteht in der Nivellierung der Tagessätze auf Grundlage der oben aufgeführten Differenzierung.

Kostenverteilung 4.3

Zur Verteilung der Kosten nach dem Verursachungsprinzip bieten sich mehrere Hilfsgrößen an:

Anzahl der verwalteten Versicherungsverträge 4.3.1

Ein einfaches Schlüsselkriterium ist der Vertragsbestand von Konzerngesellschaften, die von der neuen Software administriert werden sollen. Diese am Volumen des Geschäftsbereichs orientierte Größe (Anzahl der Verträge) erlaubt eine proportionale Aufteilung der Entwicklungskosten auf die künftigen Benutzer des Softwaresystems. Da dieses Kriterium bekannt ist, kann unmittelbar nach Ermittlung aller Kosten deren Verteilung erfolgen. Ein erheblicher Nachteil dieses Schlüsselkriteriums ist jedoch, daß keine verursachungsgerechten Aussagen über die Intensität der Bearbeitung von Verträgen oder zum Grad der Unterstützung durch die Software möglich sind.

Berücksichtigung des Nutzens für die Anwender 4.3.2

Die Intensität der Bearbeitung stellt ein sachgerechtes Kriterium für die Berücksichtigung des Nutzens dar, den die Software den einzelnen Konzerngesellschaften bereitstellen kann. Die zentrale Bedeutung der EDV in der Versicherungswirtschaft erfordert die Berücksichtigung des Nutzens, den ein neues Softwaresystem bringt. Einschränkend muß allerdings angeführt werden, daß meist nur der quantitativ meßbare Nutzen als Kriterium betrachtet werden kann. Ein qualitativer Nutzen, wie beispielsweise die Änderung des Informationsgehalts, ist abhängig von den Entscheidungsparametern der jeweiligen Benutzer und daher nur sehr schwer meßbar.

Ein mögliches Kriterium zur Erfassung des Nutzens nach Beendigung der Entwicklung ist die Anzahl der Zugriffe auf das neue System. Hierdurch wird zwar die Bearbeitungshäufigkeit ausgedrückt, eine Aussage über die Inanspruchnahme des Systems aus sachlicher Notwendigkeit ist jedoch nicht möglich. Hinzu kommt, daß diese absolute Größe nur aussagekräftig ist, wenn sie zu der entsprechenden Kennziffer des Altsystems in bezug gesetzt wird. Problematisch ist dabei allerdings, daß nicht zwingend die Vergleichbarkeit gewährleistet ist. Weit aussagefähiger ist die in Anspruch genommene CPU-Zeit. Sie drückt den Nutzen der neuen Software besser aus, da diese Größe ohne Interpretation direkte Aussagen zum Nutzen zuläßt.

Als nachteilig beim Ansatz dieser beiden Kriterien erweist sich, daß eine Kostenverteilung im Rahmen der Entwicklungsarbeiten nicht praxisnah erfolgen kann. Die Anzahl der Zugriffe oder die benötigte CPU-Zeit müssen erst durch den produktiven Einsatz ermittelt werden. In diesem Zusammenhang ist es auch wichtig, daß ein für das neue System repräsentativer Erfassungszeitraum gewählt wird.

Die Flexibilität der Kostenverteilung kann durch eine Kombination mehrerer Verteilungskriterien noch erhöht werden. Wie die einzelnen Kriterien dabei gewichtet werden, muß vor Projektbeginn durch die am Projekt beteiligten Konzerngesellschaften einvernehmlich festgelegt werden.

Die Abrechnung von Konzernprojekten auf Basis der durch das Projektmanagementverfahren ermittelten Größen wird unproblematisch.

Die durch ein adäquates Projekt-Controlling erfaßten Kosten müssen nun allen künftigen Nutzern zugeteilt werden. Unproblematisch ist die Behandlung der Einzelkosten, da sie direkt den jeweiligen Konzerngesellschaften zugerechnet werden können. Die entsprechend der Projektgliederung erfaßten Verrechnungskosten (Gemeinkosten) werden über den gewählten Verteilungsschlüssel den Konzerngesellschaften anteilig belastet.

Die Zahlungen der künftigen Mitbenutzer erfolgen als Lizenzgebühr, sofern das Stammrecht an der Software bei den mit der Herstellung beauftragten Konzerngesellschaften bleibt. Vertraglicher Handlungsspielraum besteht hinsichtlich der Zahlungsweise zur Erlangung des unbeschränkten Nutzungsrechts. Dieses kann durch laufende oder eine einmalige Zahlung der Lizenzgebühr erworben werden.

Lizenzgebühren 5

Einmalige Zahlung 5.1

Die Erhebung einer einmaligen Lizenzgebühr nach Abschluß der Entwicklungsarbeiten und erstem Probebetrieb ist – rein rechnerisch gesehen – relativ unproblematisch, da die notwendigen Informationen durch den produktiven Einsatz der neuen Software ermittelt werden können.

Fortlaufende Zahlung 5.2

Der Ansatz laufender Lizenzgebühren – im Sinne einer Ratenzahlung der gesamten anteiligen Kosten – nach Implementierung der Softwareprodukte ist ebenfalls relativ unproblematisch. Die Festlegung der Höhe der einzelnen Raten muß einvernehmlich zwischen den beteiligten Konzerngesellschaften erfolgen.

Die Festlegung laufender Lizenzgebühren, unabhängig von den Entwicklungskosten, kann zu Problemen führen, da eine Orientierung der Laufzeit z.B. an der Nutzungszeit aufgrund der schlechten Prognostizierbarkeit dieses Zeitraums kaum möglich ist.

Die Zahlung laufender Lizenzgebühren während der Entwicklungszeit, die sich an den voraussichtlichen gesamten Entwicklungskosten orientieren, kann nur als Abschlagszahlung erfolgen und muß mit einer Abschlußrechnung verrechnet werden. Zu beachten ist, daß solche Abschlagszahlungen nur bei Vertragsbeziehungen möglich sind. Es müssen Teilverträge geschlossen werden, die sich auf sachlich selbständige Programmteile beziehen müssen.

Fortlaufende Lizenzzahlungen sind insofern für die softwareherstellende Konzerngesellschaft interessant, als selbstentwickelte Softwareprodukte immaterielle Vermögensgegenstände darstellen und nach § 248 Abs. 2 HJGB nicht aktiviert werden dürfen. Die in erheblichem Ausmaß entstehenden Entwicklungskosten könnten durch laufende Lizenzzahlungen zeitnah zum entstehenden Entwicklungsaufwand ausgeglichen werden.

Die Zusammenfassung 6

Abschließend kann festgehalten werden, daß die Problematik der Verrechnung konzernintern erbrachter Leistungen durch ein effizientes und effektives Projektmanagement adäquat gelöst werden kann. Besondere Beachtung sollte auf die am Verursachungsprinzip orientierte Kostenverteilung gelegt werden. Ferner ist zu berücksichtigen, daß es nicht nur einen richtigen Verteilungsschlüssel gibt, sondern die Wahl in Abhängigkeit von der Anwendung und von deren Nutzen zu sehen ist.

Wenn nicht, aufgrund langjähriger Erfahrungen, entsprechendes Projektmanagement-Know-How vorhanden ist, sollte unbedingt auf externe Unterstützung zurückgegriffen werden. Langjährige, erfahrene Projektmanager nehmen aber auch i.d.R. immer gerne einen Erfahrungsaustausch mit Kollegen, auch aus anderen Branchen, wahr.

Projektmanagement, wie an diesem fachlichen Beispiel erläutert, ist ein unverzichtbares Werkzeug in jedem modernen Unternehmen, das Projekte realisiert. Der externe Berater ist ein guter Partner auf Zeit.

Anmerkungen

1 Richtlinie 92/49/EWG des Rates vom 18. Juni 1992 zur Koordinierung der Rechts- und Verwaltungsvorschriften für die Direktversicherung (mit Ausnahme der Lebensversicherung) sowie zur Änderung der Richtlinien 73/239/EWG und 88/357/EWG (Dritte Richtlinie Schadenversicherung), Amtsblatt der EG vom 11.8.1992, Nr. L 228/1 ff, Richtlinie 92/96/EWG des Rates vom 10. November 1992 zur Koordinierung der Rechts- und Verwaltungsvorschriften für die Direktversicherung (Lebensversicherung) sowie zur Änderung der Richtlinien 79/267/EWG und 90/619/EWG (Dritte Richtlinie Lebensversicherung), Amtsblatt der EG vom 9.12.1992, Nr. L360/1ff.

2 Vgl. Wesselkock, Klemens: Die Versicherungswirtschaft vor veränderten Rahmenbedingungen. In: VW 23/1991, S. 1454.

3 Vgl. Für die Behandlung der Thematik ist es sinnvoll, den Konzernbegriff weit zu fassen, so daß auch Versicherungsgruppen im Sinne eines Firmenverbundes hierunter zu verstehen sind.

4 Mit dem Ansatz von Verrechnungspreisen können folgende Zwecke verfolgt werden: Lenkung dezentraler Entscheidungen, Erfolgsermittlung, Ermittlung von Preisgrenzen, Bestandsbewertung, Preiskalkulation; vgl. Riebel, P.: Rechnungsziele, Typen von Verantwortungspreisen. In: Danert, G./Drumm, H. J./Hax, K. (Hrsg.), Verrechnungspreise – Zwecke und Bedeutung für die Spartenorganisation in der Unternehmung. ZfbF-Sonderheft 1973, S. 11, und Coenenberg, A. G: Verrechnungspreise zur Steuerung divisionalisierter Unternehmen. In: WiST 2, 1973, S. 374.

5 Bei einem Unterordnungskonzern sind ein herrschendes und ein oder mehrere abhängige Unternehmen unter einheitlicher Leitung des herrschenden Unternehmens zusammengefaßt (vgl. § 18 Abs. 1 AktG). Hierbei kann es sich um einen faktischen Konzern (Kapitalmehrheit und/oder Identität der Entscheidungsträger) oder um einen Vertragskonzern (Beherrschungs- oder Gewinnabführungsvertrag) handeln.

6 Ein Gleichordnungskonzern besteht aus rechtlich selbständigen Unternehmen, die unter einheitlicher Leitung zusammengefaßt sind, ohne daß ein Abhängigkeitsverhältnis existiert (vgl. § 18 Abs. 2 AktG)

7 Vgl. Geschäftsbericht des BAV 1987, S. 52.

8 Vgl. Klein, W.; et al.: Konzernrechnungslegung und Konzernverrechnungspreise, S. 95.

9 Vgl. Brenzig, K.: Konzernverrechnungspreise in betriebswirtschaftlicher, aktienrechtlicher und steuerlicher Sicht, in AG 9/1975, S. 227.

10 Als Wiederverkaufspreis wird derjenige Erlös definiert, der gegenüber unabhängigen Dritten realisiert werden kann .

11 Vgl. Geschäftsbericht des BAV 1980, S.49.

12 Dies bedeutet nicht, daß ausschließlich Mitarbeiter dieses Konzerngesellschaften an der Entwicklung beteiligt sind

7 Literaturverzeichnis

Brenzig, K.: Konzernverrechnungspreise in betriebswirtschaftlicher, aktienrechtlicher und steuerlicher Sicht. In: Die Aktiengesellschaft 9/1975, S. 225–232.

Bundesaufsichtsamt für das Versicherungswesen: Geschäftsbericht des BAV 1989, S. 49. Geschäftsbericht des BAV 1987, S. 52.

Coenenberg, A. G.: Verrechnungspreise zur Steuerung divisionalisierter Unternehmen. In WiST, 2/1973, S. 373–382.

Klein, W./Nohl, F./Zschiegner, H./Klein, K.-G.: Konzernrechnungslegung und Konzernverrechnungspreise. Stuttgart 1983.

Riebel, P.: Rechnungsziele, Typen von Verantwortungsbereichen und Bildung von Verrechnungspreisen. In: Danert, G./Drumm, H.J./ Hax, K. (Hrsg.) Verrechnungspreise – Zwecke und Bedeutung für die Spartenorganisation in der Unternehmung. ZfbF-Sonderheft 1973, S. 11–19. Wesselkock, Klemens: Die Versicherungswirtschaft vor veränderten Rahmenbedingungen. In: Versicherungswirtschaft, Heft 23, 1991, S. 1450–1457.

Richtlinie 92/49/EWG des Rates vom 18. Juni 1992 zur Koordinierung der Rechts- und Verwaltungsvorschriften für die Direktversicherung (mit Ausnahme der Lebensversicherung) sowie zur Änderung der Richtlinien 73/239/EWG und 88/357/EWG (Dritte Richtlinie Schadenversicherung), Amtsblatt der EG vom 11.8.1992, Nr. L 228/1ff.

Richtlinie 92/96/EWG des Rates vom 10. November 1992 zur Koordinierung der Rechts- und Verwaltungsvorschriften für die Direktversicherung (Lebensversicherung) sowie zur Änderung der Richtlinien 79/267/EWG und 90/619/EWG (Dritte Richtlinie Lebensversicherung), Amtsblatt der EG vom 9.12.1992, Nr. L 360/1ff.

Projektmanagement und Finanzcontrolling in F & E Pharma

Dr. Sebastian Wahl
FOCUS Clinical Drug Development GmbH, Neuss

Der Beratungsfall 1

Die Zwänge des gesundheitspolitischen Umfelds 1.1

Die Regelungen des Gesundheitsstrukturgesetzes führten insbesondere bei forschenden Pharmafirmen zu teilweise beträchtlichen Umsatzeinbußen. Die forschende Pharmaindustrie sah sich daher gezwungen, u.a. auch die Ausgaben für Forschungs- und Entwicklungsaufgaben im Sinne einer Kosten-Nutzen-Abwägung zu überdenken. So hatte sich beispielsweise ein großer englischer Pharmakonzern dazu entschlossen, seinen deutschen Forschungsstandort mit ca. 80 Mitarbeitern aus dem Unternehmensverbund auszugliedern. Die Aufgabe dieses Instituts für Humanpharmakologie bestand in der Prüfung von neuen Arzneimitteln am Menschen, und zwar auf der Grundlage von Arzneimittelgesetz sowie Regelungen der »Good Clinical Practice«. Dabei werden gesunden Freiwilligen Arzneimittel, die sich in toxikologischen und tierexperimentellen Versuchen als zur Anwendung am Menschen geeignet erwiesen haben, appliziert, ihre Wirkung untersucht und entsprechend dokumentiert. Anhand der gewonnenen Ergebnisse wird entschieden, ob eine weitere Entwicklung des Arzneimittels, d.h. die Prüfung des Medikamentes an Patienten mit der Zielindikation, erfolgversprechend ist.

Da das in dem beschriebenen Institut vorliegende wissenschaftliche und technische Know-how nicht ohne größere Verluste an einen anderen Forschungsstandort transferierbar war, setzte sich die Konzernleitung zum Ziel, das Institut durch ein Management Buy-out in ein unabhängiges, profitables Auftragsforschungsinstitut umzuwandeln, um so auch weiterhin das vorliegende Know-how durch den »Einkauf« von Forschungsleistungen nutzen zu können. Da im Konzern kurzfristig keine Ressourcen zur Realisierung des Projektes zur Verfügung gestellt werden konnten, aus finanziellen Erwägungen aber eine rasche Abwicklung erste Priorität hatte, wurde ein entsprechend erfahrener externer Berater mit der Umsetzung der Konzernentscheidung beauftragt.

1.2 Die Aufgabe des Beraters

Um die Zielvorgabe, die Umwandlung des bestehenden Instituts in ein unabhängiges, profitables Auftragsforschungsinstitut, realisieren zu können, definierte der Berater die folgenden Aufgaben:

- Reengineering der Organisationsstruktur und deren Strukturierung als Profitcenter
- Einrichtung eines effektiven Projektmanagements zur zeit- und kostengünstigen Abwicklung von Projekten
- Aufbau eines eigenen Bereichs Finanzen und Administration inklusive Finanzcontrolling
- Aufbau eines Vertriebsinformationssystems zur Darstellung der Auftragssituation und zur Verwendung als Planungs- und Simulationstool

2 Aufbau des Projektmanagements

Um insbesondere das vom Auftraggeber vorgegebene Ziel der Profitabilität zu erfüllen, sah der Berater eine seiner vordringlichsten Aufgaben darin, ein effektives Projektmanagement in die Unternehmensstruktur zu integrieren. Dazu sollte vorher die Aufbau-Organisation des Instituts überarbeitet werden.

2.1 Die Unternehmensstruktur

2.1.1 Aufbau

Der Berater empfahl zunächst die Aufteilung des Instituts in zwei große Funktionsbereiche, nämlich die Klinische Pharmakologie und das Data Management. Die Qualitätssicherung wurde als unabhängige Stabsstelle direkt der Geschäftsführung zugeordnet.

Die den Bereichen zugeteilten Abteilungen wurden als Profitcenter angelegt. Die beiden neu definierten Bereiche Projektkoordination und Finanzen und Administration wurden direkt der Geschäftsführung unterstellt (s. Abb. 1).

2.1.2 Die Bereiche und Abteilungen

Die Aufgaben der Bereiche bzw. Abteilungen seien am Beispiel der Durchführung einer sogenannten Safety- und Toleranzstudie erläutert. Eine solche Studie wird durchgeführt, um erste Erkenntnisse zur Verträglichkeit und Verstoffwechselung des neuen Medikamentes im menschlichen Körper zu untersuchen. Hierzu werden nach einem in der Abteilung »Pharmakodynamik« erstellten Prüfplan gesunden Frei-

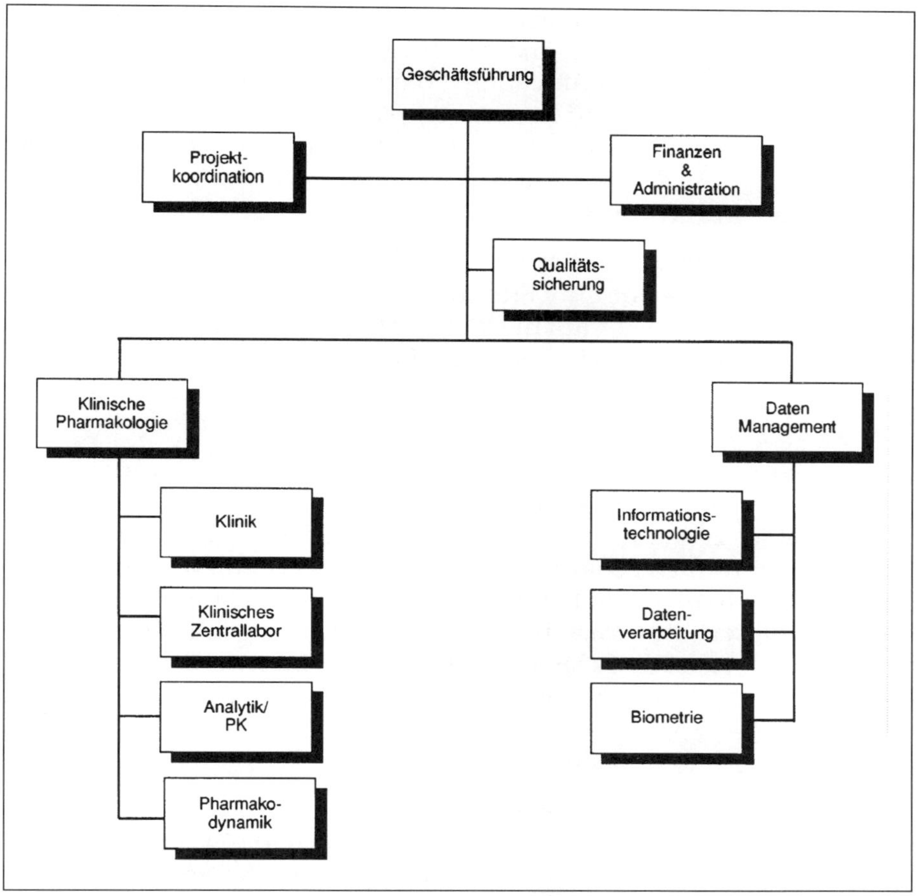

Abb. 1: Die neue Unternehmensstruktur

willigen in der »Klinik« eine Einzeldosis des neuen Medikamentes verabreicht und die Wirkung auf vitale Körperfunktionen (z.B. Blutdruck, Herzfrequenz etc.) beobachtet. Zusätzlich erfolgen in gewissen Zeitabständen Blutabnahmen zur Messung der Auswirkungen auf Blutbild und Serumchemie (Messung durch die Abteilung »Zentrallabor«) sowie zur Bestimmung der resorbierten Menge des Arzneistoffs im Blut (Messung der Wirkstoffkonzentration im Blut und Berechnung des Plasmaspiegelverlaufes) durch die Abteilung »Analytik und Pharmakokinetik«. Alle erhaltenen Resultate werden in einem sogenannten CRF (Case Record Form, Dokumentationsbogen) festgehalten und anschließend der Abteilung »Datenverarbeitung« zugeleitet, die die erhaltenen Werte in eine eigens hierfür angelegte Datenbank eingibt. Nach vollständiger Eingabe und Plausibilitätsprüfung der Daten führt die Abteilung »Biometrie« statistische Berechnungen zur Signifikanz der erhaltenen Ergebnisse durch. Die klinischen, analytischen und statistischen Ergebnisse werden wiederum von der Abteilung »Pharmakodynamik« in einem sogenannten integrierten Report zusammengefaßt, der später bei der Einreichung des Arzneimittels zur Zulassung einen Teil des Dossiers bildet.

2.2 Aufbau und Funktion des Projektmanagements

Da auf dem Papier werbewirksam aufgebaute Strukturen erfahrungsgemäß noch lange keine gute Funktionsfähigkeit garantieren, legte der Berater besonderen Wert auf die klare Definition von Abläufen mit eindeutig zugewiesenen Funktionen und Kompetenzen.

2.2.1 Aufbau

Das Projektmanagement wurde als typisches Matrix-System aufgebaut, wobei die »Projektkoordination« direkt der Geschäftsführung unterstellt ist. Sie bildet zusammen mit dem Geschäftsführer und den beiden Bereichsleitern einen Lenkungsausschuß für das Gesamtunternehmen, der in regelmäßigen Zeitabständen tagt. In Absprache mit den Bereichen identifiziert die »Projektkoordination« für jeden Auftrag aus einer der Abteilungen einen sogenannten Projektverantwortlichen, der in dieser Funktion an die Abteilung »Projektkoordination« berichtet.

2.2.2 Der Projektverantwortliche

Nach Auftragserteilung erstellt der Projektverantwortliche in Absprache mit den beteiligten Abteilungen einen Zeitplan für das Projekt, wobei die Abteilungsleiter jeweils ein Commitment abgeben für »in« und »out«, d.h. wann die Abteilung mit ihrer Aufgabe beginnen kann bzw. die vorher tätige Abteilung zuliefern muß, und wann sie ihre Aufgabe abgeschlossen haben wird. Einen Zeitplan in Form eines Balkendiagramms, wie ihn PC-gestützte Projektmanagement-Systeme liefern können, kann sich der Projektverantwortliche von der Abteilung Projektkoordination abfordern und an den Kunden sowie die beteiligten Abteilungen weiterleiten (Abb. 2).

Der Projektverantwortliche ist der Hauptansprechpartner für den Kunden sowie für die Projektkoordination. Die Einhaltung der im Zeitplan festgelegten Milestones (»in«, »out«) muß er genauestens überwachen und bei evtl. Verschiebungen die betroffenen Abteilungen umgehend informieren, um möglichen Engpässen frühzeitig entgegensteuern zu können. Bei Auftreten von Problemen, die zu einer Verzögerung des Projektes für den Kunden führen könnten, wird die Abteilung Projektkoordination tätig, die ermächtigt ist, entsprechende Prioritäten auch innerhalb der Abteilungen zu setzen. Die regelmäßige Information des

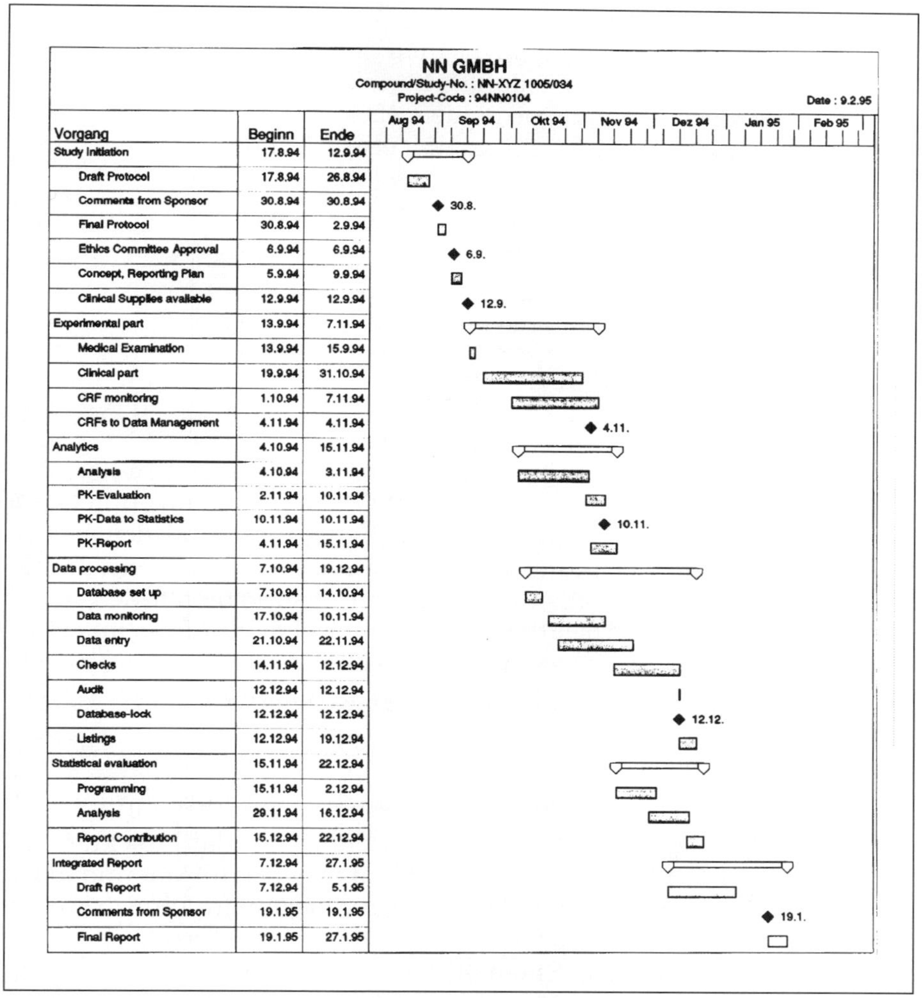

Vorgang	Beginn	Ende
Study Initiation	17.8.94	12.9.94
Draft Protocol	17.8.94	26.8.94
Comments from Sponsor	30.8.94	30.8.94
Final Protocol	30.8.94	2.9.94
Ethics Committee Approval	6.9.94	6.9.94
Concept, Reporting Plan	5.9.94	9.9.94
Clinical Supplies available	12.9.94	12.9.94
Experimental part	13.9.94	7.11.94
Medical Examination	13.9.94	15.9.94
Clinical part	19.9.94	31.10.94
CRF monitoring	1.10.94	7.11.94
CRFs to Data Management	4.11.94	4.11.94
Analytics	4.10.94	15.11.94
Analysis	4.10.94	3.11.94
PK-Evaluation	2.11.94	10.11.94
PK-Data to Statistics	10.11.94	10.11.94
PK-Report	4.11.94	15.11.94
Data processing	7.10.94	19.12.94
Database set up	7.10.94	14.10.94
Data monitoring	17.10.94	10.11.94
Data entry	21.10.94	22.11.94
Checks	14.11.94	12.12.94
Audit	12.12.94	12.12.94
Database-lock	12.12.94	12.12.94
Listings	12.12.94	19.12.94
Statistical evaluation	15.11.94	22.12.94
Programming	15.11.94	2.12.94
Analysis	29.11.94	16.12.94
Report Contribution	15.12.94	22.12.94
Integrated Report	7.12.94	27.1.95
Draft Report	7.12.94	5.1.95
Comments from Sponsor	19.1.95	19.1.95
Final Report	19.1.95	27.1.95

Abb. 2: Balkendiagramm eines Projekts

Kunden über den aktuellen Projektstand erfolgt über schriftliche Status-Reports, die dem Kunden in für das Projekt adäquaten Zeitabständen übersandt werden.

Die Projektkoordination 2.2.3

Die Summe aller Informationen aus den Einzelprojekten werden in dieser Abteilung zusammengeführt und den einzelnen Abteilungen wiederum in komprimierter Form zur Verfügung gestellt. So werden hier beispielsweise Übersichten über die Laufzeit der Projekte in der Klinik

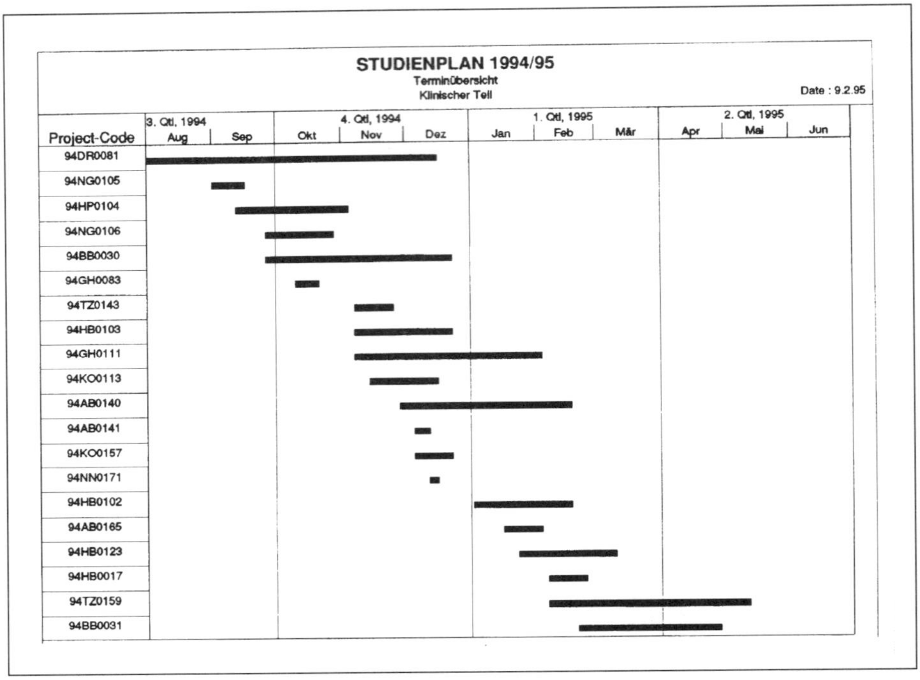

Abb. 3: Projektübergreifendes Balkendiagramm

und die in einem bestimmten Zeitraum zu erfüllenden Meilensteine zur Verfügung gestellt (Abb. 3, 4). Weiterhin überwacht die Abteilung die in den einzelnen Abteilungen über alle Projekte vorzuhaltenden Ressourcen und greift bei zu hoher oder zu geringer Auslastung entsprechend ein.

Besonderen Wert legte der Berater auf die Definition der Schnittstelle zwischen Projektkoordination und Finanzcontrolling, den Schlüsselfunktionen zur Sicherstellung der Profitabilität des Unternehmens.

3 Das Finanzcontrolling

3.1 Aufbau

Wie in solchen Forschungs- und Entwicklungsabteilungen vielfach üblich, war in dem beschriebenen Institut kein eigenes Finanzcontrolling etabliert, sondern wurde halbherzig von der Zentrale aus wahrgenommen. Deshalb mußte ein völlig neuer Bereich »Finanzen und Administration« definiert werden.

In die Definition des Bereiches »Finanzen und Administration« wurde auch das Finanzcontrolling miteinbezogen.

28. Mai 94

Übersicht Milestones

Zeitraum von 1. Jun 94
bis 31. Jul 94

Projekt	PV	Milestone	Datum
94SW0111	SW	Vertragsabschluß	1. Jun 94
94TS0098	AS	Pk-Daten an Stats	12. Jun 94
94SW0111	SW	Prüfplanerstellung	15. Jun 94
94WW0114	TX	Vertragsabschluß	15. Jun 94
94RS0097	NN	Datenbank lock	17. Jun 94
94RS0097	NN	Analytik abgeschlossen	19. Jun 94
94SW0111	SW	Prüfplanfreigabe	22. Jun 94
94SW0111	SW	EC-Einreichg.	22. Jun 94
94RS0097	NN	Listings	24. Jun 94
94TS0098	AS	Statistikbericht	26. Jun 94
94SW0111	SW	CRF-Design/Prod.	29. Jun 94
94SW0111	SW	EC-Votum	29. Jun 94
94WW0114	TX	Prüfplanerstellung	29. Jun 94
94SW0111	SW	Prüfpräp bei FOCUS	2. Jul 94
94RS0097	NN	Pk-Daten an Stats	3. Jul 94
94TS0098	AS	PK-Bericht	3. Jul 94
94WW0114	TX	Prüfplanfreigabe	6. Jul 94
94WW0114	TX	EC-Einreichg.	6. Jul 94
94SW0111	SW	Start Klinik	13. Jul 94
94WW0114	TX	CRF-Design/Prod.	13. Jul 94
94WW0114	TX	EC-Votum	13. Jul 94
94WW0114	TX	Prüfpräp bei FOCUS	16. Jul 94
94RS0097	NN	Statistikbericht	17. Jul 94
94AS0112	AS	Vertragsabschluß	22. Jul 94
94RS0097	NN	PK-Bericht	24. Jul 94
94TS0098	AS	Integrierter Bericht	24. Jul 94
94WW0114	TX	Start Klinik	27. Jul 94
94TS0098	AS	Datentransfer	31. Jul 94

Abb. 4: Projektübergreifende Meilenstein-Liste

3.2 Kostenstellen/Kostenarten

Da dem Berater die weitgehende »Inkompatibilität« von Wissenschaft und Finanzen aus seiner Erfahrung mit ähnlichen Fällen nur allzu bekannt war, mußte er den administrativen Aufwand so gering wie möglich halten, ohne aber die Effizienz des Finanzcontrollings einzuschränken.

Um eine geeignete Kostenrechnung zu realisieren, wurde deshalb die für den Dienstleistungssektor völlig ausreichende relative Deckungsbeitragsrechnung nach Riebel eingeführt. Im vorliegenden Fall wurden für Geschäftsführung, Bereiche und Abteilungen hierarchisch Kostenstellen angelegt. Nach Definition der im Unternehmen anfallenden Kostenarten wurden diese den einzelnen Kostenstellen zugeordnet. Die Gesamtbeträge aus den Kostenarten wie etwa Personal-, Material-, Reisekosten etc. werden pro Monat den in diesem Zeitraum erwirtschafteten Umsätzen für die Abteilung gegenübergestellt. Die Differenz beider Summen ergibt den Deckungsbeitrag 1 für die Abteilung.

Die Overhead-Kosten für den Bereich (z.B. Data Management) werden den zugehörigen Abteilungen als Kostenstellen ebenfalls belastet. Die Differenz von Kosten der Abteilung plus Overheads für den Bereich ergibt den Deckungsbeitrag 2. Schließlich werden noch die Kosten für die Overheads im Gesamtunternehmen auf die Bereiche verteilt, wobei sich für jede Abteilung dann der Deckungsbeitrag 3 ergibt. Geschäftsführung, Bereiche und Abteilungen werden monatlich über die angefallenen Kosten und Einkünfte informiert.

4 Das Zusammenwirken von Projektmanagement und Finanzcontrolling

4.1 Die Angebotserstellung

Alle Anfragen nach Dienstleistungen des Unternehmens werden zunächst der Abteilung Projektkoordination zugeführt. Diese bespricht mit dem Kunden Art und Umfang der gewünschten Leistung, informiert die Abteilungen und fordert vom jeweiligen Abteilungsleiter eine Abschätzung der hierfür einzusetzenden Ressourcen ab. Außerdem werden von den Abteilungen evtl. erforderliche durchlaufende Kosten, wie z.B. Probandenhonorare, Gebühren für Ethikkommission etc. aufgelistet. Die Übermittlung der Ressourcen erfolgt in Stunden pro Personalgruppe (wie z.B. Arzt oder Schwester in der Abteilung Klinik), zugeordnet zu einer bestimmten Aktivität. Diese Angaben zum personellen wie finanziellen Ressourcenbedarf werden von der Abteilung Projektkoordination in einem Spread-Sheet zusammengefaßt (s. Abb. 5).

Datum Projekt [redacted] Projekt-Code Projektverantwortlicher Sponsor [redacted] Probanden Anzahl 12	Gesamtkosten 125.112,50 davon Mehrleistungen 0,00 Anteil Kostenstelle Nr. 21 Klinik 21.470,00	**Stundensätze**	
		AST	71,25
		CDA	142,50
		CDE	71,25
		CDM	190,00
		CPD	237,50
		CRA	142,50
		DBA	142,50
		DBM	190,00

Aktivitäten			**Kosten**						**Stunden**			
Aktivität	Sammelvorgang	abgeschlossen mit Milestone	Kosten (DM)	pro Vol.? (j/n)	pro Probe? -> Anzahl	Kosten berechnet (DM)	PCNr	PC	PCode1	Std.1	PCode2	Std.2
Prüfplanerstellung	Studienvorbereitung	Prüfplanerstellung				0			PHT	1	CRA	4
QA Prüfplan/CRF	QA	Prüfplanfreigabe				0			QAM	2		
Prüfpräparateverw.	Studienvorbereitung	Ende Klinik				0			CRA	5		
Rekrutierung	Probanden	Start Klinik	750	j		8550	29	Probandenbetreuung				
Med. Untersuchung	Experimenteller Teil	Ende Klinik				0			PHC	8	NUR	8
Klinischer Teil	Experimenteller Teil	Ende Klinik				0			PHC	12	PHW	36
Leistung Klin. Labor	Experimenteller Teil	Ende Klinik	865	j		9861	24	Zentrallabor				
Abseren/Versand Proben	Experimenteller Teil	Ende Klinik				0			GRD	3	TEC	27
CRF-Monitoring	Experimenteller Teil	CRFs in DM				0			PHC	12	NUR	12
QA Exp. Teil	QA	Ende Klinik				0			QAM	8		
PK-Berechnung	Analytik	Vorlage PK-Daten				0			GRD	28		
PK-Bericht	Analytik	PK-Bericht				0			GRD	32		
QA PK	QA	PK-Bericht				0			QAM	6		
Datenbankaufbau	Datenverarbeitung	Datenbank aufgebaut				0			DBA	24	CDA	4
Daten-Monitoring 100%	Datenverarbeitung	Kommentare				0			CDA	4		
Dateneingabe 100%	Datenverarbeitung	Kommentare				0			CDE	12	STA	6
Datenprüfung/korrektur 100%	Datenverarbeitung	Datenbank aufgebaut				0			CDA	2	CDE	2
Audit CRF/Datenbank	Datenverarbeitung	Datenbank aufgebaut				0			CDA	4	STA	4
Listings	Datenverarbeitung	Dateneingabe 100%				0			STA	16		
QA Datenanl./CRF/Rohdaten	QA	Datenbank aufgebaut				0			QAM	4		
Konzepterstellung (RAP)	Statistik	RAP-Erstellung				0			SST	4		
Datenaufbereitung	Statistik	Statistikbericht				0			STA	8		
Stat. Analyse	Statistik	Statistikbericht				0			SST	10	STA	34
Stat. Bericht	Statistik	Statistikbericht				0			SST	18		
Integrierter Report	Berichterstellung	Integrierter Bericht				0			PHT	4	CRA	30
QA Report	QA	Integrierter Bericht				0			QAM	12		
Probandenhonorar	Durchl. Kosten	Ende Klinik	1950	j		23400	29	Probandenbetreuung				
Honorar Ethikkommission	Durchl. Kosten	EC-Votum	2200	n		2200	22	PhDyn. Team				
Probenmessung 1	Analytik	Analytik abgeschlossen	90	n	48	4104	23	Bioanalytik				

Abb. 5: Ressourcenbedarf

Mit Hilfe eines Tabellenkalkulationsprogrammes können aus diesen Angaben auf der Basis der vom Finanzcontrolling für das Unternehmen ermittelten Stundensätze für die einzelnen Personalgruppen die Preise für die Einzelleistungen (Aktivitäten) errechnet werden. Wie aus dem Spread-Sheet zu ersehen ist, werden die Aktivitäten sogenannten Sammelvorgängen zugeordnet, die später das ausformulierte Angebot als Kostenblöcke strukturieren. Mit Hilfe des Tabellenkalkulationsprogrammes wurde ebenfalls die Möglichkeit geschaffen, automatisch ein entsprechend strukturiertes Angebot zu erstellen.

Für alle Angebote werden dem Finanzcontrolling in einer tabellarischen Auflistung die finanziellen Anteile der einzelnen Abteilungen an den Projekten übermittelt. Es werden dabei sowohl die durchlaufenden Kosten identifiziert, als auch ein sogenanntes »Phasing«, d.h. die Aufteilung auf verschiedene Budgetjahre, vorgenommen. Finanzcontrolling und Projektkoordination ordnen jedem Angebot eine Erfolgswahrscheinlichkeit zu, die in das sogenannte Vertriebsinformationssystem (VIS) eingeht.

4.2 Das Vertriebsinformationssystem (VIS)

Zur Steuerung der Vertriebsaktivitäten und zur prospektiven Ermittlung von Umsätzen, sowohl beauftragter als auch angebotener Projekte, wurde im Finanzcontrolling das Vertriebsinformationssystem aufgebaut. In diesem VIS werden alle Projekte und Angebote, je nach Wahrscheinlichkeit der Durchführung, in 6 Gruppen eingeteilt:

Gruppe 1: Auftrag für Projekt erteilt
Gruppe 2: Projekt kurz vor Vertragsabschluß
Gruppe 3: Vertragsverhandlungen laufen noch
Gruppe 4: Vertragsverhandlungen haben begonnen
Gruppe 5: Vertriebsaktivitäten angelaufen
Gruppe 6: Vertriebsaktivitäten geplant

Die erste Gruppe, bewertet mit dem Faktor 1, sind die festbeauftragten Projekte. Die Zuteilung der Umsätze pro Zeiteinheit auf jede Abteilung wird von der Projektkoordination im sogenannten »Working Process« vorgenommen. In der zweiten Gruppe des VIS sind alle Projekte zusammengefaßt, die mit dem Auftraggeber kurz vor Vertragsabschluß stehen. Alle den einzelnen Abteilungen zugeordneten Umsätze werden mit dem Faktor 0,99 multipliziert und je nach erwarteter Laufzeit des Projekts auf die Budgetjahre verteilt. In den Gruppen 3 und 4 folgen dann die Projekte, über die noch mit dem potentiellen Auftraggeber Verhandlungen laufen, und die mit einer Wahrscheinlichkeit von 75% bzw. 50% (entspricht einem Faktor von 0,75 bzw. 0,5) bewertet werden. Wie bereits erläutert, werden die auf die einzelnen Abteilungen entfallenden Umsätze für die Projekte in den Gruppen 1 bis 4 in der Abteilung Projektkoordination aus den Angeboten berechnet und dem Finanzcontrolling zugeleitet.

Für die beiden letzten Gruppen des VIS erhält das Finanzcontrolling die Informationen von den beiden Bereichsleitern, nämlich Bereichsleiter Klinische Pharmakologie und Bereichsleiter Data Management, die für die Akquisition in ihren Bereichen zuständig sind. Dabei gehen in die Gruppe 5 Projekte ein, für die bereits Vertriebsaktivitäten gestartet sind, aber noch kein konkretes Angebot vorliegt. In Gruppe 6 werden die Projekte identifiziert, für die Vertriebsaktivitäten als sinnvoll erachtet werden und in Kürze gestartet werden sollen. Die Bewertung der Gruppe 5 erfolgt mit dem Faktor 0,25, die der Gruppe 6 wird im VIS finanziell noch nicht berücksichtigt und dient in erster Linie als Planungshilfe für Vertriebsaktivitäten.

Eine Aktualisierung des VIS erfolgt alle 14 Tage, wobei aus der Summe der auf jede Abteilung entfallenden Umsätze, multipliziert mit den entsprechenden Faktoren, für jede Abteilung das sogenannte »to be found«, die Differenz zwischen budgetierten Kosten und nach VIS berechneten festen und erwarteten Umsätzen für das verbleibende Budgetjahr, errechnet wird, um die Vertriebsaktivitäten entsprechend zu beeinflussen.

4.3 Der Working Process

4.3.1 Zahlungsmodus für klinische Studien

Die Laufzeit eines Projektes beträgt im allgemeinen zwischen 6 und 12 Monaten. Branchenüblich ist eine Anzahlung von 30% der Gesamtsumme laut Angebot bei Auftragserteilung, 40% werden fällig bei Abschluß des sogenannten klinischen Teils (Abschluß aller Aufgaben der Abteilung Klinik), die restlichen 30% werden bei Übergabe des vom Auftraggeber akzeptierten integrierten Reports und Übergabe der erhobenen Daten in Rechnung gestellt.

Während die Berechnung dieses Umsatzes nach Faktura für das Finanzcontrolling jeden Monat eine für das Unternehmen essentielle Meßgröße darstellt, eignet es sich zur Ermittlung des Projektfortschrittes in bezug auf Umsatz der Einzelabteilung nur wenig. Nur 3 »Zahlungs-Meilensteine«, verteilt über etwa 12 Monate, ergeben ein zu grobes Zeitraster, abgesehen von den Problemen der anteiligen Zuordnung des nach Faktura eingehenden Umsatzes auf die einzelnen Abteilungen und deren Aktivitäten.

Deshalb wurde in dem beschriebenen Unternehmen die monatliche Zuteilung des Umsatzes nach dem »Working Process« vorgenommen. Dabei wird der betreffenden Abteilung für die im jeweiligen Monat erbrachte Leistung ein fiktiver leistungsbezogener Umsatz vom Gesamtprojekt gutgeschrieben. Maßgebend für die Zuteilung des Umsatzes ist die Erfüllung der für jedes Projekt festgelegten individuellen Meilensteine.

4.3.2 Meilensteine und Umsatz

Bereits bei der Angebotserstellung werden die für das Projekt notwendigen Aktivitäten identifiziert (s. Abb. 5). Jede involvierte Abteilung gibt für diese Aktivitäten ihre Leistung in Form von Stunden für eine bestimmte Personalgruppe an. So beziffert z.B. die Abteilung Pharmakodynamik ihren Beitrag zur Aktivität Prüfplanerstellung mit 32 Stunden CRA (Clinical Research Associate), 4 Stunden PHT (»Physician Team«, der für die Studie zuständige Mediziner). Hinzu kommen weitere Stunden für die Biometrie (SST = Statistiker, 6 Stunden) etc. Anstelle von Stunden für eine Personalgruppe können auch, wie im Falle der Abteilung Analytik, für Aktivitäten Kosten in DM angegeben werden,

Projekt-Code [redacted]
Projektverantwortlicher [redacted]

lfd MNr	Milestone	abh. v. MNr	Verantw.	orig pl	geplant	aktuell	Dauer (Tage)
1	Vertragsabschluß	1	Auftraggeber	29. Jul 94	29. Jul 94	16. Aug 94	[redacted]
2	Rechnung 1	1	CRO	23. Aug 94	23. Aug 94	19. Aug 94	7
3	Prüfplanerstellung	1	Auftraggeber	16. Aug 94	16. Aug 94	19. Aug 94	0
4	Prüfplanfreigabe	1	Auftraggeber	16. Aug 94	16. Aug 94	19. Aug 94	0
5	CRF-Design/Prod.	1	Auftraggeber	16. Aug 94	16. Aug 94	19. Aug 94	0
6	RAP-Erstellung	4	CRO	06. Sep 94	09. Sep 94	16. Sep 94	21
7	EC-Einreichg.	4	CRO	19. Aug 94	22. Aug 94	15. Aug 94	3
8	EC-Votum	7	CRO	24. Aug 94	20. Aug 94	22. Aug 94	5
9	Prüfpräp bei FOCUS	8	Auftraggeber	05. Sep 94	03. Sep 94	01. Sep 94	12
10	Start Klinik	8	CRO	05. Sep 94	03. Sep 94	06. Sep 94	12
11	Ende Klinik	10	CRO	23. Sep 94	24. Sep 94	07. Okt 94	18
12	Rechnung 2	11	CRO	30. Sep 94	14. Okt 94	28. Okt 94	7
13	Methode validiert	1	CRO	20. Sep 94	20. Sep 94	23. Sep 94	35
14	Datenbank aufgebaut	1	CRO	20. Sep 94	20. Sep 94	22. Sep 94	35
15	CRFs in DM	11	CRO	30. Sep 94	14. Okt 94	14. Okt 94	7
16	Dateneingabe 100%	15	CRO	28. Okt 94	11. Nov 94	11. Nov 94	28
17	Datenbank lock	16	CRO	31. Okt 94	14. Nov 94	14. Nov 94	3
18	Listings	17	CRO	14. Nov 94	28. Nov 94	22. Nov 94	14
19	Analytik abgeschlossen	11	CRO	30. Sep 94	14. Okt 94	10. Okt 94	7
20	PK-Meßergebnisse bei CRO	11	Auftraggeber	30. Sep 94	14. Okt 94	28. Okt 94	7
21	Vorlage PK-Daten	20	CRO	10. Okt 94	07. Nov 94	03. Nov 94	10
22	PK-Statistikbericht	21	CRO	20. Okt 94	13. Nov 94	09. Nov 94	10
23	PK-Bericht	22	CRO	03. Nov 94	23. Nov 94	15. Nov 94	14
24	Statistikbericht	23	CRO	18. Nov 94	22. Nov 94	21. Nov 94	7
25	Integrierter Bericht	24	CRO	16. Dez 94	19. Dez 94		28
26	Kommentare	25	Auftraggeber	27. Jan 95	30. Jan 95		42
27	Revision	26	CRO	10. Feb 95	13. Feb 95		14
28	Datentransfer	27	CRO	24. Feb 95	27. Feb 95		14
29	Abschlußrechnung	28	CRO	03. Mär 95	06. Mär 95		7

Abb. 6: Meilenstein-Liste eines Projekts

z.B. die Analyse von 696 Blutproben zum Preis von je DM 75,00. Jede einzelne Aktivität wird dabei einem Meilensteine zugeordnet. Wird dieser Meilensteine als fertig gemeldet, d.h. wird in der Spalte »Aktuell« der Meilensteine-Übersicht (Abb. 6) das Fertigstellungsdatum eingegeben, erfolgt im System automatisch eine Gutschrift für die dieser Aktivität von der jeweiligen Abteilung zugeordneten Leistungen.

Die für jedes Projekt den einzelnen Abteilungen zugeordneten Umsätze werden monatlich von der Abteilung Projektkoordination zusammengefaßt und an die Abteilung Finanzcontrolling weitergeleitet. Im Finanzcontrolling werden dann diesen Erträgen die jeweiligen Kosten und Overheads für den Monat gegenübergestellt und an die Abteilungen bzw. Bereiche verteilt. Je nach Ergebnis in den einzelnen Abteilungen werden dann mit den Bereichsleitern und der Geschäftsführung entsprechende Maßnahmen zur Umsatzsteuerung eingeleitet.

Das Ergebnis 5

Durch die Zuhilfenahme eines externen Beraters zur Konzeptionierung und praxisorientierten Umsetzung dieses Konzepts im Spätherbst 1991 war das beschriebene Unternehmen bereits ab Mitte 1992 für mehrere internationale Pharmafirmen erfolgreich tätig und konnte bereits in den ersten beiden Jahren einen betriebswirtschaftlichen Überschuß erwirtschaften.

Zur Zeit ist das Unternehmen dabei, auch in die späteren Phasen der Arzneimittelentwicklung, d.h. die Durchführung von klinischen Studien an Patientenkollektiven in der Größenordnung von mehreren 100 pro Studie, zu expandieren.

6 Weiterführende Literatur

Riebel, P.: Einzelkosten- und Deckungsbeitragsrechnung – Grundlage einer markt- und entscheidungsorientierten Unternehmensrechnung. 6. Auflage Wiesbaden 1993

Domsch, M./Fischer, J.: Entscheidungsgremien und strategisches Forschungsmanagement. In: Zeitschrift für betriebswirtschaftliche Forschung, Heft 10, 1990, S. 851–868

Bürgel, H.: Controlling von Forschung und Entwicklung. München 1989

Majima, I.: Kostensenkung durch Just-in-Time Production. Wie es die Japaner praktizieren. München 1994

Weis, E.: Koppelung von Produktionsplanung und -steuerung (PPS) und Auftragskalkulation. In: DV-gestütztes Unternehmenscontrolling, Internationale Trends und Entwicklungen in Theorie und Praxis, herausg. von Th. Reichmann. München 1993

Seidenschwarz, W.: Target Costing, Marktorientiertes Zielkostenmanagement. München 1993

Franzen, W.: Projekt-Controlling zur Steuerung von Rentabilität und Liquidität bei Auftragsfertigung. In: Die Betriebswirtschaft, Heft 1, 1987, S. 33–39

Qualitätsmanagement mit DIN EN ISO 9000 – Mit Projektmanagement effizient einführen –

Techn. Dipl. Betriebswirt Roland Ottmann

Ottmann & Partner GmbH Management Consulting, Röthenbach/Pegnitz

Wenn der Kunde zum Erfolg zwingt... 1.

Der Brief des Elektrokonzerns an den Zulieferer Hentschel klang sehr höflich, lies aber an Deutlichkeit nichts zu wünschen übrig: Künftig werde man vor allem Lieferanten bevorzugen, die ihr Unternehmen nach der Norm DIN EN ISO 9000 zertifizieren ließen.

Für den Geschäftsführer der Hentschel GmbH war klar: »Wenn wir das Zertifikat nicht haben, sind wir die längste Zeit Lieferant für den Elektrokonzern gewesen.« Wie fast jeder Firmenleiter vermutet, dachte zunächst auch der Geschäftsführer der Hentschel GmbH, daß es sich damit (nach den Ideen des Just-in-time, Lean Production u.v.m.) um eine weitere Schikane handelt, die nur dem Bürokratismus neuen Vorschub leisten soll. Dazu sollte es viel kosten. Er besorgte sich also die Norm, und beim ersten Blick in dieses Werk sah er sich in seinen Befürchtungen noch übertroffen!

Doch trotzdem, nach der Rücksprache mit dem Elektrokonzern und der Konsultation mit einem Berater entschloß sich der Geschäftsführer der Hentschel GmbH dazu, in seinem Unternehmen ein *QM-System* einzuführen, mit dem Ziel, die Zertifizierung zu bestehen und damit den Kundenkontakt aufrechterhalten zu können.

... und was Unternehmen zum Erfolg führt 1.1

Was zeichnet erfolgreiche Unternehmen aus? Welche Erfolgsmerkmale gibt es?

Die St. Gallen Consulting Group SCG hat unternehmerische Fehlleistungen vieler kleiner und mittlerer Betriebe in verschiedenen europäischen Ländern analysiert. Daraus wurden acht Erfolgsmerkmale formuliert:

1. *Genau definiertes Unternehmensziel*
2. *Harmonie im Management-Team*
3. *Förderung der Innovationsfähigkeit*

4. *Schnelligkeit, kundengerechte Qualität, Servicebereitschaft*
5. *Flexibilisierung der unternehmerischen Infrastruktur*
6. *Aufbau eines Partnernetzes für die Produktion*
7. *Gewinnung von Spitzenkräften für das Unternehmen*
8. *Solide Eigenfinanzierung*

Diese Erfolgskriterien müssen vom Unternehmen erbracht bzw. umgesetzt werden, um langfristig im härter werdenden Wettbewerb bestehen zu können.

Ein Unternehmen, das sich mit dem Aufbau eines QM-Systems nach DIN EN ISO 9000 beschäftigt, wird auf seinem Weg zum Zertifikat die ersten fünf Punkte in jedem Fall bearbeiten *müssen*. Der Betrieb wird durch die Anstrengungen, die mit der Zertifizierung verbunden sind, erfolgreicher im Markt, also wettbewerbsfähiger.

Ideal ist es, wenn vom Management die Initiierung für dieses Projekt ausgeht, ohne daß der äußere Druck dafür vorhanden ist. Doch allzu oft werden die Vorzüge eines Management-Systems nicht rechtzeitig erkannt. Man wird dann, wie im Fall der Hentschel GmbH, zum Erfolg gezwungen.

1.2 Gewinn bei der Einführung – QM eine neue Mode oder Muß?

Warum steht Qualitätsmanagement auf einmal hoch im Kurs? Ist QM ein neuer kurzlebiger Trend, oder ist es eine unabdingbare Voraussetzung für Unternehmen, die im Wettbewerb bestehen wollen? Ohne Frage ist die Einführung eines QM-Systems für das betreffende Unternehmen ein außerordentlicher Zugewinn:

- Durch die Verbesserung der innerbetrieblichen Abläufe und der Klärung der Schnittstellen wird die Grundlage geschaffen, um eine gleichbleibend hohe Qualität zu erzielen.
- Die Mitarbeit am QM-Projekt ist eine Motivation für die Mitarbeiter.
- Die Vertrauensbasis gegenüber dem Kunden wird hinsichtlich der Aussagen zur Qualitätsfähigkeit und Zuverlässigkeit des Anbieters gestärkt.

Vor dem Hintergrund sich verschärfender Wettbewerbsbedingungen werden Unternehmen, die frühzeitig beginnen, ein QM-System aufzubauen, oder die vielleicht schon vorhandene Qualitätssicherung weiter zu entwickeln, deutliche Vorteile gegenüber Wettbewerbern haben, in denen QM nicht als verkaufsunterstützendes Kriterium erkannt worden ist. Dabei ist die »Verkaufsunterstützung« eigentlich nur *ein* Nebeneffekt.

Fehlerauswertungen zeigen, daß die Mitarbeiter vor Ort mit maximal 15% an der Verursachung der Qualitätsmängel verantwortlich sind. 85% der Fehlerursachen sind auf ein mangelhaftes System zurückzuführen, liegen also in der Verantwortung des mittleren und oberen Managements.

Die Mitarbeiter wissen sehr wohl, daß auf der Leitungsebene die Grundlage für Qualität gelegt wird. Die Mitarbeiter weisen i.d.R. auch darauf hin, wo Probleme und Verbesserungsmöglichkeiten sind. Das Management muß diese Anregungen nur aufgreifen und konsequent umsetzen. Für eine Betrachtung des Qualitätsaspektes ist aus diesem Blickwinkel die *Motivation der Mitarbeiter* die wichtigste Grundvoraussetzung.

Mit der Einführung eines QM-Systems nach DIN EN ISO 9000 werden zunächst alle wichtigen Arbeitsabläufe beschrieben (Verfahrens- und Arbeitsanweisungen). Dies geschieht in Arbeitsgruppen unter Einbeziehung von Visualisierungs- und Problemlösungstechniken (u.a. Brainstorming, Metaplantechnik etc.) und unter Einsatz von Methoden zur frühzeitigen Fehlererkennung (u.a. Fehlermöglichkeiten- und Einflußanalyse FMEA, Fischgrätendiagramm etc.). Durch die Einführung eines QM-Systems wird ein andauernder Verbesserungsprozeß in Gang gesetzt (*Kontinuierlicher Verbesserungsprozeß KVP*).

Merkmale dieser ständigen Verbesserung sind u.a.:

- Der bestehende Zustand wird in Zweifel gestellt.
- Die wichtigen Dinge werden sofort und richtig erledigt.
- Jeder Fehler, jede Abweichung, jedes Problem wird erkannt und bekämpft.
- Erreichte Werte sind Ausgangspunkt für weitere Verbesserungen.

Desweiteren werden die Probleme von Arbeitsprozessen mit gruppenübergreifendem Charakter eben von diesen Gruppen bearbeitet und gelöst. Basis für die Problembearbeitung ist der unbürokratische, verantwortungsbewußte Umgang miteinander, unter Beachtung der Verantwortung für die eigene Tätigkeit. Die Erkenntnis, daß jeder wechselweise Kunde oder Lieferant im Arbeitsprozeß ist und damit wechselnde Bring- und Holschulden hat, hilft hier Hürden zu überwinden.

Mit der Hinwendung zum Qualitätsmanagement wird im Unternehmen die Kreativität und die Innovationsfreudigkeit durch die eingesetzten Arbeitsgruppen, die prozeßorientiert an der Problemlösung und

Qualitätsverbesserung arbeiten, erhöht. Für den Mitarbeiter ergeben sich damit bessere Möglichkeiten der Einbringung, höherer Beteiligungsgrad bei Entscheidungen, mehr Spaß bei der Arbeit und nicht zuletzt praktizierte Selbstverwirklichung.

Ein besonders wirkungsvolles QM-System erkennt man daran, daß sich ein Fehler nicht wiederholt. Wenn der Qualitätsgedanke in der Unternehmensphilosophie ganz oben steht, erhält man durch das Lernen aus den eigenen Fehlern und die Beseitigung von Schwachstellen ein unverzichtbares Instrument, die Probleme zu erkennen, nachhaltig zu beseitigen und die Kundenzufriedenheit erheblich zu steigern.

Die wesentlichen Zugewinne liegen für das Unternehmen also in der Verbesserung der Organisation, der Steigerung der Mitarbeitermotivation und der gesteigerten Kundenzufriedenheit. Dies alles bedeutet eine Verbesserung der Marktsituation des Unternehmens (vgl. Abb. 1).

Zusammengefaßt kann man sagen: Firmen, die sich intensiv mit der Einführung eines QM-Systems nach DIN EN ISO 9000 befassen, gewinnen immer, gleichgültig in welcher Branche sie arbeiten oder wie groß sie sind. Ganz klar, QM ist damit keine vorläufige Modeerscheinung, sondern es kann der Schlüssel zum langfristigen Unternehmenserfolg sein.

2 Was ist DIN EN ISO 9000 und wie funktioniert es?

Die Norm, genauer gesagt die DIN EN ISO Normen 9001 bis 9004, beschreiben die Einführung und die Überprüfung eines QM-Systems. Die Normenreihe wird, da sie allgemein formuliert ist, in immer mehr Branchen einschließlich den Dienstleistungsbereichen angewendet.

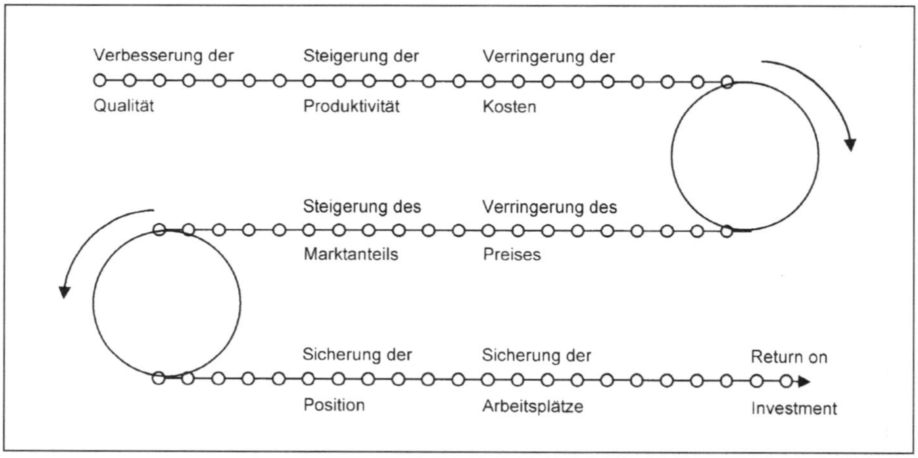

Abb. 1: Die Deming-Kette der Qualität

Kriterien für Qualität werden selbst entwickelt **2.1**

Die Darlegung des QM-Systems zur Zertifizierung erfolgt sinnvoller Weise nach einer der Normen DIN EN ISO 9001, 9002 oder 9003. Diese Normen stellen drei Darlegungsmodelle unterschiedlichen Umfanges dar, wobei die DIN EN ISO 9002 von der DIN EN ISO 9001 und die DIN EN ISO 9003 von der DIN EN ISO 9002 eingeschlossen wird.

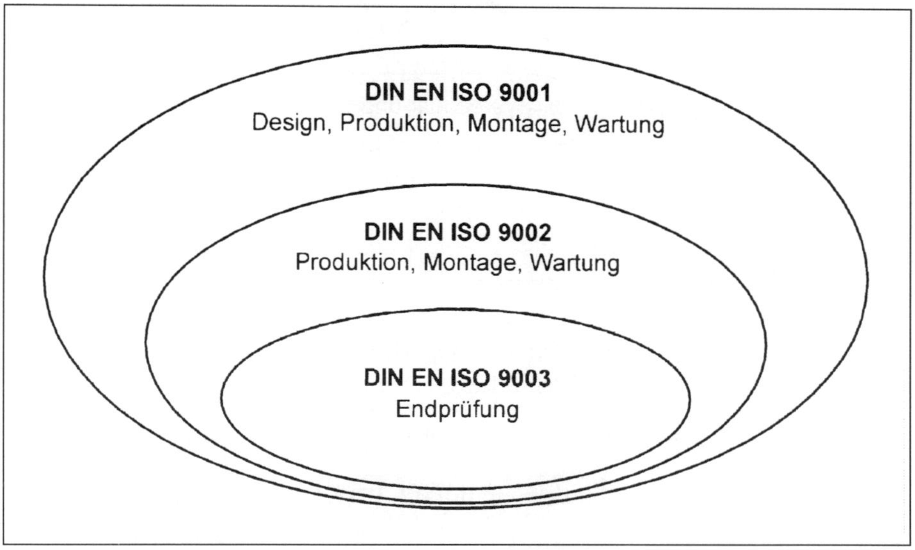

Abb. 2: Die Modelle zur Darlegung des QM-Systems, mit den jeweiligen Kernelementen

Die Norm DIN EN ISO 9000 enthält zusätzliche Informationen zur Auswahl und Anwendung der genannten Normen und die Norm DIN EN ISO 9004 ist ein Leitfaden, u.a. mit Hinweisen zur Anwendung der Norm bei Dienstleistern und zur Produktsicherheit.

Das Unternehmen entwickelt seine Qualitätskriterien und die erforderlichen Qualitätselemente selbst, ohne von außen dafür in eine Schablone gepreßt zu werden. Die Normierung des QM-Systems erfolgt also von »innen« aus dem Unternehmen heraus. Hilfreich in Bezug auf die Interpretation der Norm ist es eine Gliederung des QM-Systems vorzunehmen.

Nun ist es sinnvoll, die Qualitätspolitik des Unternehmens zu formulieren, um damit die Grundlage für die Ausrichtung des Unternehmens in Richtung Qualität zu legen. Die Verantwortung für die Unterstützung und die Wirksamkeit des QM-Systems ist einem *Qualitätsbe-*

auftragten zu übertragen, der selbstverständlich auch mit den entsprechenden Befugnissen auszustatten ist (bei kleinen Unternehmen wird diese Funktion sinnvoller Weise vom Geschäftsführer oder dem Inhaber ausgeführt).

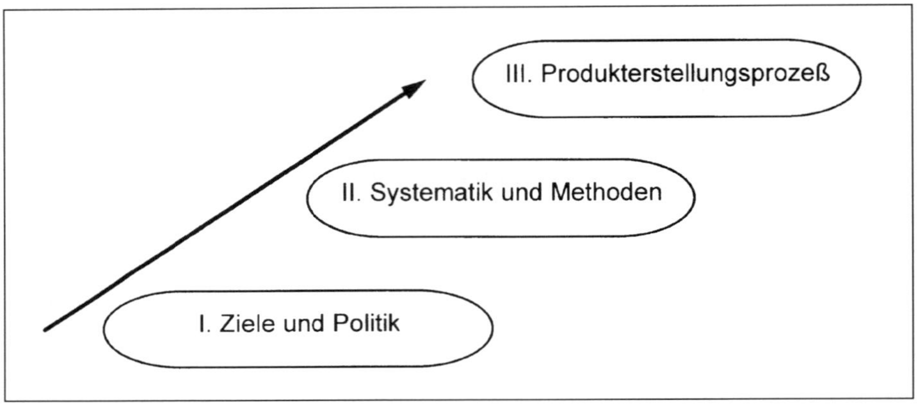

Abb. 3: Die Gliederung der Darlegungsnorm in »Schlüsselgebiete«

Abb. 4: Q-Element 1 – Die Verantwortung der obersten Leitung

Qualitätsmanagement kann man nicht einfach so neben her betreiben, die Aufgaben der Mitarbeiter und die Abläufe im Unternehmen sind zu beschreiben. Um das QM-System effizient aufzubauen und seine Vorzüge voll zu nutzen, ist es hilfreich, zunächst die Systematik zu definieren und festzulegen. Von einheitlichen Nummernsystemen, über Definition von wichtigen Dokumenten und Aufzeichnungen bis hin zur Beschreibung von Schulungsmaßnahmen (qualifizierte Mitarbeiter sollen qualifiziert bleiben!) und Überwachungsmethoden für das

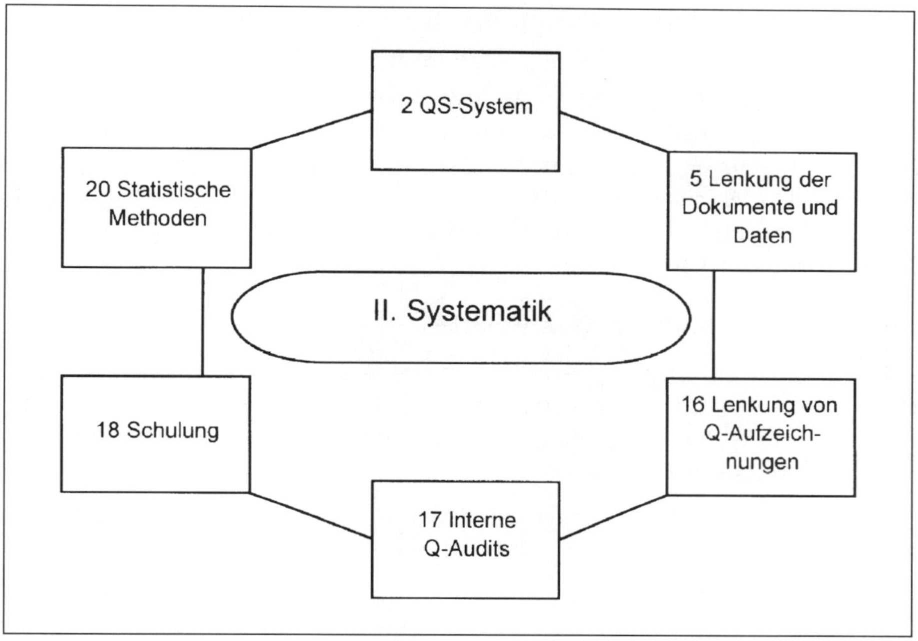

Abb. 5: Die Systematik des QM-Systems

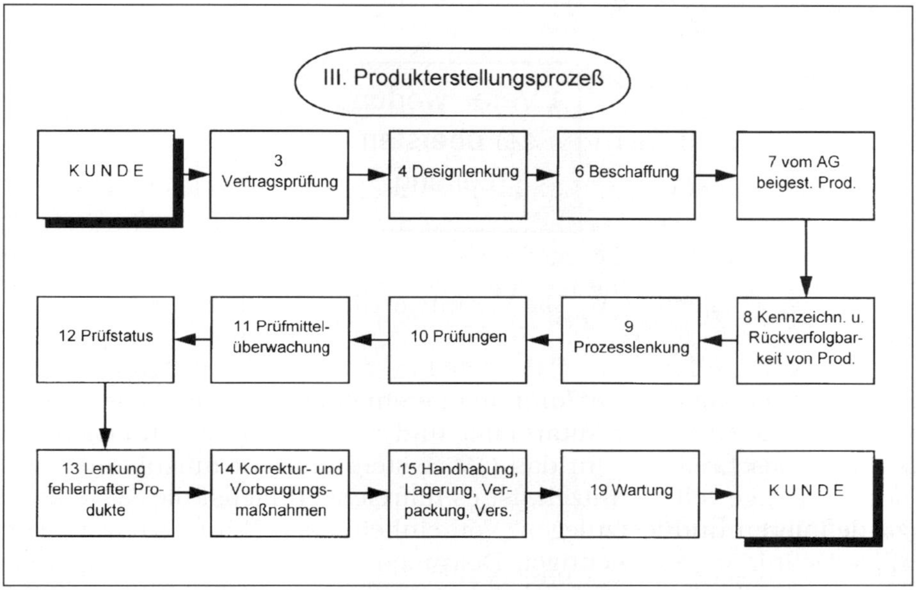

Abb. 6: Der Produkterstellungsprozeß im QM-System

eingeführte QM-System (das mühevoll aufgebaute QM-System soll natürlich auch noch in mehreren Jahren wirkungsvoll sein!).

Ein wirkungsvolles QM-System muß also auf den Grundlagen des Unternehmens aufbauen und entsprechend verwirklicht werden. Der Aufbau und die Gliederung des QM-Systems sind nicht zwingend vorgegeben. Die Norm stellt aber ein Muster dar, das einen Grundstock an Elementen beschreibt, mit dem ein QM-System entwickelt und eingeführt werden kann.

2.2 Zusammenstellung der Dokumente

Alle bereits vorhandenen qualitätswirksamen internen Anweisungen des Unternehmens werden gesammelt, den QM-Elementen zugeordnet und auf Vollständigkeit geprüft. Fehlende Dokumente werden erstellt, unvollständige ergänzt.

Die Analyse und Beschreibung der Betriebsabläufe ist unabdingbare Voraussetzung für den Aufbau des QM-Systems.

An all diese Arbeiten schließt sich die Erstellung des QM-Handbuchs des Unternehmens an. Die folgende Unterteilung hat sich dabei als sinnvoll erwiesen:

Stufe 1: QM-Handbuch (im engeren Sinne)
Stufe 2: QM-Verfahrensanweisungen
Stufe 3: QM-Unterlagen (z.B. Arbeitsanweisungen, Checklisten etc.) – Anhang

Über Hierarchie- und Bereichsgrenzen hinweg entsteht somit ein QM-Handbuch, in dem der Aufbau des Unternehmens, die Aufgaben der Mitarbeiter und die Betriebsabläufe beschrieben sind.

Das QM-Handbuch enthält als Dokument firmenvertrauliche Angaben. Es ist empfehlenswert, die vertraulichen Angaben, die in Verfahrens- oder Arbeitsanweisungen stehen, im Anhang des QM-Handbuchs zu dokumentieren. Damit ist es möglich, daß das QM-Handbuch auch zu werblichen Zwecken herangezogen werden kann.

Nach dem Aufbau des QM-Systems kann das Unternehmen nun die Zertifizierung (Überprüfung mit Bescheinigung) dieses eingeführten und bestehenden QM-Systems bei einem zugelassenen Zertifizierer beantragen.

2.3 Der jährliche Check-up

Bei der Hentschel GmbH haben sich mit dem Aufbau eines QM-Systems Veränderungen in der Betriebsorganisation ergeben (z.B. durch die Anpassung von Arbeitsabläufen, Neuformierung von Arbeitsgruppen usw.). Darüberhinaus hat sich die Einstellung der Mitarbeiter zu ihrem Aufgabengebiet positiv verändert (u.a. durch die Einbeziehung in Arbeitskreisen, verstärkte Ausbildung im Bereich des Qualitätsmanagements usw.). Um die Errungenschaften, die nach dem gemeinsamen Kraftakt aller Beschäftigten erreicht wurden, nicht nach kurzer Zeit wieder zu verlieren, muß sich das Unternehmen jährlichen Folgeüberprüfungen durch den Zertifizierer unterziehen. Dadurch wird gewährleistet, daß das Unternehmen in seinen Bemühungen, Erreichtes zu bewahren und zu verbessern, nicht nachläßt.

Durch diese jährlichen Check-ups wird das QM-System ein fester Bestandteil der Unternehmenskultur der Hentschel GmbH, und es ist gewährleistet, daß die *Zertifizierung* kein einmaliger, außerordentlicher Vorgang ist. Es bleibt in diesem Zusammenhang zu erwähnen, daß das erworbene Zertifikat bei entsprechenden Mängeln wieder aberkannt wird.

Die Schritte zum Zertifikat 3

Zwei wesentliche Erfahrungen konnten Unternehmen, wie z.B. auch die Hentschel GmbH, auf dem Weg zum zertifizierten QM-System sammeln:

1. *So einfach »mit links« kann das Ziel nicht erreicht werden.*

   Deshalb sollte die für den Betrieb neue und außergewöhnliche Aufgabe mit den Methoden und Werkzeugen des Projektmanagements durchgeführt werden.

2. *Ohne fremde Hilfe, d.h. ohne Beratung, läuft wenig.*

   Doch sollte der Berater, der das Unternehmen auf dem Weg zum zertifizierten QM-System betreut, auf den Gebieten des Projekt- *und* Qualitätsmanagements Erfahrungen vorweisen können.

Zusammen mit dem Berater wird das QM-Projekt geplant. Der Projektzieldefinition schließt sich die Ableitung eines Phasenplanes (mit Review-, d.h. Berichtsterminen) und die Erstellung des Projektstrukturplanes an. Auf der Basis dieses Projektstrukturplanes kann die Projektteambildung, verbunden mit der Zuweisung von Ressourcen erfolgen. Nachdem die Kosten- und Ablaufplanung aufgestellt worden ist, unterzieht man das gesamte Projekt einer Risikoanalyse. Mit dieser Vorarbeit kann das Projekt mit gutem Gewissen gestartet werden.

3.1 Ablauf

Der Bestandsaufnahme mit dem Berater schließt sich die Erarbeitung der Kriterien für das QM-System in vom Berater moderierten, unternehmensinternen Workshops an. Hier werden die Verfahrens- und Arbeitsanweisungen formuliert, die dann in der Unternehmenspraxis umzusetzen sind. Das Zertifizierungsprojekt tritt nun in die wohl schwierigste Phase, der Umsetzungsphase des neuen QM-Systems in die Betriebspraxis. Parallel zu den genannten Arbeiten werden alle Mitarbeiter in Basis- und Vertiefungsschulungen mit dem QM-System vertraut gemacht und in das System einbezogen.

Nachdem alle Verfahrens- und Arbeitsanweisungen erstellt und in die Praxis umgesetzt sind, werden diese im QM-Handbuch zusammengefaßt. Jetzt können Sie mit dem Zertifizierer in Kontakt treten, das QM-Handbuch zur Begutachtung auf Normübereinstimmung übergeben und den Zertifizierungstermin fixieren.

Die eigentliche Zertifizierung durch den Zertifizierer erfolgt dann in Form einer Überprüfung (Audit) der beschriebenen Verfahren in Bezug auf die tatsächlich praktizierte Vorgehensweise. Die Zertifizierung findet selbstverständlich vor Ort im Unternehmen statt.

Fazit:

Auf den ersten Blick schien bei Projektbeginn in der Hentschel GmbH alles geregelt zu sein, tatsächlich wurde aber während des QM-Projekts deutlich, daß:

- *Schlüsselprozesse überarbeitungsbedürftig,*
- *Schnittstellen innerhalb des Unternehmens ungeklärt und*
- *unternehmensinterne »Fürstentümer« aufgebaut waren.*

Dies alles führte zu Fehlern und Fehlleistungen, die die Ertragssituation und Marktposition schwächten und die Mitarbeiter demotivierte.

3.2 Berater

Der Berater unterstützt bei der Planung des Projekts und zeigt den effizientesten Weg zum Aufbau des QM-Systems auf. Bei der Erstellung der Anweisungen und Dokumentationen und bei deren Umsetzung in die Praxis steht er unterstützend zur Seite. Der Berater moderiert Teamsitzungen und achtet darauf, daß dabei das Ziel nicht aus den Augen verloren wird. Bei internen Überprüfungen des QM-Systems (interne Qualitätsaudits) tritt er als Co-Auditor auf. Mit seiner Erfahrung im Projekt- und Qualitätsmanagement kann der Berater Probleme im Vorfeld erkennen und gegensteuern, dem Unternehmen werden dadurch schmerzliche Erfahrungen und unnötige Doppelarbeiten erspart. Nicht zuletzt hilft der externe Berater, neue Sichtweisen in das Unternehmen einzubringen und Schwachstellen zu erkennen, die einem altgedienten Mitarbeiter nicht mehr ins Auge gestochen wären (sog. Betriebsblindheit).

Einen qualifizierten Berater fand die Hentschel GmbH über die

- *Fachgruppe Projektmanagement des Bundesverband Deutscher Unternehmensberater BDU e.V.*

Diese Fachgruppe hat insbesondere in ihrem Arbeitskreis

Zertifizierung von QM-Systemen

eine umfassende Beratungs- und Problemlösungskompetenz aufgebaut, darüberhinaus hat sie beste Kontakte zu Zertifizierungsstellen.

Zertifizierende Stellen 3.3

In der Bundesrepublik Deutschland sind heute über 20 Zertifizierungsstellen zugelassen (akkreditiert). Die meisten Zertifizierer sind jedoch an bestimmte Branchen gebunden. Für die branchenunabhängige Zertifizierung haben sich u.a. drei Zertifizierer akkreditieren lassen:

- *DQS, Deutsche Gesellschaft zur Zertifizierung von QM-Systemen mbH,* Frankfurt, Telefon 069/954 21 30,
- *TÜV Cert,* Bonn, Telefon 0228/914 81 40,
- *LGA Landesgewerbeanstalt Bayern,* Nürnberg, Telefon 0911/655 57 21.

Größenordnung des Zertifizierungsprojekts 4

Die Projektdauer, sprich die Zeit von der Projektentscheidung über die Projektplanung bis zum Abschluß der Zertifizierung, hängt natürlich von der Unternehmensgröße ab, sollte aber realistisch mit mindestens 12 Monaten angesetzt werden. Es ist zu bedenken, daß das QM-Projekt mit all seinen Aktivitäten neben den eigentlichen Betriebsaufgaben abzuwickeln ist.

Am »QM-Projekt« waren in den verschiedenen Q-Teams die Führungskräfte und Fachleute der Hentschel GmbH beteiligt. Das QM-System wurde nach dem Aufbau internen Überprüfungen (Audits) unterzogen. Hierbei konnten noch vorhandene Schwächen und Mängel erkannt und abgestellt werden. Neben dem bereits aktiv am Projekt beteiligten Personenkreis wurden bei diesen internen Überprüfungen alle Mitarbeiter in das Projekt einbezogen.

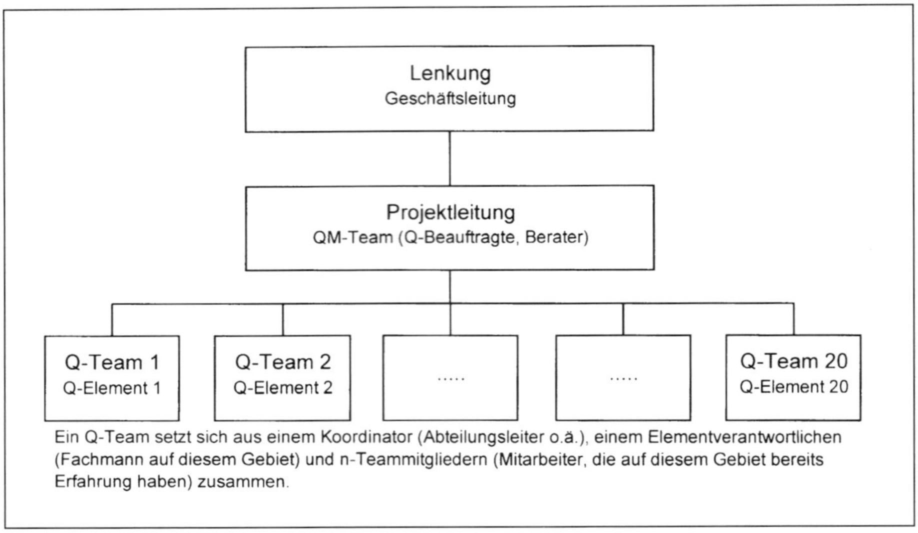

Abb. 7: Projektorganisation

4.1 Förderprogramme

Das Bundesministerium für Wirtschaft BMWi fördert die Einführung von QM-Systemen in den neuen Bundesländern. Die Unterstützung der erforderlichen Maßnahmen für das Qualitätsmanagement in kleinen und mittleren Unternehmen erfolgt im Rahmen des neuen Programms zur Förderung des Absatzes ostdeutscher Produkte. Ziel ist die Stärkung der Wettbewerbsfähigkeit durch Aufbau und Zertifizierung von QM-Systemen. Die Maßnahme ist bis 1996 angelegt. Das Programm sieht Zuschüsse zu den Tagessätzen für innerbetriebliche Workshops, Beratung und innerbetriebliche Weiterbildung sowie von anteiliger Übernahme der Zertifizierungskosten vor. Die Durchführung des Programms hat das BMWi dem Rationalisierungskuratorium der deutschen Wirtschaft e.V. RKW übertragen.

4.2 Der »Unternehmenspool« oder »vereint marschieren und Kosten senken«

Die intensive Arbeit mit dem Berater und die komplexen Verfahrensabläufe auf dem Weg zum Zertifikat sind teuer. Für kleine Unternehmen, die wegen der Kundenforderung, aus Gründen der verbesserten Marktchancen oder aber wegen der allgemein damit verbundenen Vorteile (z.B. Reorganisation des Unternehmens) ein zertifiziertes QM-System aufbauen möchten, bietet sich die Möglichkeit, einen Unternehmenspool zu bilden. Die Firmen, die sich im Unternehmenspool organisiert haben, erarbeiten zusammen mit dem Berater ihr jeweiliges QM-System. Die Kosten pro Unternehmen können dadurch gesenkt werden.

Problematisch ist diese Methode jedoch, wenn das Konkurrenzdenken zwischen möglichen Poolfirmen (die sinnvollerweise einer Branche angehören sollten) stark ausgeprägt ist.

Quo vadis nach der QM-Zertifizierung? TQM! 5

Der Zertifizierungsboom ist nicht mehr aufzuhalten. Man kann davon ausgehen, daß in wenigen Jahren ein Großteil der Unternehmen ein zertifiziertes QM-System eingeführt haben wird. Wie geht es dann aber nach der Zertifizierung weiter?

Die Folgezertifizierung liegt in weiter Ferne, und soweit die Zertifizierung nur auf Druck des Kunden zustande kam, ist die Gefahr einer Fehlmaßnahme groß. Schnell fallen solche Unternehmen wieder in die alten Arbeitsformen und Organisationsstrukturen zurück.

Wurde mit den Anstrengungen während der Zertifizierungsprojekts aber auch die alte Denkweise gekippt, daß sich Investitionen in die Qualität erst nach mehreren Jahren lohnen (was definitiv nicht richtig ist, denn Anstrengungen in Richtung Qualitätsverbesserung zahlen sich immer und unmittelbar aus), dann ist das Unternehmen auf dem Weg zum Total Quality Management (TQM).

Aber was will bzw. was ist TQM? Nach der TQM-Philosophie ist

- *jeder für seine Arbeit und deren Qualität selbst verantwortlich,*
- *jeder in den Entscheidungs- und Verbesserungsprozeß einzubeziehen,*
- *die Suche nach der Perfektion niemals beendet.*

Und hinter diesem TQM-Gedanken steckt ein neuer Managementansatz, ein Ansatz, der die Organisation, das Kommunikationsverhalten und die Unternehmenskultur nachhaltig verändert. Total Quality Management ist eine Unternehmensstrategie, die Kundenzufriedenheit in den Mittelpunkt allen unternehmerischen Denkens und Handelns stellt. Ihr Ziel ist die kontinuierliche Verbesserung des Unternehmens für die Kunden, die Gesellschafter und Mitarbeiter. Sie vereint eine drastische Senkung des Fehlleistungsaufwandes mit verbesserten Leistungen für die Kunden, rationalisiert die Betriebsabläufe deutlich, erhöht die Flexibilität des Unternehmens, wenn es darum geht, Kundenforderungen zu erfüllen, und vermindert die Entstehungszeiten neuer Produkte und Dienstleistungen. Das Risiko des Scheiterns eines vom Management nur halbherzig durchgeführten und unterstützten TQM-Prozesses ist jedoch groß. Vor der Einführung ist deshalb besonders den Managementaspekten eine besondere Beachtung zu schenken.

Machen Sie sich mit Ihrem Unternehmen, nach der Klärung wichtiger Randbedingungen, auf den Weg zum zertifizierten QM-System und zum TQM. Es lohnt sich!

6 Literatur

Qualitätsmanagement für kleine und mittlere Unternehmen, Hrsg. Bayer. Staatsministerium für Wirtschaft und Verkehr. München 1994

Glaap, W.: ISO 9000 leichtgemacht. Praktische Hinweise und Hilfen zur Entwicklung und Einführung von QS-Systemen. München/Wien 1993

Frehr, H.-U.: Total Quality Management. Unternehmensweite Qualitätsverbesserung. München/Wien 1993

Die Bedeutung des Projektmanagement beim Business Process Reengineering

Prof. Dr. Nino Grau
FH Gießen-Friedberg, Friedberg/Hessen

Techn. Dipl. Betriebswirt Roland Ottmann
Ottmann & Partner GmbH Management Consults, Röthenbach/Pegnitz

Business Process Reengineering und der externe Berater 1

Die Versicherungsagentur hatte ca. 20 Mitarbeiter, war seit 25 Jahren im Markt tätig und der Inhaber meinte zu wissen, daß sein Team effizienter sein könnte. Ein externer Berater sollte neben den echten Knackpunkten auch Lösungsansätze für die Probleme der Agentur aufzeigen können. Die Prozesse sollten analysiert und effizienter gestaltet werden, alles in allem ein typisches Einsatzfeld für Business Process Reengineering (BPR).

Die Frage, was *Business Process Reengineering* ist, läßt sich relativ leicht beantworten, genauso die Frage, was der externe Berater dabei tun kann. Schwieriger wird es schon mit der Frage, ob BPR für Ihr Unternehmen machbar ist, und ob Sie BPR machen wollen. Wenn Sie sich den nachfolgenden, beispielhaft dargestellten *Ablauf* betrachtet haben, können Sie sich u.U. die Frage selbst beantworten, ob BPR etwas für Ihr Unternehmen bringen kann.

In der Agentur ging man also zunächst daran einmal zu überprüfen, wie es derzeit ist, um dann zu fragen, wo und wie es besser sein könnte. Wir identifizierten in Workshops zusammen mit den Mitarbeitern die *Hauptprozesse* der Agentur (u.a. Archivierung der Versicherungsanträge). Genauso wichtig, wie die Klärung der einzelnen Arbeitsschritte, erschien uns auch die Frage nach den Übergabestellen (von Mitarbeiter zu Mitarbeiter, von Mitarbeiter zu Kunde oder von Mitarbeiter zum Versicherungsunternehmen). Der nachfolgend dargestellte Prozeß der Antragsarchivierung stellt dabei einen Ablauf dar, der so oder so ähnlich überall in unseren Unternehmen vorkommt, er ist also kein Einzel- oder Sonderfall!

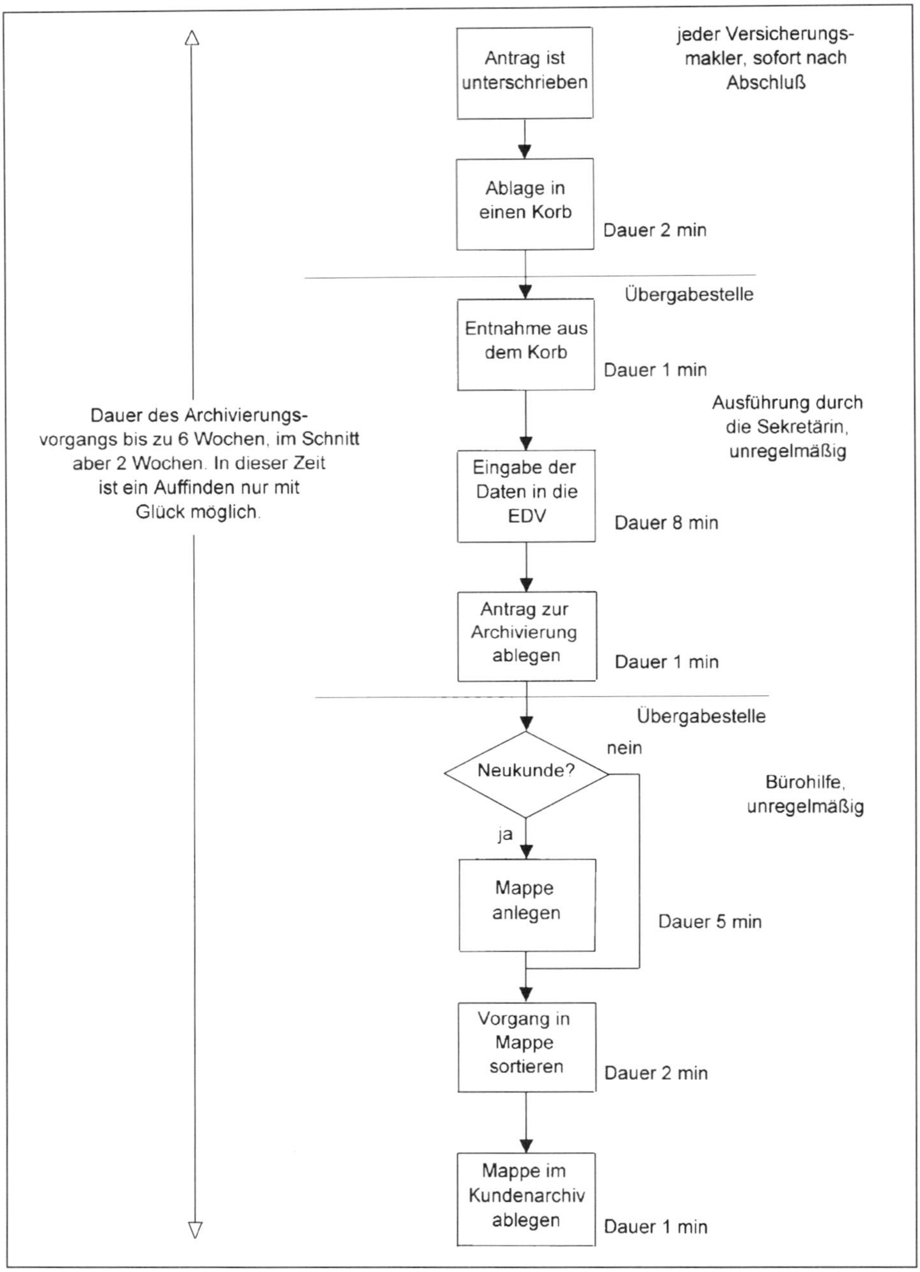

Abb. 1: Prozeß der Antragsarchivierung – Ausgangssituation

Bedingt durch diesen Ablauf ergaben sich in der Agentur erhebliche Probleme (Doppelarbeiten, Suchaktionen, Unordnung etc.). Der Prozeß wurde deshalb einem BPR mit dem folgenden Ergebnis unterzogen:

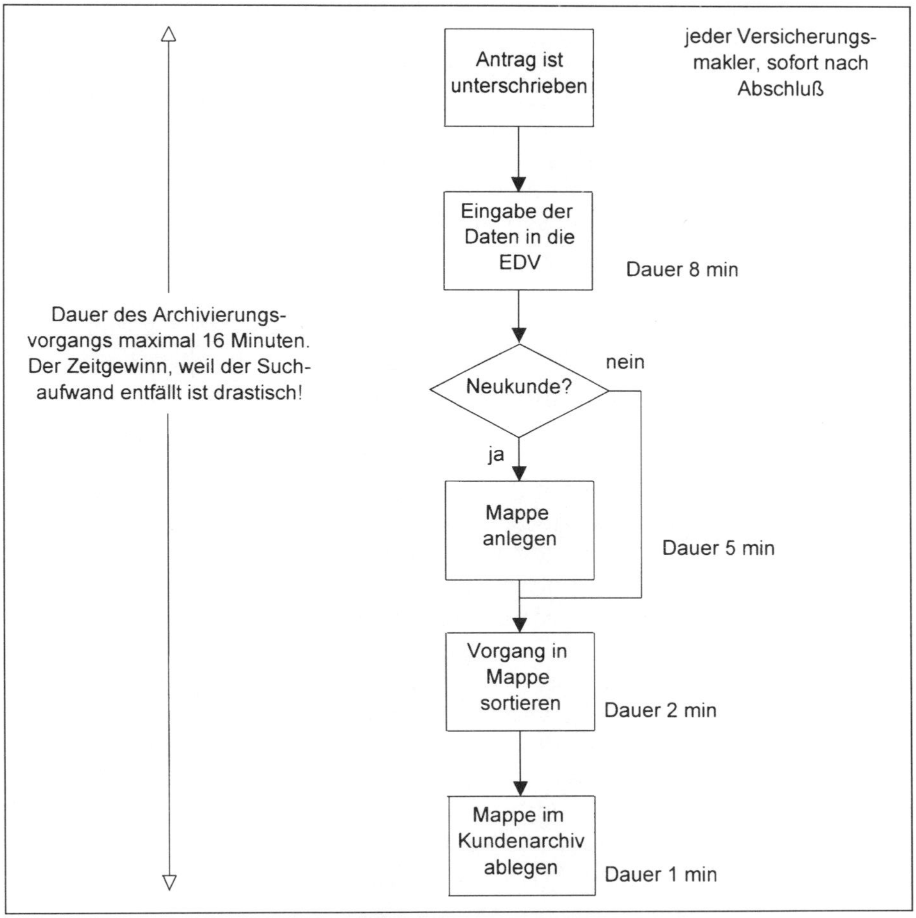

Abb. 2: Archivierungsprozeß nach dem BPR

Heute müssen alle Anträge unmittelbar nach Versicherungsabschluß durch den Makler persönlich archiviert werden, mit der Konsequenz für das Unternehmen, daß die Arbeitsabläufe deutlich effizienter wurden.

An diesem einfachen Beispiel wird deutlich, was BPR bedeutet.

BPR ist der radikale Ansatz, Geschäftsprozesse zu verändern, um den Gewinn in Bezug auf

- *Kosten*,
- *Qualität* und
- *Zeit*

erheblich zu steigern. Stellen Sie sich die Schlüsselfrage:

> »Wie würden wir unsere Abläufe gestalten, wenn wir mit diesen noch einmal von vorne beginnen könnten?«

Dann tun Sie das, was Sie als optimalen Ablauf herausgefunden haben und sprengen damit den alten Prozeß. Das ist BPR, nicht mehr, aber auch nicht weniger. Es erscheint ganz einfach und doch scheitern viele, die es machen wollen. Warum Sie dazu einen Berater einsetzen sollten, wollen Sie wissen? Deshalb:

Unser Ausbildungssystem einerseits und die starre Einbindung in Kästchen, einer überkommenen Unternehmenshierarchie, andererseits haben dazu geführt, daß in unseren Betrieben der *»Einzelkämpfertypus«* eine dominierende Rolle spielt. Diese Persönlichkeiten haben erfahrungsgemäß Probleme damit, interdisziplinär besetzte Teams zu bilden und mit der entsprechenden Teamorientierung zu arbeiten und zu führen. Ein Umlernen bei unseren Mitarbeitern ist angesagt, jedoch ist dies nicht ohne äußere Einflußnahme zu erreichen. Das Umlernen muß unterstützt und vorwärts getrieben werden, Teamcoaching ist dabei eine Methode, die eingesetzt werden muß. Der Berater (Coach) hilft, die eigene Rolle des Mitarbeiters im Team zu erkennen und trainiert den Umgang mit anderen Teammitgliedern und deren Verhaltensmustern. Er kann moderieren, wenn es zu Auseinandersetzungen z.B. zwischen dem Konservativen (der am Status Quo festhalten möchte) und dem Innovator (der erneuern möchte) kommt, er glättet Wogen und er trägt dazu bei, daß die zielgerichtete Vorgehensweise erhalten bleibt. Der von der jeweiligen Situation abhängende Ansatz der Problemlösung und des Lernens muß verbunden werden. Dies erfordert Berater, die in der Lage sind, die Teamfähigkeit der Mitarbeiter zu trainieren und das verfügbare Wissen einzubeziehen.

In unserem Beispiel wurden wir als externe Berater in das Projekt einbezogen, weil bei den Mitarbeitern weder Kenntnisse über Projektmanagement noch über BPR vorlagen. Darüberhinaus waren auch die Methoden der zielgerichteten und effektiven Workshop-Moderation nicht bekannt. Der Inhaber der Agentur hat sich also kurzzeitig Methodenkompetenz, Problemlösungs-Know-How, stärkere Umsetzungsfähigkeit und die externe Sichtweise eingekauft.

Ob sich Ihr Unternehmen sinniger Weise auf ein solches Projekt einlassen sollte? Wir sagen ja, aber die Zeit für BPR muß reif sein! ... Und die Zeit ist reif dafür, wenn:

- *»der Karren im Dreck steckt«*,
- *»Gewitterwolken am Horizont aufziehen«*,
- *alles super läuft, man sich aber noch weiter absetzen will.*

Den BPR-Projekten ist eines gemein, sie sind komplex und schwierig umzusetzen. Mit Abstand am schwersten sind aber erfahrungsgemäß die BPR-Projekte in den Unternehmen umzusetzen, die die Gewitterwolken nahen sehen. Die Hoffnung, daß das Unwetter vorbeiziehen wird, ist hier größer, als der echte Wille etwas zu verändern. Anders ausgedrückt heißt dies, diesen Unternehmen fehlt einerseits der Leidensdruck, andererseits haben sie den *Blick des Tigers* verloren. Eines von beiden ist aber die Voraussetzung für den Erfolg eines BPR-Projekts.

Projektmanagement, das Top-Werkzeug beim BPR 2

Manager setzen sich mit dem Managementansatz BPR auseinander und sind über Inhalte und Verfahren des BPR informiert. Bisweilen werden auch einzelne Methoden des Projektmanagements angewendet (z.B. Projektstrukturplan, Phasenmodell, Methoden der Situationsanalyse o.ä.). Leider werden aber nicht alle BPR-Projekt in ihrer Gesamtheit nach den Regeln des Projektmanagements abgewickelt. Wegen der Vielzahl von gescheiterten BPR-Projekten (ca. 70% der BPR-Bemühungen scheitern nach einer Schätzung der Universität Berkeley) liegt die Vermutung nahe, daß dem nicht so ist. Mit gutem Projektmanagement wären weitaus mehr BPR-Projekte erfolgreich zu Ende gebracht oder u.U. gar nicht erst begonnen worden, wenn die Methoden und Werkzeuge des Projektmanagements angewandt worden wären und z.B. in der Projektplanung eine Risikoanalyse durchgeführt worden wäre.

Zur weiteren Klärung wollen wir einen kurzen Abriß darüber geben, was wir unter Projekten und Projektmanagement verstehen:

- *Projekte*

  Projekte sind Vorhaben, die komplex und relativ neuartig sind. Sie haben einen definierten Anfang und Abschluß, sie haben begrenzte Ressourcen (u.a. Finanzmittel und Zeit) und ein Ziel oder Ergebnis, das vor Beginn der Arbeiten definiert wurde; sie sind interdisziplinär zu bearbeiten und die Verantwortung für das geplante Ergebnis ist genau festgelegt.

- *Projektmanagement*

  Projektmanagement ist demnach ein Führungsansatz, nach dem komplexe Vorhaben geplant und umgesetzt werden können. Um das Projekt planen und durchführen zu können, wird es in Teilaufgaben zerlegt (How to eat an elephant? In pieces!). Mit der Zuordnung von Verantwortlichkeiten erfolgt die Grundlage für die Teambildung. Die einzelnen Arbeitspakete werden in Bezug auf Mitteleinsatz definiert. Die Ableitung der Ablaufpläne (Phasen-, Meilenstein-, Netz- und Terminplan), in Ausrichtung an den Endtermin, ermöglicht die Aufstellung des Kostenplanes. All diese Planungen münden in eine Risikoanalyse, die die Erarbeitung von Alternativen ermöglicht. Auf dieser Basis kann die Optimierung der Projektplanung und die Entscheidung über die Projektfreigabe erfolgen.

Mit der Projektfreigabe tritt das Projekt in die Umsetzungsphase ein. Das Projekt muß nun einem kontinuierlichen Soll-Ist-Vergleich unterzogen (Projektcontrolling) und zielgerichtet vorwärts getrieben werden.

Die Projektdokumentation ist unabdingbar. Diese dient sowohl der Ergebnissicherung als auch als Planungsgrundlage für neue Projekte.

3 Business Process Reengineering (BPR)

Unternehmer und Manager werden in immer stärkerem Maße mit Kunden konfrontiert, die »Quantensprünge« in Bezug auf Produktqualität, Entwicklungsinnovationen, Liefergeschwindigkeit und Kundendienst fordern, während sie ihrerseits die Arbeit mit immer weniger Ressourcen zu bewerkstelligen haben. Doch wie ist es zu schaffen, den Kunden ständig höherwertig zu bedienen, wenn die Mittel bereits knapp geworden sind? Die Rationalisierung der Arbeitsweise durch BPR kann die Antwort auf diese Frage sein.

Das Ziel des BPR ist es, Kostensituation, Qualität und Durchlaufzeiten erheblich, d.h. drastisch zu verbessern. Es hat damit strategischen Charakter für das Unternehmen.

BPR ist revolutionär, d.h. die Veränderungen sind radikal. Im Gegensatz zum evolutionären KAIZEN oder TQM, wo kontinuierliche, aber u.U. kleine Verbesserungen angestrebt werden, oder zu Innovationsprozessen, bei denen Erneuerungen deutliche Verbesserungen in Bezug auf z.B. Produktivität bringen sollen, handelt es sich beim BPR um Veränderungen der *Geschäftsprozesse*, die das gesamte Unternehmen betreffen und die von großer Komplexität sind. BPR bedeutet u.a. Abkehr von der Arbeitsteilung, Betonung von Unternehmensprozessen, Minimierung der Bürokratie auf das unbedingt notwendige Mindestmaß und den Wegfall aller nichtwertschöpfenden Tätigkeiten. Die einzige Konstante im BPR ist der permanente Wandel und der Kunde, der die Vorgaben hierzu gibt.

Die Geschäftsprozesse werden einer konsequenten Untersuchung unterzogen, um sie anschließend neu zu konzipieren, d.h. so zu überarbeiten, daß ein Maximum an Effizienz erreicht wird. Unnötige Pro-

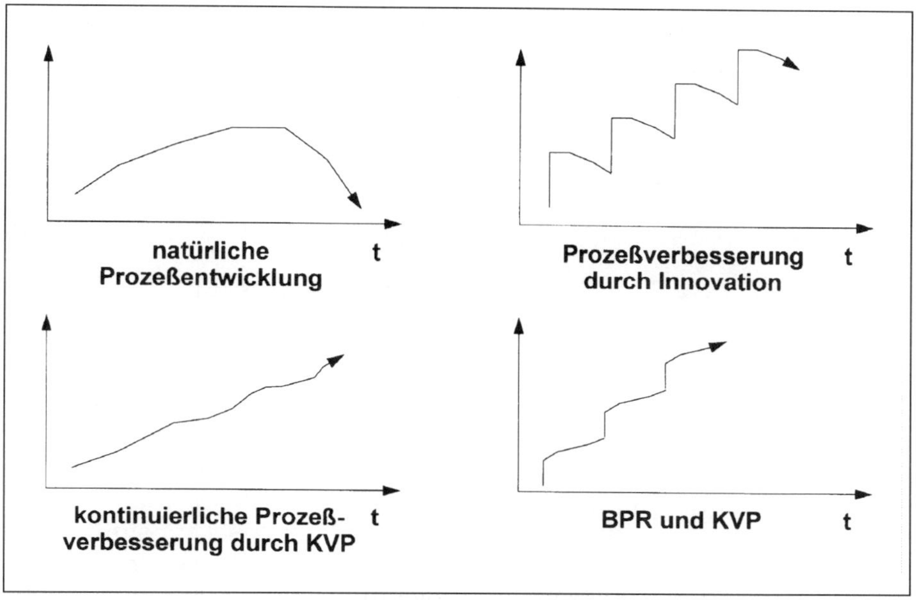

Abb. 3: Möglichkeiten der Prozeßentwicklung

zesse und Aktivitäten werden eliminiert. Damit hilft BPR, die Kosten zu reduzieren, die Zykluszeiten zu verkürzen und die Produktivität erheblich zu verbessern.

BPR hilft, wenn es gut geplant und umgesetzt wird, dem Unternehmen, in einem Umfeld zu bestehen, das von weltweitem Wettbewerb und Deregulierung geprägt ist. Es unterstützt den Manager, die größte Herausforderung und gleichzeitig die schwierigste Aufgabe zu meistern, nämlich das Unternehmen von Wachstumsstufe zu Wachstumsstufe zu führen.

Doch wie bereits erwähnt, scheitern BPR-Projekte viel zu oft. Folgende Faktoren ließen sich als eindeutige »Projektkiller« identifizieren:

1. *Es mangelt an einer sichtbaren, beharrlichen und zähen Führung*
2. *Informationen werden gehortet, nicht verteilt*
3. *BPR ist zur Zeit das Schlagwort, mehr aber auch nicht*
4. *Es wird zu früh aufgegeben*
5. *Man betreibt ein BPR der Funktionen und nicht der Prozesse*
6. *Man betreibt ein BPR der Sub- anstatt der Hauptprozesse*

7. *Man setzt auf kleine Verbesserungen und gibt sich damit zufrieden*
8. *Man repariert die Prozesse, anstatt sie umzugestalten*
9. *Man betreibt das BPR von unten nach oben (Bottom-Up oder Middle-Up)*
10. *Projektmanagement ist nur ein Lippenbekenntnis*

4 Warum BPR mit Projektmanagement erfolgreich umzusetzen ist

Die Definition des BPR als ein hochkomplexes Vorhaben mit vorgegebenem Anfangs- und Endzeitpunkt legt den Gedanken nahe, sich der formalen Werkzeuge des Projektmanagements zu bedienen. Daß dies sinnvoll ist, dürfte kaum angezweifelt werden. Viel interessanter erscheint die Frage, wie die für das Projektmanagement qualifizierten Mitarbeiter auch inhaltlich beim BPR sinnvoll einzusetzen sind. Auch wenn die Literatur zum Thema BPR bei weitem nicht so einheitliche Begriffe verwendet, wie dies beim Projektmanagement der Fall ist, so können doch einige für das BPR wesentliche Komponenten herausgearbeitet und ihre Beziehung zum Projektmanagement aufgezeigt werden.

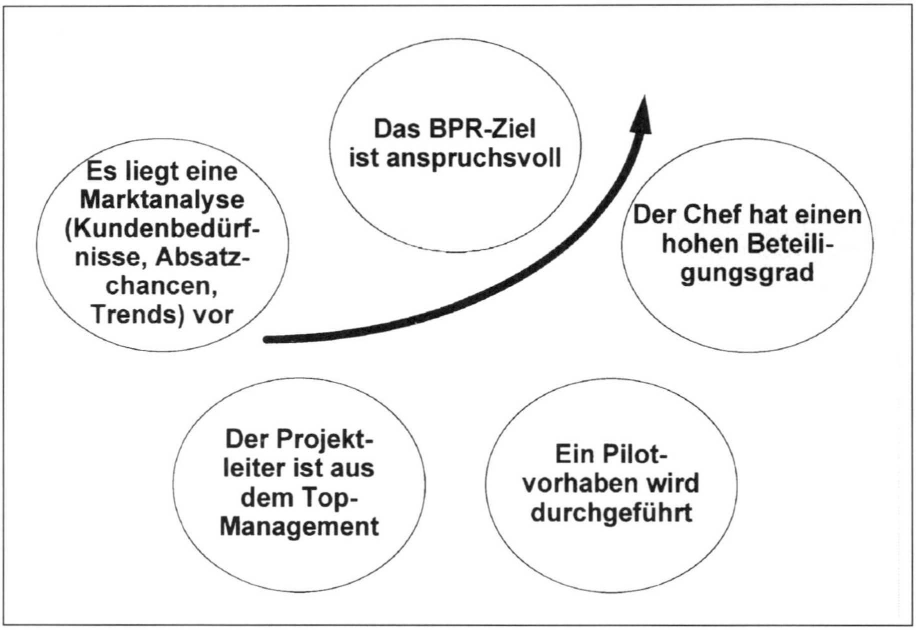

Abb. 4: Erfolgsfaktoren für ein BPR-Projekt

Das wesentliche Merkmal des BPR ist die Abwendung von der klassischen, statischen, hierarchischen, an den Funktionen (z.B. Einkauf, Verkauf, Produktion, usw.) orientierten Aufbauorganisation.

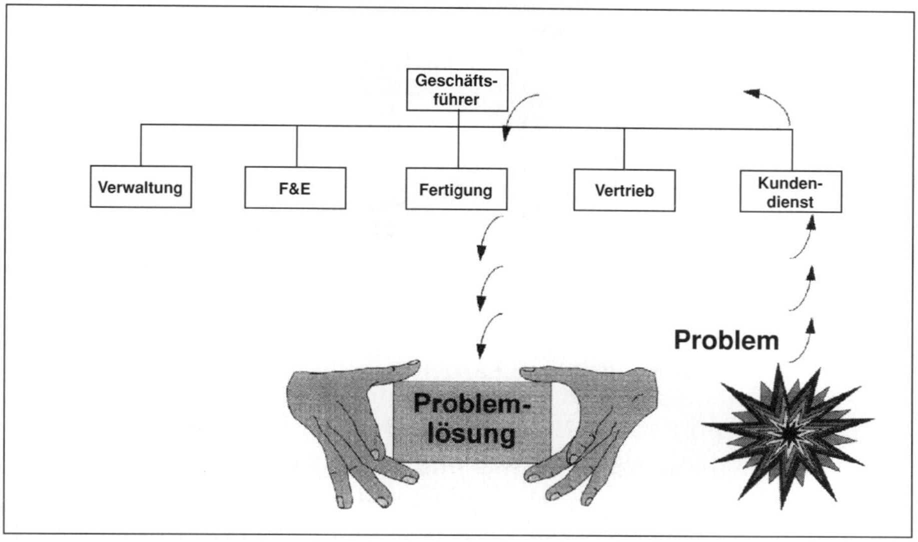

Abb. 5: Problembearbeitung vor dem BPR

Es sollen nicht die einzelnen Tätigkeiten in einer Abteilung oder Kostenstelle rationalisiert werden. Vielmehr müssen beim BPR die wesentlichen Prozesse (Mega- bzw. Hauptprozesse) ganzheitlich über das gesamte Unternehmen hinweg betrachtet und rationalisiert werden. Die klassischen Projekte sind ebenfalls oft abteilungsübergreifend, wenn auch die Anzahl der betroffenen Abteilungen im Vergleich zu BPR oft kleiner ist. Aus der Sicht des BPR beschäftigt sich das klassische Projektmanagement also eher mit Teilprozessen. Neben der Ganzheitlichkeit zeichnen sich die Geschäftsprozesse in hohem Maße durch ihre Dynamik, d.h. durch die stärkere Betonung der Ablauforganisation gegenüber der Aufbauorganisation aus. Da die Projekte eine »Organisation auf Zeit« darstellen, ist für den Projektmitarbeiter auch persönlich der erfolgreiche Ablauf des Projektes viel wichtiger als die Frage nach seiner Stellung in der Aufbauorganisation. Projektmitarbeiter, die mit dem Projektmanagement vertraut sind, bringen demnach sehr gute Voraussetzungen mit, um die Geschäftsprozesse zu optimieren.

Das erfolgreiche BPR ist stark auf den Wandel ausgerichtet und »realisierungsorientiert«. Die schnelle Umsetzung ist dabei wichtiger als die vollständige möglichst detaillierte theoretische Durchdringung

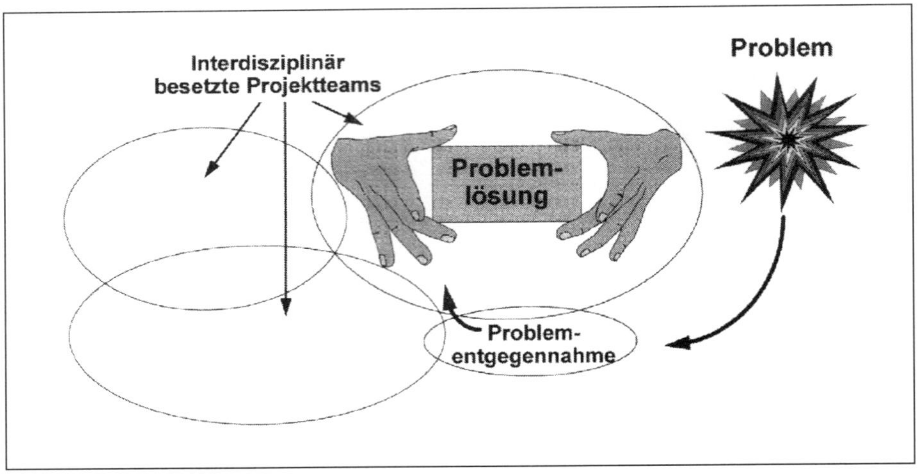

Abb. 6: Problembearbeitung nach dem BPR

und Beschreibung des Problems. Insbesondere wird in diesem Zusammenhang der Einsatz von *Pilotprojekten* empfohlen, um sehr frühzeitig pragmatisch gegensteuern zu können. Die zügige und pragmatische Umsetzung und der Einsatz von Pilotprojekten gehören sowieso zum altbekannten Werkzeug eines guten Projektmanagements.

Im BPR wird die Frage diskutiert, welche bzw. wieviel Schritte mit welchen Inhalten sinnvoll sind. Schrittweises Vorgehen wird stillschweigend unterstellt – eine Denkweise, die der »phasenweisen Projektabwicklung« sehr nahe steht.

Als kritische Erfolgsfaktoren für das BPR werden auch genannt: die frühzeitige Einbindung aller betroffenen Mitarbeiter, die richtige Besetzung des BPR-Projektteams, die sorgfältige Auswahl des Projektmanagers und ganz besonders die Beteiligung der obersten Managementebene. Die hier erhobenen Forderungen sind teilweise mit denen des Projektmanagement identisch. Einen scheinbaren Unterschied gibt es auf den ersten Blick bei der Forderung nach dem Engagement der obersten Managementebene. Beim näheren Hinsehen wird aber deutlich, daß diese Forderung ableitbar ist aus der Forderung des klassischen Projektmanagements, daß als höchste Instanz immer diejenige Managementebene im Projekt involviert sein muß, die die Weisungsbefugnis über alle am Projekt beteiligten Teile der Organisation hat. Bei einem die gesamte Organisation umfassenden Projekt muß dies auch nach der Auffassung des Projektmanagements die oberste Führungsebene sein.

Zusammenfassend kann man feststellen, daß das BPR über das klassische Projektmanagement deutlich hinausgeht. Die Projektmanagement-Elemente sind aber für das BPR gut einsetzbar, so daß der Einsatz der Methoden des Projektmanagement für das BPR unbedingt zu empfehlen ist.

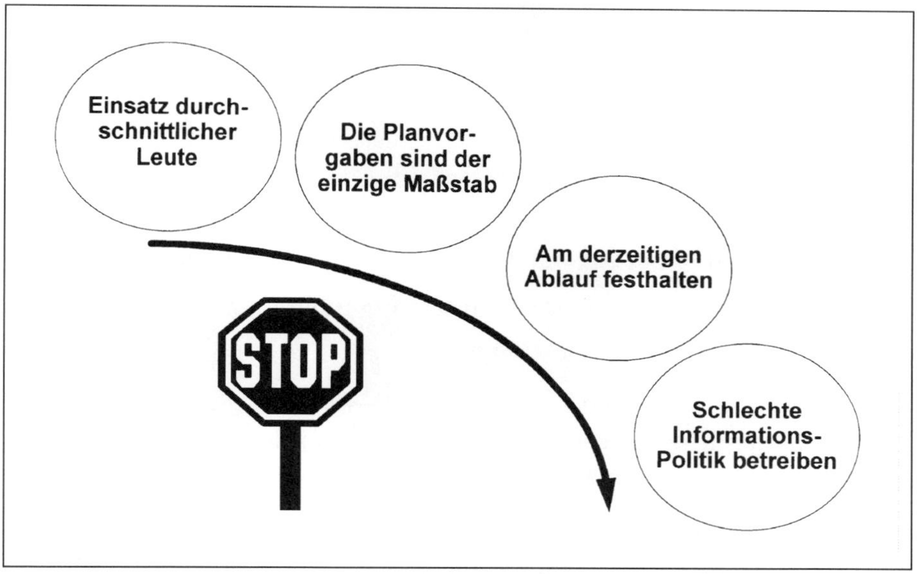

Abb. 7: Was Sie beim BPR besser unterlassen sollten

Das Geheimnis, BPR zu einem Erfolg zu machen, beruht – neben dem aufgezeigten Einsatz des Projektmanagements als Top-Werkzeug – auf einfachen Säulen:

- *Nehmen Sie Ihr Schicksal selbst in die Hand, bevor es ein anderer macht!*
- *Stellen Sie sich der Realität, so wie sie ist und nicht so, wie sie war oder wie Sie sie gerne hätten!*
- *Seien Sie offen und ehrlich zu jedermann, auch (und vor allem) zu sich selbst!*
- *Versuchen Sie nicht zu verwalten, führen Sie!*
- *Führen Sie selbst den Wandel herbei, bevor Sie dazu gezwungen werden!*
- *Beziehen Sie Ihre Kunden mit in das BPR-Projekt ein (ein BPR ohne Kundeneinbindung ist keines!)*

- *Falls Sie keinen Wettbewerbsvorteil vorweisen können, brauchen Sie sich auch die Mühe nicht zu machen, sich mit jemand anderem zu vergleichen.*

Doch wo und wie fangen Sie an beim BPR? Installieren Sie das Projektmanagement und planen Sie das Projekt. Fragen Sie sich dann, wo Ihre Probleme liegen und sprechen Sie darüber mit allen, die damit Berührungspunkte haben. Hinterfragen Sie:

- *Warum wird das, was getan wird, gemacht?*
- *Warum wird es auf diese Art und Weise gemacht?*
- *Was würde geschehen, wenn es zukünftig nicht mehr gemacht werden würde?*
- *Wie hoch sind die Kosten (offene und verdeckte!) des Prozesses?*
- *Wie läuft das Produkt durch den Prozeß?*
- *Wer ist am Prozeß beteiligt?*
- *Entspricht das Produkt der Spezifikation?*
- *Wer lenkt die Ressourcen und was sind das für Ressourcen?*
- *Wer gibt Prozeßschritte frei (Management, Qualitätssicherung o.ä.) und warum?*
- *Macht die Reihenfolge der Prozeßschritte Sinn?*

Nach dem Reengineering der Prozesse schaffen Sie sich eine Modellandschaft, in der Sie den neuen Prozeß auf seine Praxistauglichkeit hin testen. Erst wenn Schwachpunkte ausgemacht und beseitigt wurden und die Prozeßlauffähigkeit nachgewiesen wurde, ersetzen Sie den alten durch den neuen Prozeß. Bedenken Sie aber, daß Mitarbeiter geschult und in den neuen Ablauf eingewiesen werden müssen!

5 Die zunehmende Bedeutung des Projektmanagements

Die radikalen Änderungen der Abläufe durch BPR führen zu Unruhe und können bei manchen Mitarbeitern Widerstand erzeugen. Trotzdem wird diese radikale Technik, zusätzlich zu den durchaus erfolgreichen evolutionären Prozessen, eine Methode sein, die auch zukünftigen Unternehmensbestand gewährleistet – gerade weil konventionelle Optimierungsstrategien zunehmend aufwendiger werden und immer geringere Langzeiterfolge haben.

BPR führt zu gesunden und schlagkräftigen Unternehmen, die ihre Kernkompetenz und Kundenorientierung ausgebaut und die Produktivität und Effizienz erheblich gesteigert haben. Dies funktioniert nur, weil eine Qualitätsverbesserung der Prozesse herbeigeführt wird. Der Organisation werden damit »Pufferzeiten« konsequent entzogen.

Diese »Puffer« in einer antiquierten Organisation verursachen erhebliche Einbußen und geben dem Management die Möglichkeit zur Inkonsequenz in der Handlungsweise und zum Kaschieren ihren eigenen Planungsdefizite. Vieles organisiert sich ja bekanntlich von selbst, wenngleich auch chaotisch und nicht immer nachvollziehbar. Bei durchoptimierten Prozessen ist diese Arbeitsweise des Managements aber nur mehr sehr begrenzt möglich.

Die Abstimmung der internen »pufferfreien« Ressourcen und die verstärkt erforderlich werdenden externen Kooperationen erfordern eine konsequente Anwendung der Methoden des Projektmanagements, d.h. u.a. saubere Planung, abgestimmte Umsetzung (einschließlich Projektcontrolling), vernünftige Dokumentation als Grundlage für die folgenden Projekte und nicht zuletzt im Projektmanagement geschultes Personal, sowie Projektmanager mit Methoden- und Sozialkompetenz. Fazit:

»Ohne Projektmanagement läuft das BPR nicht...

...und ohne Projektmanagement geht's nach dem BPR nicht mehr!«

Welche der herkömmlichen Strukturen bleiben erhalten? 6

Der Anspruch des BPR, die Strukturen der Unternehmen radikal zu ändern, bedeutet nicht, daß alle Strukturen geändert werden. Das BPR widmet sich zunächst einer kleinen Anzahl (5–10) von für das Unternehmen wichtigen »Core processes« (*Hauptprozesse*, Megaprozesse, Kernprozesse usw.).

Außerhalb dieser Kernprozesse liegende kleinere (Teil-)Prozesse werden bewußt außer acht gelassen. In diesem Bereich sollen konti-

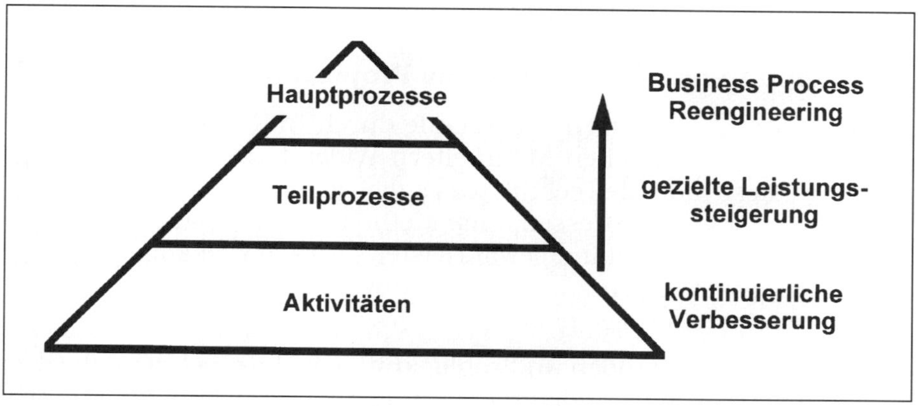

Abb. 8: Prozeßhierarchie und Leistungsverbesserung

nuierlich viele kleine Verbesserungsaktivitäten stattfinden (KAIZEN, TQM, KVP usw.).

Die Bestandteile der Kernprozesse werden nun auch nicht alle in gleicher Art und Weise verändert. Zunächst sind da die Tätigkeiten zu nennen, bei denen keine Wertschöpfung feststellbar ist. Unter Wertschöpfung versteht man dabei jeden Zuwachs an Wert des Produktes, für den der Kunde einen Preis zu bezahlen bereit ist. Eliminiert werden also Tätigkeiten, die in einer »gewachsenen« Organisation z.B. als Doppelarbeit existieren, ohne daß die Mitarbeiter wissen, wozu die Tätigkeit letztendlich dient. Genauso kritisch geht man mit Tätigkeiten um, die die Wünsche von Vorgesetzten erfüllen (Statistiken, Kontrollberichte, usw.), ohne jedoch kundenbezogene Wertschöpfung zu erzeugen. Ausgenommen sind hier die Tätigkeiten, die zwar nicht direkt kundenbezogen sind, aber zur Erfüllung von Gesetzen oder anderen Vorschriften dienen wie z.B. GoB – Grundsätze ordnungsgemäßer Buchführung, GMP – Good Manufacturer Practices in der Pharmaindustrie, GGV – Gefahrengutverordnung oder ähnliches.

Bei den Kernprozessen wird außer der Eliminierung der nicht wertschöpfenden Anteile das Ziel verfolgt, die Anzahl der *Schnittstellen* zu minimieren. Unter »Schnittstelle« ist die Übergabe der Arbeit zwischen zwei Organisationseinheiten (Abteilungen), aber auch zwischen zwei Mitarbeitern gemeint. Dieses Ziel ergibt sich einerseits aus der Erfahrung, daß die Durchlaufzeiten um Größenordnungen stärker von den Wartezeiten an der Schnittstelle (90% und mehr) beeinflußt werden als von den eigentlichen Bearbeitungszeiten (oft unter 10% der Gesamtdurchlaufzeit). Andererseits sind die Fehler, die an der Schnittstelle entstehen, besonders unangenehm.

Je geringer die Anzahl der Schnittstellen ist, desto leichter ist die Koordination. Meist sind die Verantwortungsbereiche an den Schnittstellen nicht ausreichend geklärt, und so werden diese Fehler oft erst am Ende des Prozesses erkannt, was ihre Behebung relativ kostspielig werden läßt.

Wie kommt es aber, daß in bisherigen Organisationen für die meisten Prozesse eine so große Anzahl von beteiligten Stellen und dadurch auch Schnittstellen vorgesehen ist? Die meisten Arbeitsanweisungen richten sich nach der Aufgabe mit allen möglichen bekannten Ausnahmen. Wenn dann irgendwann einmal eine Aufgabe mit einer weiteren Besonderheit vorkommt und etwas schiefgeht, wird die Arbeitsanweisung i.d.R. um eine weitere Tätigkeit, d.h. oft auch um eine weitere Stelle erweitert. Dies führt dazu, daß die meisten Prozesse zu stark gegliedert sind.

In einem besonderen Schritt des BPR, der »Triage«, werden die Aufgaben nach dem Gliederungskriterium Problemhaltigkeit/Routinisierbarkeit unterschieden. Die einfachen Fälle werden nach einfachen Regeln von wenigen Stellen (optimal: von einem Mitarbeiter), die komplexen Fälle nach komplexen Regeln u.U. von genauso vielen Stellen wie vorher bearbeitet. Dies bedeutet, daß sich an der Bearbeitung der komplexen Vorgänge nicht so viel ändert wie bei den einfachen, routinisierbaren Vorgängen.

»Wir sind Spitze beim Beschreiben der Funktionen; aber wie gut sind wir beim Beschreiben der Prozesse?«

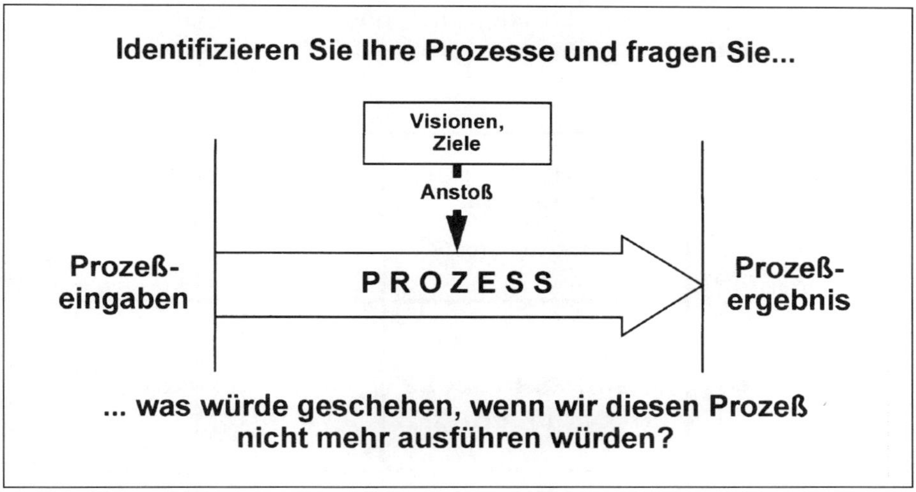

Abb. 9: Der in Frage zu stellende Prozeß

Zukünftig werden wir daran gemessen werden, wie wir in der Lage sind, diese Fragen zu beantworten!

An dem bisher Aufgezeigten wird deutlich, daß das BPR die komplexen, singulären Aufgaben – das klassische Gebiet des Projektmanagement – i.d.R. nicht behandeln will, d.h. diese Aufgaben bleiben nach wie vor dem Projektmanagement vorbehalten. Darüberhinaus lassen sich die Methoden des Projektmanagements sehr gut und erfolgreich auf BPR-Projekte anwenden. BPR und Projektmanagement schließen sich nicht aus, sondern ergänzen einander hervorragend.

7 Zusammenfassung und Ausblick

Das Prozeßsystem besteht aus Ressourcen und Wertschöpfungen und bringt Produkte und Dienstleistungen hervor. Dieses Prozeßsystem wird vom BPR in den Mittelpunkt der Organisationsgestaltung gestellt. Durch den BPR-Ansatz werden Prozesse wieder so überschaubar gemacht, daß eine Koordination über den Weg der Selbstorganisation möglich wird. Es muß gelingen, Kernprozesse herauszuschälen und so zu verändern, daß die komplette Wertschöpfungskette der Produkterstellung abgedeckt wird. Damit werden die heute vorherrschenden Schnittstellenprobleme gelöst.

BPR macht Sinn, erfordert aber die Bereitschaft, ggf. die funktionalen Abteilungen wie Einkauf, Konstruktion, Vertrieb etc. aufzulösen und die anstehenden Aufgaben entsprechend dem Managementansatz des Projektmanagement zu bearbeiten. Projektmanagement gewinnt bereits während des BPR an Bedeutung, nach Abschluß des BPR ist es aber unverzichtbar.

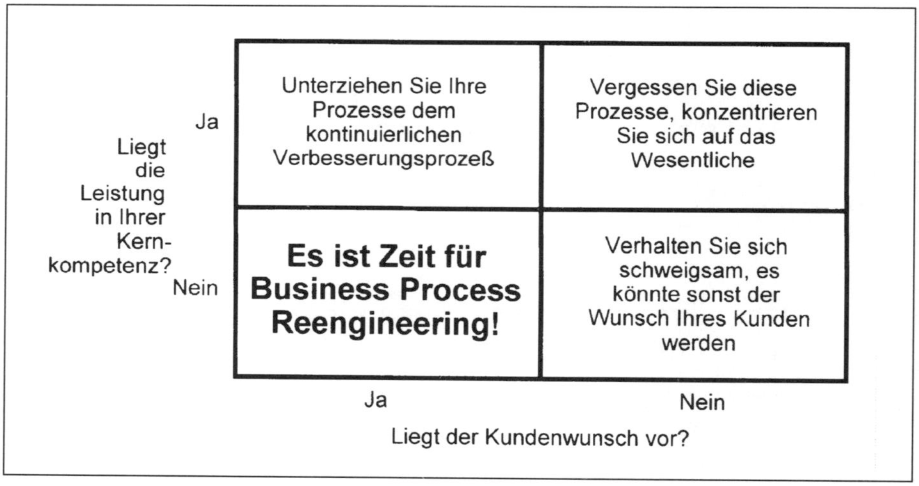

Abb. 10: Portfolio – Kernkompetenz/Kundenwunsch

Coaching der beteiligten Teammitglieder, um das Ziel zu erreichen, Methodenschulung im Projektmanagement, um einen Beitrag zur »Selbsthilfe« zu leisten, und die Sichtweise eines Externen, quasi aus der Vogelperspektive, helfen neue Eindrücke und Einblicke zu bekommen, um Transferüberlegungen anstellen zu können. Der externe Berater leistet hier den Beitrag, der notwendig ist, um BPR zum Erfolgsfaktor für das Unternehmen werden zu lassen.

Literatur 8

Bullinger, H.-J./Roos, A./Wiedmann, G.: Amerikanisches Business Reengineering oder japanisches Lean Management? In: OFFICE MANAGEMENT 7–8/1994, S. 14–20

Dangl, J. W.: Business Process Reengineering: radikale Umgestaltung von Geschäftsprozessen. In: io Management Zeitschrift 63 (1994) Nr. 5, S. 31–33

Eiff, W. von: Geschäftsprozeßmanagement – Integration von Lean Management-Kultur und Business Process Reengineering. In: zfo 6/1994, S. 364–371

Hall, G./Rosenthal, J./Wade, J.: Reengineering: Es braucht kein Flop zu werden. In: HARVARD BUSINESS MANAGER 4/1994, S. 82–93

Hammer, M./Champy, J.: Business Reengineering – Die Radikalkur für das Unternehmen. 3. Aufl. Frankfurt/New York 1994

Mees, J./Oefner-Py, S./Sünnemann, K.-O.: Projektmanagement in neuen Dimensionen : das Helogramm zum Erfolg. Wiesbaden 1993

Osterloh, M./Frost, J.: Business Reengineering: »Modeerscheinung oder Business Revolution?« In: zfo 6/1994, S. 356–363

RKW e.V./GPM e.V.: Projektmanagement-Fachmann. Eschborn/München 1991

Projektmanagement im Unternehmen richtig einführen – eine Herausforderung für Unternehmensleitung und Unternehmensberater

Klaus-Jürgen Bechler
Sietec Consulting GmbH & Co. OHG, Berlin

Ausgangssituation 1

Die Anlagentechnik AG ist ein international tätiges Unternehmen mit 10.000 Mitarbeitern, ca. 9 Milliarden DM Umsatz, ist weltweit ein führender Anbieter für elektrischen Antrieb, Steuerung und Automatisierung von Großanlagen, wie Stahlwalzwerke, Bergbaubetriebe, Abwasserreinigungsanlagen, Flughäfen usw. Neunzig Prozent des Umsatz werden durch Kundenprojekte erzielt. Technische Kompetenz und Finanzkraft des Unternehmens haben dazu geführt, daß immer mehr Projekte als *Generalunternehmer* abgewickelt werden. Das bedeutet, daß in den Projekten immer mehr Aufgaben anfallen, die nicht in die bisherige technische Kernkompetenz des Unternehmens gehören. Von der Finanzierung, Hoch- und Tiefbau, Integration von kommerzieller Datenverarbeitung, bis hin zum Marketing des Endprodukts, der Instandhaltung, Betriebsführung, Ausbildung des Kundenpersonals, reicht die Palette der Projektaufgaben.

Zahl der Projekte, Komplexität der Projekte und einige spektakuläre Verluste in wichtigen Projekten, bewog die Firmenleitung über die bisher angewandte Projektmanagementmethode und die Ausbildung von Projektleitern nachzudenken. Es wurde eine Methode gesucht, die unabhängig von der im Projekt eingesetzten Technik und in kurzer Zeit erlernbar ist, damit mehr Projektleiter für die steigende Zahl der Projekte zur Verfügung stehen. Ferner sollte die Methode *alle* Unternehmensteile im In- und Ausland erfassen.

Die Definition und Einführung der neuen Projektmanagementmethode wurde als Vorstandsprojekt definiert, nachdem die Weiterentwicklung der bisher angewandten Methode durch eigene Geschäftsbereiche nicht zum Erfolg führte. Die erste Phase wurde mit drei Consultants und ca. 300 Mitarbeitern des Unternehmens, darunter ca 80 Führungskräfte, in zwei Jahren abgewickelt. Heute entwickelt ein eigenes Projektmanagementunterstützungsbüro des Unternehmens die Methode selbständig weiter und führt auch die notwendige Ausbildung durch.

1.1 Abgrenzung von Projektarten

Aufgaben in einem Unternehmen, die nicht als ständige Aufgabe einer nach Organisationsplan eingerichteten Stelle anzusehen sind, sind dem Charakter nach *Projekte*. Sie mit Projektmanagementmethoden anzugehen, hängt jedoch von der Komplexität der Projektaufgabe ab und von der Bedeutung, die dem Projektergebnis gegeben wird. Einen besonderen Stellenwert hat Projektmanagement für Unternehmen, die Aufträge von Kunden als Projekt durchführen, wie z.B. Maschinen- und Anlagenbauer, Baufirmen, System- und Softwarehäuser und selbstverständlich auch Unternehmensberater.

Üblich ist eine Unterscheidung in interne und externe Projekte. In den folgenden Ausführungen, bei denen es im wesentlichen um die Methodik der Projektmanagementeinführung geht, wird in diesem Sinne nicht in Projektmanagement für interne und externe Projekte unterschieden. Für die Elemente der Einführungsmethodik ist eine Differenzierung in interne und externe Projekte sekundär, da die Anforderungen an ein erfolgreiches Projektmanagement sich grundsätzlich nicht unterscheiden. Im Einzelfall einer konkreten Beratung ist die Unterscheidung für die Ausprägung einzelner Elemente des Projektmanagements, z.B. des Projektcontrolling und die Priorität der Einführung, sehr wichtig. Um in diesem Beitrag nicht zu viele Aspekte zu behandeln, wird Projektmanagement für interne und externe Projekte gleichgesetzt.

1.2 Einführung von verbesserten Projektmanagementmethoden mit Unterstützung durch Unternehmensberater

Eine Unternehmensleitung, die über Einführung von Projektmanagementmethoden nachdenkt, ist meist durch nicht befriedigende Projektergebnisse dazu veranlaßt. Der Unternehmensberater, der sinnvollerweise hinzugezogen wird, wird gemeinsam mit der Unternehmensleitung feststellen, daß *»Einführung von Projektmanagement«* bedeutet, die augenblicklich geübte Praxis des Projektmanagements zu ändern. D.h. es geht in der Regel nicht darum, eine völlig neue Managementmethodik im Unternehmen einzuführen, sondern die methodische Basis der Projektabwicklung im Unternehmen zu definieren und die Anwendung auf das notwendige Niveau zu heben. Kaum ein Unternehmen ist eine »grüne Wiese«, was die Durchführung von Projekten anbelangt.

Die Schwierigkeit der Einführung von mehr Methodik in diesem Bereich liegt in der Veränderung der bestehenden Praxis. Vom »intuitiven« Projektmanagement zum methodischen, professionellen Projektmanagement führt nur der dornenvolle Weg von Verhaltens- und organisatorischen Änderungen. Unternehmensberater auf diesem Spezialgebiet haben den Vorteil, daß sie Erfahrungen aus vielen Unternehmen und Organisationen in die Beratungspraxis einbringen können. Ihre Erfahrung hilft den Unternehmen, schneller zu einer Verbesserung des Projektmanagements zu gelangen und Fehler, die evtl. teuer sind, zu vermeiden.

»lean«-Strategien und Qualitätsmanagement nach DIN EN ISO 9000ff. stehen oft am Anfang 1.3

Aktuelle Anlässe, die Unternehmen veranlassen, ihre Projektmanagementpraxis zu verbessern, sind u.a. zwei Themen, die in deutschen Unternehmen z.Zt. sehr diskutiert werden: *»lean management«*, *»lean organization«* usw. und Zertifizierung des Qualitätsmanagements nach *DIN EN ISO 9000ff.*. Beide genannten Themen lassen auf den ersten Blick den Zusammenhang zum Thema Projektmanagement nicht ohne weiteres erkennen. Deshalb eine kurze Darstellung des Zusammenhangs zu beiden genannten Themen.

Zusammenhang Qualitätsmanagement und Projektmanagement 1.4

»lean management«, »lean organization« usw. sind verbunden mit einer grundsätzlichen Geschäftsprozeßoptimierung (GPO). Beim »Durchforsten« der Geschäftsprozesse in einem Unternehmen werden Prozesse, die keine unmittelbare Wertschöpfung zu den Unternehmenszielen beitragen, aussortiert. Die verbleibenden Prozesse werden optimiert durch Straffung der Arbeitsabläufe, verstärkter Einsatz von IT-Technik, Zuordnung von Verantwortung für einen Geschäftsprozeß auf *eine* Person (dies führt zu einer *flachen* Hierarchie) und ferner Prüfung der eingesetzten Personal- und Sachressourcen. Prüfung heißt hier u.a., was muß mit eigenen Personal und eigenen Mitteln unter Kosten-/Nutzenaspekt erledigt werden und was kann evtl. günstiger als Leistung von außen bezogen werden (»outsourcing«). Die notwendigen Änderungen der Organisation, die den strategischen Überlegungen folgen, werden als *Projekte* durchgeführt. Sonderaufgaben, die nun nicht mehr in der gestrafften, nach Geschäftsprozessen ausgerichteten Organisation durchgeführt werden können, sind *Projekte*, die überwiegend mit Hilfe von Externen durchgeführt werden. Die Projektleitung verbleibt im Unternehmen. Somit sind die Anforderungen an das eigene Projektmanagement tendenziell hoch.

1.5 Projektmanagement und Zertifizierung nach DIN EN ISO 9000ff.

Die Zertifizierung des Qualitätsmanagements nach DIN EN ISO 9000ff. setzt u.a. voraus, daß die Prozesse, die qualitätsrelevant sind, im Qualitätshandbuch (Qualitätsrichtlinien) beschrieben sind, im Unternehmen eingeführt und überwacht werden. Die Zertifizierung nach DIN EN ISO 9001 wird überwiegend von den Unternehmen auf dem Gebiet der Entwicklung ihrer Produkte, zunehmend auch Dienstleistungen, durchgeführt. Entwicklung wird überwiegend als Projektaufgabe definiert. Damit müssen die Unternehmen ihr Projektmanagement im Qualitätshandbuch beschreiben, einführen und überwachen, um die Voraussetzungen für die Zertifizierung zu erfüllen.

Beide Themen, Umsetzung von »lean«-Strategien und Zertifizierung nach DIN EN ISO 9000ff., führen zur Einführung bzw. Verbesserung von Projektmanagement im Unternehmen.

Welche Grundsätze und welche Erfahrungen gibt es auf diesem Gebiet?

1.6 Vermeidbare Fehler

Viele Unternehmen, die ihre Projektmanagementfähigkeiten verbessern wollten, hatten keinen oder nur geringen Erfolg in diesem Bemühen. Ursachen dafür sind Unklarheiten, welche Elemente des Projektmanagement vorhanden sein müssen und wie diese Elemente in einem Gesamtsystem Projektmanagement zusammenspielen. In der Analyse nicht erfolgreicher Einführungen fällt auf:

1. Projektleiter werden auf meist externe Seminare zur Weiterbildung gesandt, die dort erworbenen Kenntnisse können in der Praxis nicht angewendet werden, weil die organisatorischen Voraussetzungen im Unternehmen (Projektmanagementhandbuch, Aufgabenbeschreibung, Projektcontroller usw.) nicht vorhanden sind
2. Projektmanagementhandbuch liegt vor, ist jedoch sehr umfangreich und verkommt zur »Schrankware«, weil Schulung, Unterstützung bei der Anwendung, Tools, sonstige Infrastruktur im Unternehmen fehlen
3. die Unternehmensleitung sieht ihren Beitrag zum Projektmanagement nur im Auswählen und Ernennen von Projektleitern; Methoden zu Führung von Projektleitern während der Projektdurchführung sind nicht bekannt oder werden nicht angewendet
4. Methoden und Kenntnisse zur Durchdringung von meist technisch interdisziplinären Projektaufgaben sind nicht bekannt oder werden nicht angewendet

5. Projektmanagementtools werden gekauft und installiert, Anweisungen für ihre Anwendung, Beschreibung des Berichtswesens mit Hilfe der Tools fehlen

Diese Aufzählung ist keineswegs vollständig. Im folgenden werden die wesentlichen Elemente eines Projektmanagementsystems beschrieben, die inhaltlich im Einführungsprozeß miteinander zu verbinden sind.

Kern der Methode 2

Der Systemansatz 2.1

Stellt man sich Projektmanagement als Gesamtsystem vor (Abb. 1), so ist die erste Frage, zu welchen Stellen hat das System Projektmanagement Schnittstellen nach außen? Die zweite Frage lautet, aus welchen inneren Elementen besteht das System?

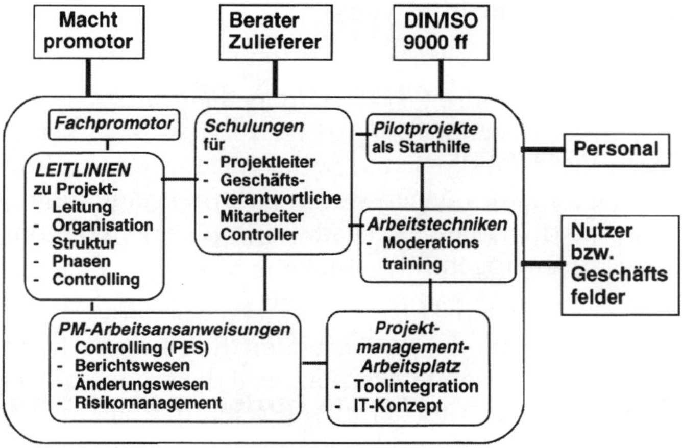

Abb. 1: Einführungsmodell Projektmanagement

Machtpromotor 2.2

Schnittstellen nach außen sind immer die Verbindung zur Unternehmensleitung. Die Unternehmensleitung hat gegenüber dem System Projektmanagement die Rolle des Machtpromotors. *Machtpromotor* heißt hier deutlich: der erklärte Unternehmerwille, ein professionelles Projektmanagementsystem einrichten und betreiben zu wollen. Der Machtpromotor stellt die notwendigen finanziellen und personellen Ressourcen zur Einrichtung zur Verfügung. Für das Betreiben gibt er die Zielvorgaben, d.h. Qualitätsziele, Berichtswesen, Eckzahlen, usw. des »Systems Projektmanagement« vor.

2.3 Nutzer des Projektmanagement

Eine Standardschnittstelle ist die Verbindung zu dem Nutzer des Projektmanagements. Das ist in der Regel der Teil des Unternehmens, dem der wirtschaftliche Nutzen des Projektergebnisses zufließt.

2.4 Personalabteilung

Eine weitere Schnittstelle ist optional die Personalstelle. Wenn Projektleiter des eigenen Unternehmens über längere Zeiträume ausschließlich als Projektleiter beschäftigt werden, ist zu prüfen, welche Entlohnung, welche Karriereplanung, welche Weiterbildung usw. für diesen Personenkreis vorzusehen ist.

2.5 Unternehmensberater

Ferner gehört zu den externen Schnittstellen in der Regel ein Unternehmensberater, der das Konzept erstellt und die Umsetzung begleitet.

2.6 Weitere Einflußfaktoren

Je nach Unternehmen und Branche ist zu prüfen, wie weit weitere externe Schnittstellen definiert werden müssen. Z. B. ist daran zu denken, wie weit Behörden oder gesetzliche Vorgaben eine Rolle spielen. Ist das Qualitätsmanagement zertifiziert, sind Vorgaben des *Qualitätsmanagementbeauftragten* und des Zertifizierers zu berücksichtigen.

3 Die Bestandteile des »Systems Projektmanagement«

Zu den wesentlichen Elementen des Projektmanagementsystems gehören:

3.1 Der Fachpromotor

Der Fachpromotor für Projektmanagement ist der Partner und Auftragnehmer der Machtpromotors. Er verkörpert das im Unternehmen erforderliche Wissen zu allen Fragen des Projektmanagement. Er beobachtet die praktische Anwendung in den Projekten und berichtet dem Machtpromotor. Den Projektleitern gegenüber ist er Berater. Er plant und organisiert die Ausbildungsmaßnahmen auf dem Gebiet des Projektmanagement. Er kümmert sich um den Einsatz von Projektmanagementtools. Er sorgt ferner für die Aktualisierung des Projektmanagementhandbuchs, insbesondere auch im Hinblick auf Weiterentwicklung der eingesetzten Methoden und Berücksichtigung der Anforderungen aus den laufenden Projekten. In der Startphase wird der Unternehmensberater den Fachpromotor unterstützen und anleiten. Wichtig ist, daß der Fachpromotor zum Zeitpunkt des Starts benannt und (wenn möglich) der Leitung direkt unterstellt wird.

Das Projektmanagementhandbuch 3.2

Im Projektmanagementhandbuch ist in kurzer und übersichtlicher Weise die Projektmanagementmethode und ihre Anwendung im Unternehmen zu beschreiben. Die wichtigsten Inhaltspunkte sind Rollen- und Aufgabenbeschreibung im Projekt (Projektorganisation), die gesamte Projektplanungssystematik vom Projektstrukturplan bis zum Arbeitspakete- und Mitarbeitereinsatz-/Terminplan, das unternehmensspezifische für alle Projekte verbindliche Phasenmodell und die Aufgabe des Projektcontrollings. Bei einer Zertifizierung ist die DIN EN ISO Norm, in der Regel 9001 und auch 9004, zu berücksichtigen.

Projektcontrolling 3.3

Wesentlicher Erfolgsfaktor für ein professionelles Projektmanagement ist das Projektcontrolling. Hierunter ist einmal das Projektcontrolling durch das Projektmanagement als ständige Aufgabe des Projektleiters zu verstehen. Darüber hinaus ist ein Projektcontrolling seitens des Unternehmens auszubilden, das wiederum wesentlicher Bestandteil des Qualitätsmanagements des Unternehmens darstellt. Schwerpunkt des Controllings von Projekten aus Unternehmenssicht ist das betriebswirtschaftliche und das technische Controlling. Das Controlling des Unternehmens für Projekte muß durch Personen wahrgenommen werden, die keine Aufgabe im zu controllenden Projekt wahrnehmen. Das Controlling stellt durch den Schwerpunkt betriebswirtschaftliches Controlling die Einhaltung von wirtschaftlichen Zielvorgaben für das Projekt sicher. Technisches Controlling sichert erstens die Qualitätsziele in Richtung Einhaltung der technischen Vorgaben für Funktionserfüllung, Zuverlässigkeit, Wartbarkeit usw. und zweitens das Erkennen und Steuern von vertraglichen und technischen Risiken. Das Controlling ist gleichzeitig das Bindeglied zwischen Projekt- und Unternehmensorganisation.

Ausbildungskonzept 3.4

Ein wesentliches Element ist das Konzept für Ausbildung und Training. Das Konzept muß für die Rollen Entscheider, Projektleiter und Projektcontroller ausgelegt sein. Die Durchführung kann innerhalb des Unternehmens oder außerhalb erfolgen. Wichtig ist die Beachtung des unternehmensspezifischen Projektmanagementhandbuchs. Bei Zertifizierung muß der Zusammenhang mit dem Qualitätsmanagement nach DIN EN ISO 9000ff. berücksichtigt werden. Im Ausbildungs- und Trainingskonzept sind die sogenannten »hard facts« und »soft facts« aufzunehmen. In diesem Zusammenhang versteht man unter »hard facts« das Handwerkszeug des Projektmanagements, wie Beherrschung von Planungstechniken, Organisationsrichtlinien, Rechtsvorschriften, Bedienung von Projektmanagementtools usw. Als »soft facts« sind Führungstechniken, Teambildung, Moderationstechniken, Verhandlungsführung usw. anzusehen. Ein ausgewogenes Ausbildungs- und Trainingskonzept muß ein ausgewogenes Verhältnis zwischen »hard facts« und »soft facts« ausweisen, da beide Faktoren zum Projekterfolg beitragen.

3.5 Projektmanagementtools

Ein weiteres Standardelement des Projektmanagementsystems sind die Projektmanagementtools. Hierunter sind sowohl marktübliche Standardtools als auch Eigenentwicklungen des Unternehmens zu berücksichtigen. Durch die Möglichkeiten der Softwaretechnologie der Standardtools ist es empfehlenswert, einen unternehmensspezifischen Projektmanagementarbeitsplatz zu definieren, in den auch eigene Softwareentwicklungen integrierbar sind.

3.6 Infrastruktur

Projektinfrastruktur umfaßt Räume, Assistenz für die Projektadministration als auch projektspezifische Installationen, wie Entwicklungslabor und Prüffeldeinnrichtungen bei der Produktentwicklung. Die Integration der Projektinfrastruktur in das Qualitätsmanagementsystem ist für die Zertifizierung nach der Normenreihe DIN EN ISO 9000 ggf. zu berücksichtigen.

4 Einführung des »Projektmanagementsystems«

4.1 Einführung als Projekt

Die Definition und Einführung eines Projektmanagementsystems, dessen Elemente im Rahmen diese Darstellung nur kurz beschrieben werden können, ist selbst als Projekt durchzuführen. Ideal ist es, wenn der zukünftige Fachpromotor mit Unterstützung durch den Unternehmensberater zum Projektleiter bestimmt wird. Auf diese Weise läßt es sich erreichen, daß im Unternehmen bereits vorhandene Elemente des Projektmanagement eingebunden und ggf. weiterentwickelt werden und der Fachpromotor als späterer Pfleger und Weiterentwickler des Systems eingearbeitet ist.

Zeit und Aufwand 4.2

In den Beratergesprächen mit den Unternehmensleitungen, die eine Projektmanagementeinführung planen, taucht selbstverständlich immer die Frage nach Dauer und Aufwand der Einrichtung des Projektmanagementsystems bis zum Wirksamwerden auf. Darauf kann es keine Standardantwort geben. Entsprechend der Anzahl von Projektauf-

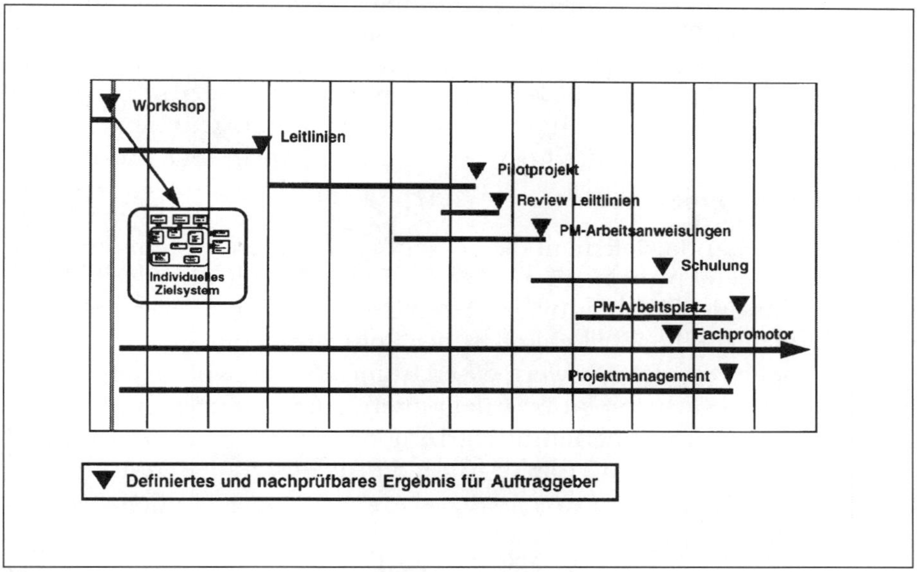

Abb. 2: Einführung Projektmanagement

gaben, deren Komplexität, Laufdauer der Projekte und Anzahl der involvierten Personen sind Zeiten von 6 Monaten bis zu zwei und mehr Jahren möglich. Wie für alle komplexen Systementwicklungen gilt auch der Grundsatz, daß Laufzeiten über 12 Monate größere Risiken darstellen. Hier empfiehlt es sich, Teilziele zu definieren und die Entwicklung in Versionen vorzunehmen, die aufeinander aufbauen.

Einführung ist »Daueraufgabe« 4.3

Unternehmen, die Projektmanagementsysteme als Bestandteil ihrer Unternehmensorganisation und -kultur betreiben, wissen heute, daß die Einführung eine Daueraufgabe des Unternehmens ist. Da das System wesentlich von den beteiligten Personen mit ihren definierten Rollen getragen wird, sorgt allein die natürliche Personalfluktuation dafür, daß Trainings- und Ausbildungsmaßnahmen immer wieder stattfinden müssen. Ist das Projektmanagement Bestandteil des zertifizierten Qualitätsmanagementsystems, ist für die Erneuerung des Zertifikats eine ständige Weiterentwicklung vonnöten.

5 Künftige Entwicklung der ISO Qualitätsmanagementnormen

Im Rahmen der Weiterentwicklung der DIN EN ISO 9000, speziell der DIN EN ISO 9004, ist geplant, Qualitätskriterien für Projektmanagement zu definieren. Ein erstes Arbeitspapier liegt den Arbeitskreisen der Normenausschüsse, in Deutschland dem NQSZ (Normenausschuß für Qualitätssicherung und Zertifizierung) im DIN, bereits vor. Es ist damit zu rechnen, daß voraussichtlich 1996 Qualitätskriterien für Projektmanagement Bestandteil der dann gültigen Norm ISO 11006 sind (Entwurf jetzt unter DIN EN ISO 9004/6) und für die Zertifizierung wirksam werden.

Die Unternehmensberater der Fachgruppe Projektmanagement im BDU berücksichtigen die zu erwartenden Anforderungen bereits heute in ihren Beratungskonzepten.

Die wichtigsten Punkte für das Management:

- ❑ Sorgen Sie für eine klare Regelung der Schnittstelle zwischen Unternehmen und Projekt! (Abb. 3 Projektorganisation)
- ❑ Führen Sie keine »Entscheidungsgremien« oder ähnliches ein, Verantwortung muß personalisiert sein!
- ❑ Ernennen Sie einen Projektmanagementpromotor (analog dem Qualitätsmanagementbeauftragten, evtl. in Personalunion), der Ihnen über Anwendung, Weiterentwicklung, Stand der Einführung, Aus- und Weiterbildung usw. auf dem Gebiet des Projektmanagements *direkt* berichtet.
- ❑ Achten Sie auf die Durchgängigkeit der Methode von der Strukturierung der Projektaufgabe bis zur Übergabe/Beginn der Gewährleistung!
- ❑ Risikoüberwachung und Steuerung muß Bestandteil der Projektmanagementmethode sein! (Jedoch wälzen Sie nicht das unternehmerische Risiko auf Projekte ab; es bleibt bei Ihnen!)
- ❑ Bestehen Sie auf der Einführung eines technischen Controllings für Projekte!
- ❑ Projektmanagementhandbücher in Telefonbuchstärke sind unbrauchbar!
- ❑ Nicht nur Projektleiter, sondern auch die Mitarbeiter, die Projektleiter als Teil ihrer unternehmerischen Aufgabe zu führen haben, brauchen eine für sie zugeschnittene Projektmanagementausbildung!

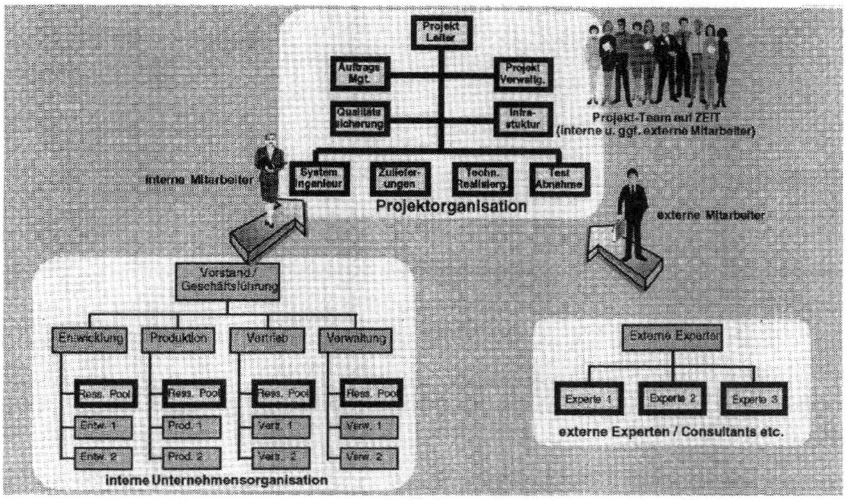

Abb. 3: Projektorganisation

Weiterführende Literatur 6

Daenzer, W. F. (Hrsg.): Systems Engineering. Ein Leitfaden zur methodischen Durchführung umfangreicher Planungsvorhaben. 3 Aufl. Zürich 1982

Madauss, B. J.: Projektmanagement. 5. Aufl. Stuttgart 1994

Graham, Robert J.: Projectmanagement as if people mattered. Bela Cynwyd 1989

De Marco, Tom/Lister, Timothy: Peopleware: productive projects and teams. New York 1987

Franke, Armin: Risikobewußtes Projektcontrolling. Köln 1993

Erfahrungen und Wissen sichern und nutzen

Dipl.-Kfm .Christian Lauer/Uwe Techt
Netzwerk Kommunikation GmbH, Eisenberg

Einleitung 1

Wieviel Prozent des Arbeitsaufwandes in Ihren Projekten könnten eingespart werden, wenn

- immer alle relevanten Informationen aktuell im Zugriff wären – und zwar so, wie Sie sie benötigen?
- alle Erfahrungen aus ähnlichen Projekten, die in Ihrem Unternehmen/Ihrer Organisation bereits durchgeführt wurden, zur Verfügung stünden und so aufbereitet wären, daß sie von Ihnen und Ihren Projektmitarbeitern gerne genutzt werden würden?
- die grundlegende Informationsstruktur aller Projekte gleich wäre, so daß nicht in jedem Projekt eine »andere Ordnung« herrscht und sich also jeder Mitarbeiter in jedem Projekt schnell orientieren, einfügen und mitwirken könnte?

Daß es für den Projekterfolg bedeutend ist, Ordnung zu halten und Informationen im Zugriff zu haben, ist selbstverständlich.

Welcher Zusatznutzen, welche Synergiepotentiale jedoch aus einer wirksamen Projektdokumentation, Erfahrungssicherung und Wissensnutzung entstehen können ... dieser Frage wird noch immer eine viel zu geringe Bedeutung beigemessen.

So oder so ... »es gibt nichts Gutes, außer man tut es«.

Wenn Sie, liebe Leserin und lieber Leser, diesen Beitrag gelesen haben, dann

- wissen Sie, wie Lernen bei Individuen funktioniert und wie sich diese Lernprinzipien auf Organisationen übertragen lassen,
- wie ein System zur Erfahrungssicherung und Wissensnutzung strukturiert sein könnte,
- wie die Schritte zur Einführung eines solchen Systems aussehen können,
- an welchen Stellen externe Berater Sie unterstützen können ... und was Sie lieber selbst tun sollten

Die genannten Beispiele stammen aus einem Personalentwicklungsprojekt einer großen deutschen Hotelgesellschaft. Es handelt sich dabei um ein relativ kleines (ca. 300 Manntage), wenig komplexes Projekt, damit die Beispiele besser verständlich sind.

2 Das lernende Unternehmen

2.1 Die Zukunft

- Die Zukunft gehört den Unternehmen, die in kleinen Einheiten organisiert sind und sich auf Projektmanagement einstellen. Der Grad der Dezentralisierung ist hoch, die Einheiten operieren in ihren jeweiligen Teilbereichen weitgehend selbständig.
- Strategien sind nicht vorgegeben, sie entwickeln sich aus dem laufenden operativen Geschäft.
- Produkte sind erfolgreich, weil sie die Bedürfnisse der Kunden nach bestimmten Leistungen erfüllen. Welche Leistungen Kunden morgen nachfragen, wissen diese oft genug selbst nicht. Zukunftsprodukte entstehen (auch) intuitiv.
- Unnötige Spezialisierungen von Arbeitsvorgängen werden aufgehoben. Vertikale Integration von Arbeitsabläufen führt zu kürzeren Reaktionszeiten und steigert die Produktivität. Die horizontale Sichtweise auf Problemstellungen integriert die dezentralen Einheiten zu einem Gesamtsystem.

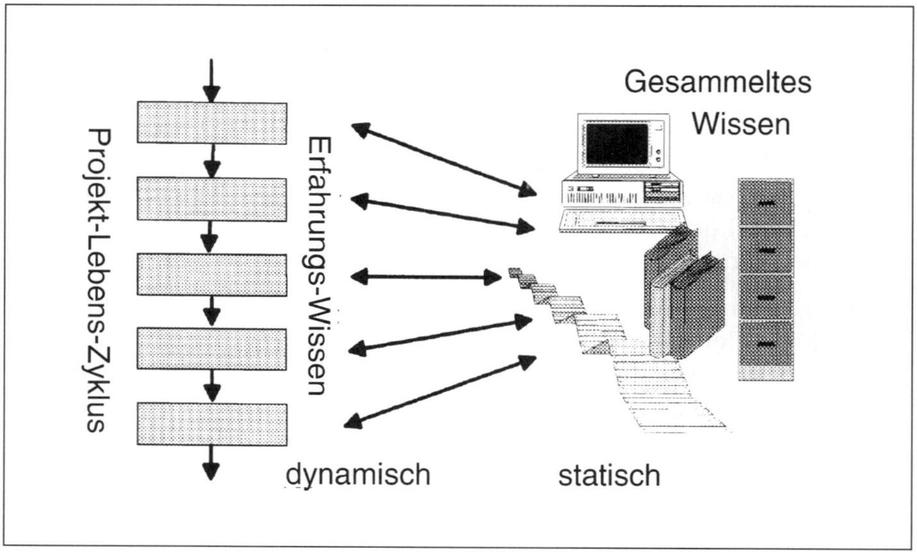

Abb. 1: Dynamische und statische Erfahrung

So lauten die Vorstellungen der Trendforscher. Sie werden, wie es u.a. bei Tom Peters, »Jenseits der Hierarchien«, nachzulesen ist, bereits heute von erfolgreichen Unternehmen umgesetzt.

In einer verrückten Welt, so Tom Peters, müssen sich Unternehmen schnell an neue Umweltgegebenheiten anpassen können. Wer überleben will, muß schneller die richtigen Produkte anbieten als andere.

Information – Garant für das Überleben 2.2

Seinen Erfolg hat der Mensch der stetigen Weiterentwicklung und Verbesserung seines Apparats zur Informationsverarbeitung zu verdanken:

- Die differenzierte Sprache bietet die Chance zu einer besseren Verständigung – birgt aber auch die Gefahr von mehr Mißverständnissen.
- Die Schrift ermöglicht die Speicherung von gesprochener Information über einen längeren Zeitraum – Wissen und Erfahrung wird anderen Menschen zugänglich gemacht.
- Der Buchdruck ermöglicht die Verbreitung geschriebener Information in großem Umfang.
- Die Computertechnologie erweitert die Speicherungsfähigkeit von Informationen und steigert die Verarbeitungsgeschwindigkeit von Rechenoperationen beträchtlich.
- Im Verlauf dieser Technologiesprünge wurde die Sprache weiter verfeinert.

Die individuelle *Informationsverarbeitung* hat einen hohen Stellenwert erreicht.

Der nächste Quantensprung ist das »Lernende Unternehmen«, das »Lernende Team«. »Es geht darum, den verteilt vorhandenen, aber enormen Wissenskörper zu nutzen.« (Les Alberthal, Chef des Unternehmens Electronic Data Services (EDS), zitiert aus Peters, 1994).

»Auf der einen Seite hat das »Modell« der herkömmlichen professionellen Dienstleistungsfirma die beste Startposition für die irrwitzige Wirtschaftswelt von morgen. Auf der anderen Seite erbringen solche Firmen typischerweise meist lausige Leistungen, wenn es darum geht, die Hebelkraft der enormen Menge an Wissen, die in ihnen vorhanden ist, auch anzusetzen. Dabei geht es um Mengen an Wissen, die in verstreuten autonomen Projektaktivitäten vorhanden sind.« (Peters, 1994)

2.3 Wie »evolutionäres Lernen« funktioniert

Lernen ist das Aneignen von Wissen. Zwischen Geburt und der Einschulung lernen Kinder am meisten – sie lernen LEBEN. Wie machen sie das?

Evolutionäres Lernen ist kognitiv, indem Erfahrungen aus dem täglichen Handeln gewonnen werden. Diese gehen dann in das Verhaltensrepertoire desjenigen ein, der sie gemacht hat: sie erweitern sein Handlungsspektrum.

Erfahrungen helfen zu vermeiden, den gleichen Fehler nochmals zu tun, vorausgesetzt, sie können sinnvoll »abgespeichert« werden.

Ein Mensch, der einer neuen Situation gegenübersteht, versucht, diese zu interpretieren. Er sucht nach Erfahrungen, die er in ähnlichen Situationen bereits gemacht hat und vergleicht, was passieren könnte, wenn er sie in dieser Situation nutzt. Im Rahmen dieses Prozesses wird verglichen, kombiniert, verworfen, neu strukturiert. Auch fremde Erfahrungen (in Form von Veröffentlichungen, Beratungen, Befragungen, Seminarbesuche) werden genutzt. Das Ergebnis ist eine Handlungsalternative, die dazu dient, die neue Situation zu meistern.

Ob die gewählte Strategie erfolgreich war oder nicht, kann erst im nachhinein mit letzter Sicherheit gesagt werden. Somit ist der Lernprozeß erst dann abgeschlossen, wenn die Erfahrungen aus dem Handeln ausgewertet werden.

Diese Prozesse scheinen sehr effektiv zu sein. Schließlich haben sie der Menschheit bis heute geholfen, auch kritische Situationen zu meistern und zu überleben.

2.4 Geht das auch in Organisationen?

Was das Lernen in Organisationen betrifft, stehen wir noch am Anfang.

Das Wissen und die Erfahrungen einer Organisation setzt sich zusammen aus der Summe des Wissens und der Erfahrungen der Menschen, die in der Organisation tätig sind. Hinzu kommt das festgeschriebene Wissen, das in Form von Verfahrensregeln, Büchern, Zeitschriften und sonstigen Dokumentationen vorliegt; natürlich auch in Form von Projektdokumentationen laufender und abgeschlossener Projekte.

Nach unserer Erfahrung wandern solche Dokumente in die Ablage und sind dann in irgend einem Archiv verschwunden. Damit sind sie einer weiteren Nutzung entzogen.

Gravierenden Nachteile sind auch darin zu sehen, daß mit jeder

Person, die eine Organisation verläßt, auch ein Teil der Erfahrung und des Wissens für die Organisation verloren geht.

Wenn die freiwerdende Stelle neu besetzt wird, kommt natürlich wieder neues Wissen und neue Erfahrung hinzu. Diese kann in der Regel nicht sofort in vollem Umfang genutzt werden, da es interne organisatorische Verfahrensregeln gibt, die nicht kompatibel zu dem neu hinzugekommenen sind.

Effizienter wäre es, die Wissensbasis einer Organisation von den Menschen zu entkoppeln, die Teil der Organisation sind.

Wenn man den menschlichen Lernprozeß als Vorbild nimmt, gilt es, ein System zu konzipieren, in dem Ziele und Vorhaben aufgaben- oder projektbezogen dokumentiert werden, in dem die gesammelten Erfahrungen aus Arbeitsschritten, aus der Umsetzung, festgehalten werden und ein Abgleich zwischen den Zielen und den Ergebnissen vorgenommen wird, der ebenfalls in die Dokumentation einfließt. Außerdem muß dafür Sorge getragen werden, daß das dokumentierte Wissen gut zugänglich ist – am besten mit einer assoziativen Methode, die dem menschlichen Prozeß der Informationswiedergewinnung am nächsten kommt.

Dargestellt sind diese Überlegungen in der folgenden Abbildung 2. Der modifizierte Regelkreis besteht aus vier Komponenten: »Ziele setzen«, »Umsetzung planen«, »Vorhaben umsetzen« und »Umsetzung controllen«. Inhaltlich entsprechen diese vier Komponenten allen Unternehmensaufgaben, welche letztlich dazu dienen, wirtschaftliche Ergebnisse zu erzielen.

Beeinflußt wird dieser Regelkreis natürlich von übergeordneten Zielen, die die besondere Organisationsstruktur eines Unternehmens bestimmen.

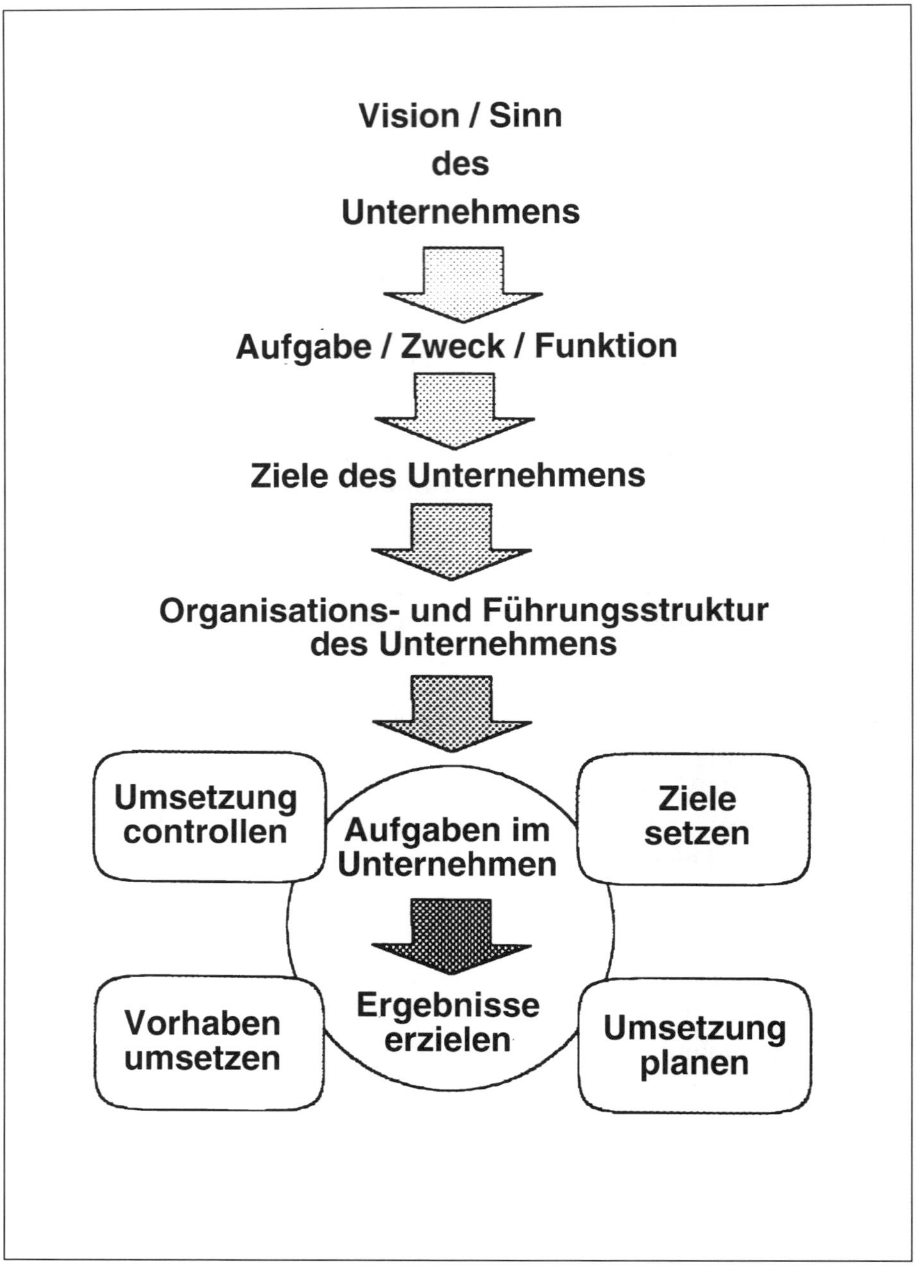

Abb. 2: Lernen in Unternehmen

In unserer Arbeit stellen wir immer wieder fest, daß gerade der Komponente »Umsetzung controllen« relativ wenig Bedeutung beigemessen wird. Meist fehlt einfach die Zeit, sich nochmals Gedanken darüber zu machen, was gerade erledigt wurde, mit welcher Qualität die Ergebnisse erstellt wurden und welche Konsequenzen daraus gezogen werden können.

Das hat zur Folge, daß die Erfahrungen aus Arbeitsprozessen lediglich Bestandteile der individuellen Erfahrungen der Menschen werden, die ein bestimmtes Problem gelöst, bzw. eine bestimmte Aufgabe erledigt haben. Für die Organisation ist dieser Zuwachs an Wissen und Erfahrung jedoch nur so lange vorhanden, wie die beteiligten Menschen in der Organisation sind.

3 Ein System zur Informationsverarbeitung, Erfahrungssicherung und Wissensnutzung

3.1 Vorüberlegungen

Ein System zur Informationsverarbeitung, Erfahrungssicherung und Wissensnutzung in Projekten und projektübergreifend muß so konzipiert sein, daß es einerseits durch ein Mindestmaß allgemeinverbindlicher Regeln leicht handhabbar ist und andererseits eine hohe Wahrscheinlichkeit besteht, daß das abgespeicherte Wissen abgefragt und genutzt werden kann.

3.2 Die Struktur des Systems

Projektinformationen können vier Kategorien zugeordnet werden:

① Zeitpunkt des Entstehens (Chronologie)

② Objekt, das die Information behandelt (Thema/Produkt)

③ Informationen, die zur Projektsteuerung dienen

④ Person(en), die an der Erstellung beteiligt war(en), auf die sich die Information bezieht

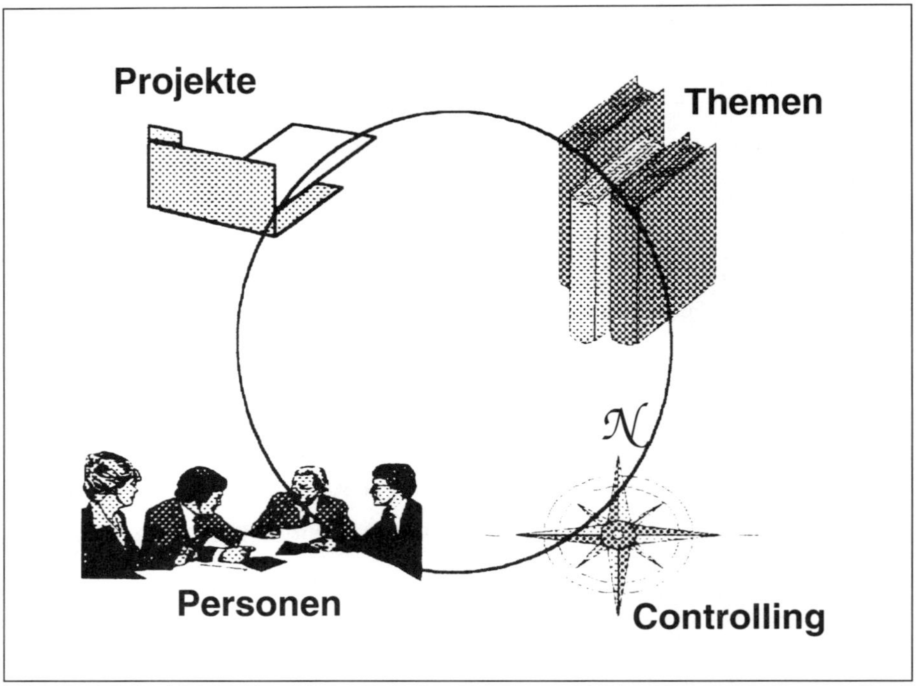

Abb. 3: Struktur des Systems

Diese Informationskategorien gibt es für jedes Projekt. Faßt man die einzelnen Kategorien projektübergreifend zusammen, erhält man eine unternehmensweite Sichtweise zu einzelnen Sachverhalten innerhalb dieser Kategorien.

3.2.1 Zeitpunkt des Entstehens

Informationen entstehen zu einem bestimmten Zeitpunkt im Projekt: während einer Besprechung, eines Workshops, der Erledigung eines Arbeitspaketes, etc. Die chronologische Folge der Informationen eines Projekts bildet seine Geschichte.

Wir fassen alle Informationen eines Projektes aktionsorientiert zu Paketen zusammen, die jeweils mit einer Zusammenfassung in Form eines Deckblattes versehen werden, das Auskunft gibt über:

- das Projekt
- die Nummer der Aktion
- Datum und Ort der Aktion
- Titel/Bezeichnung der Aktion

- behandelte Themen/Objekte
- Ziele der Aktion
- Weg/Schritte, die durchgeführt wurden
- beteiligte und betroffene Personen, Verteiler
- sowie – bei umfangreicheren Paketen – ein Verzeichnis der Inhalte

Die fortlaufende Nummerierung der Aktionen dient der eindeutigen Kennzeichnung jeder einzelnen Seite (mit Nummer der Aktion und Seitenzahl).

Alle »Aktionenpakete« eines Projekts bilden das »Log-Buch« des Projekts. Im Log-Buch sind also alle Ereignisse oder Aktionen, die im Verlauf eines Projekts stattgefunden haben, in chronologischer Folge enthalten, es bildet den Prozeß ab.

In bestimmten Projekten – wie dem hier vorliegenden – liegt die Aufteilung des Log-Buches auf der Hand, was in anderen Projekten natürlich nicht immer der Fall ist. Oft bietet es sich an, die Arbeitspaketstrukturierung als Orientierung zu verwenden – oder die Abfolge der Besprechungen, Workshops etc. eines Projektes. Wie umfangreich die einzelnen Einheiten sein sollen, hängt oft von den Besonderheiten des Projektes ab. Wichtig ist es, innerhalb des Projektes hierüber ein gemeinsames Verständnis herzustellen.

Die projektübergreifende Sicht des Log-Buchs bezeichnen wir als »Projekt-Datenbank«. In ihr sind die Log-Bücher aller Projekte zusammengefaßt.

HOTEL AG Management-Development-Programm	L-Nr.	Bezeichnung (TE = Trainingseinheit)
	001	TE 1: Moderation
	002	TE 2: Marketing
	003	TE 3: Persönlichkeitsstruktur
Log-Buch	004	TE 4: Budget
	005	TE 5: Kundenorientierung
	006	TE 6: Systemisch Führen
	007	TE 7: Zeitmanagement / Selbstorganisation
	008	TE 8: Assessment-Center

Abb. 4: Log-Buch

3.2.2 Objekt, das die Information behandelt (Thema/Produkt)

Die Problemlösung im Rahmen eines Projekts besteht meist aus einzelnen Produkten oder, in Beratungsprojekten, aus spezifischen Themen.

Informationen, die in einem Projekt zu einem Thema entstehen und erfaßt werden, werden sofort diesem Thema zugeordnet und durch entsprechende »Codierung« im Themen-Buch des Projektes erfaßt. Praktisch wird jede Seite, die im Log-Buch (siehe oben) dokumentiert wird und sich auf ein Thema/Objekt bezieht, entsprechend gekennzeichnet. Dies kann innerhalb des Projektteams geschehen oder von einer Einzelperson vorgenommen werden. Die Erfahrung zeigt, daß es sinnvoll ist, diese Kennzeichnungen im Arbeitsprozeß sofort vorzunehmen.

Im vorliegenden Fall war die thematische Strukturierung der Projektinformationen unproblematisch, da die Themen durch die Lernziele des Projektes vorgegeben waren.

In komplexeren Projekten hat es sich als sinnvoll erwiesen, zu Beginn des Projektes die thematische Strukturierung gemeinsam im Projektteam zu vereinbaren und regelmäßig zu überprüfen und ggf. anzupassen. Dabei ist auch zu vereinbaren, ob und nach welchen Regeln Mehrfachzuordnungen zulässig sind.

Die Themen-Bücher aller Projekte bilden die »Themen-Datenbank«, der thematische Strukturierung ebenfalls zu vereinbaren und regelmäßig zu überprüfen und anzupassen ist. Durch ein geeignetes Referenzsystem ist dabei sicherzustellen, daß auf Informationen auch dann zugegriffen werden kann, wenn ihre Bezeichnung von den sonst im Unternehmen geltenden Konventionen abweicht.

HOTEL AG Management-Development-Programm Themen-Buch	T-Nr.	Bezeichnung
	BUD	Budget und Controlling
	FÜQ	Führungsqualifikation
	KOM	Betriebliche Kommunikation und Information
	MAG	Mitarbeitergespräch
	MAR	Marketing
	MOD	Moderation
	MOT	Motivation
	UFÜ	Unternehmensführung
	VAG	Verkauf am Gast

Abb. 5: Themen-Buch

Informationen, die zur Projektsteuerung dienen 3.2.3

Informationen, die die wirtschaftliche Seite eines Projekts betreffen, werden den Steuerungsinformationen zugeordnet. Auch dies geschieht möglichst bereits zum Zeitpunkt ihres Entstehends bzw. der Erfassung durch entsprechendes Codierung.

Steuerungsinformationen, die in einem Projekt anfallen, befinden sich nach der entsprechenden Zuordnung (Codierung) im »Controlling-Buch« des Projekts.

Die tatsächliche Gliederung des Controlling-Buch muß im Unternehmen vereinbart werden und orientiert sich in der Regel an den bereits vorhandenen bzw. für sinnvoll erachteten Steuerungsinstrumenten. Es hat sich als nützlich erwiesen, die Grundgliederung aller Controlling-Bücher innerhalb eines Unternehmens gleich zu gestalten und darauf das projektübergreifende Steuerungssystem – die Steuerungs-Datenbank – aufzubauen.

HOTEL AG Management-Development-Programm Controlling-Buch	C-Nr.	Bezeichnung
	C1	Umsetzungsplanung, Netzplan, ...
	C2	Projekt-Ziele, -Vision, -Grundsätze
	C3	Projekt-Struktur (Aufbau-Organisation)
	C4	Szenarien der Aktionen, Themen, Personen im Projekt
	C5	Regeln der Projektarbeit
	C6	Leistungs- und Kostenerfassung
	C7	Statusberichte
	C8	...
	C9	...

Abb. 6: Controlling-Buch

Betroffene und beteiligte Person(en) 3.2.4

Menschen erzeugen und dokumentieren Informationen, die wiederum etwas über diese oder andere Menschen aussagen.

In bestimmten Projekten hat es sich als sinnvoll erwiesen, diesen Bezug einer Information zu den beteiligten und/oder betroffenen Personen nachvollziehbar zu dokumentieren. Wobei die Bestimmungen des Datenschutzes zu berücksichtigen sind.

HOTEL AG Management-Development-Programm Personen-Buch	P-Nr.	Name
	BOCM0	Boulay, Claude-Michel
	KADI2	Karl, Dietmar
	KENO0	Keßler, Norbert
	KOMA1	Koch, Martina
	LEFL0	Lechner, Florian
	LITH0	Liedl, Thomas
	SCPA2	Schnur, Paul
	SCGE3	Schwarzkopf, Gerhard
	SOWA0	Soswl, Walter
	STKI0	Stolle, Kirsten

Abb. 7: Personen-Buch

Das Verfahren entspricht den Vorgehensweisen im Themen-Buch und im Controlling-Buch: die personenbezogenen Informationen werden zum Zeitpunkt ihres Entstehens im Log-Buch dokumentiert, durch entsprechende Codierung der Person/den Personen zugeordnet und befinden sich dadurch im »Personen-Buch« des Projektes.

Die Personen-Bücher aller Projekte bilden die Personen-Datenbank, die also – wie gesagt unter Berücksichtigung von Datenschutzbelangen – einen Zugriff auf Informationen unter dem Gesichtspunkt gestattet, welche Person an der Entstehung einer Information beteiligt war oder von dieser Information betroffen war/ist.

3.3 Arbeiten mit dem System

3.3.1 Organisationsmittel

Grundsätzlich sind die Organisationsmittel frei wählbar. Wichtig ist, daß auf die dokumentierten Informationen leicht zugegriffen werden kann. Aus diesem Grund heraus eignet sich in erster Linie ein vernetztes EDV-System, das Workgroup Computing unterstützt und in das problemlos neben Desktop Workstations Notebooks integriert werden können. Der Zugriff auf das System muß von beliebigen Stellen aus möglich sein. Insofern bieten sich moderne Netze wie ISDN oder Modacom an.

3.3.2 Grundsätze

- Informationen sollten möglichst nur einmal erfaßt werden.
- Informationen sollen zum Zeitpunkt der Entstehung in das System aufgenommen werden (Besprechungsprotokolle, Kundenberichte, ...).
- Informationen sollen bei der Erfassung entsprechend einem allgemein gültigen Schema codiert werden.
- Das allgemein gültige Schema sollte nach dem Prinzip der Übersichtlichkeit aufgebaut sein (begrenzte Anzahl von Begriffen).
- Die Inhalte des Codierungs-Schemas werden in den Projektteams vereinbart, sie orientieren sich an den Notwendigkeiten des Projektteams.
- Eine zentrale Stelle sorgt für den reibungslosen technischen Ablauf innerhalb des Informationssystems. Für die Inhalte sind die Projektteams zuständig.
- Es muß ein Verfahren vereinbart werden, das die permanente Aktualität der Dokumentation gewährleistet und verhindert, daß nicht mehr aktuelle Informationen den Zugang zu wichtigen aktuellen Informationen verhindern?

3.3.3 Ablauf

Projekte werden in Arbeitseinheiten strukturiert. Sie entsprechen in etwa der Aufgabenstruktur eines Projekts.

Alle Informationen, die im Rahmen einer Arbeitseinheit erstellt bzw. zu Rate gezogen werden, werden der Arbeitseinheit zugeordnet, so daß aus dem Log-Buch das gesamte Projekt rekonstruiert werden kann.

Zusätzlich werden die Informationen, soweit notwendig, codiert und damit dem Themen-Buch, dem Personen-Buch oder dem Controlling-Buch zugeordnet.

Natürlich müssen die Informationen nur einmal vorliegen, vor allem dann, wenn man mit EDV-Unterstützung arbeitet.

Es muß allerdings dafür gesorgt werden, daß die Codierung korrekt vorgenommen wird, damit sich jeder auf das System verlassen kann.

3.3.4 Dokumente, die in dem System vorkommen

In Projekten kommen grundsätzlich zwei Arten von Dokumenten vor: strukturierte und unstrukturierte.

Strukturierte Dokumente entsprechen Formularen. Ihr Inhalt kann in Datenbanken oder in Karteisystemen abgelegt werden. Bei der EDV-Nutzung können problemlos Beziehungen zwischen den Formularen hergestellt werden (relationale Verknüpfungen/objektorientierte Beziehungen).

Unstrukturierte Dokumente haben keinen festen Aufbau. Sie enthalten Briefe, Notizen, Besprechungsprotokolle, u.ä.

Ein System, das Lernen im Unternehmen unterstützt, muß beide Dokumentenarten miteinander verarbeiten können. Es muß ferner in der Lage sein, die verschiedenen Teilsysteme, mit denen in den Projekten gearbeitet wird, so zu integrieren, daß der Benutzer problemlos mit dem System umgehen kann (Systemintegration). Diese Anforderung bezieht sich in hohem Maße auf den Datenaustausch zwischen den verschiedenen Werkzeugen, die genutzt werden (Textverarbeitung, Kalkulation, Grafik, Datenbank).

Leider sind heutige EDV-Systeme bei vertretbarem Aufwand dazu noch nicht in der Lage.

3.3.5 Einige Fragen, die das System beantworten kann

- In welchen Projekten war die Person XYZ beschäftigt? Wie lange und in welchen Funktionen?
- Welche Erfahrungen hat die Person XYZ in den Projekten gemacht, für welche andere Projekte ist sie qualifiziert?
- Welche Themen wurden im Projekt ABC bearbeitet? Wer hat daran mitgewirkt?
- Welche Erfahrungen wurden im Projekt ABC gemacht?
- Welche Verträge wurden mit dem Kunden AKZ geschlossen? Welche Erfahrungen wurden dabei gemacht?
- Welche Verbesserungen im Projektmanagement sind aufgrund der vorliegenden Erfahrungen möglich und sinnvoll?
- Wie wirken die Erkenntnisse aus dem Projekt ABC auf die Verbesserung der Produktqualität?

Unternehmen, die sich in Projekten organisieren, sind nach klassischen Maßstäben eigentlich desorganisiert. Sie verfügen über keine oder eine außerordentlich flache Hierarchie.

An die Stelle von Befehl und Gehorsam tritt die eigenverantwortliche Initiative der handelnden Personen, die nicht mehr auf eine Weisung warten, sondern das tun, was in diesem Augenblick für das Projekt nötig ist.

Dies erfordert neben den fachlichen Qualifikationen zusätzliche oder andere Fähigkeiten, als sie in herkömmlichen hierarchisch strukturierten Organisationen gefragt sind. Notwendige Qualifikationen sind Offenheit, Vertrauen, Hilfsbereitschaft und Kritikfähigkeit – Qualifikationen, die auch notwendig sind, um ein positives Lernklima zu erzeugen. Es ist unumgänglich, auch diese *sozialen Qualifikationen* zu trainieren und eine Umgebung zu schaffen, in denen sie zum Tragen kommen können. Damit wird die Basis geschaffen, die für die Arbeit mit dem System notwendig ist: die Inhalte in Form von Strukturen und Verzeichnissen entstehen aufgrund gemeinsamer Übereinkünfte und können auch nur auf diesem Weg geändert werden.

Die Schritte, um ein System der Informationsverarbeitung, Erfahrungssicherung und Wissensnutzung im Unternehmen zu entwickeln, einzuführen und zu nutzen, sind:

- Dem Vorhaben hohe Priorität einräumen.
- Ein Projekt einrichten und es mit allen erforderlichen Ressourcen ausstatten.
- Untersuchen, wie Informationen und Wissen bisher dokumentiert, organisiert und benutzt werden.
- Die grundlegende Systematik festlegen.
- Einen Ideenfindungsprozeß initiieren für die Struktur der Themen-Datenbank , die zukünftig den Wissenskern des Unternehmens abbilden soll.
- Mit einem nicht zu großen Start-System beginnen, das so offen gehalten ist, daß es organisch und systematisch wachsen kann.

4 Unterstützung durch Berater

Eine externe Unterstützung durch Unternehmensberater kann Ihnen helfen, überflüssige Umwege zu sparen. Diese Unterstützung kann sich beziehen auf:

- Erstellung einer ordentlichen Projektdokumentation für ein Projekt, die es ermöglicht, sowohl im Projektverlauf als auch danach jederzeit auf alle relevanten Informationen und auf das im Projekt entstandene Wissen zuzugreifen. Eine solche Projektdokumentation gehört zu jedem Beratungsprojekt.
- Durchführung eines Organisationsentwicklungsprojektes mit dem Ziel, in Ihrem Unternehmen/Ihrer Organisation ein System zur Informationsverarbeitung, Erfahrungssicherung und Wissensnutzung zu entwickeln und einzuführen. Die Arbeit der Berater bezieht sich dann hauptsächlich darauf, den Prozeß zu organisieren und auf die Einhaltung gewisser Regeln zu achten, während Sie selbst in einem moderierten Prozeß die Projekte, Themen/Objekte, Steuerungsgesichtspunkte etc. festlegen und die Regeln, die unternehmens-/organisationsspezifisch gelten sollen, erarbeiten. Letzteres kann und darf Ihnen ein externer Berater nicht abnehmen, denn dadurch gefährden Sie einen Großteil der damit verbundenen Synergieeffekte sowie die dringend erforderliche Identifikation der Betroffenen.
- Entwicklung von EDV-Systemen zur Informationsverarbeitung, die auf Ihre Bedürfnisse zugeschnitten sind.
- Durchführung von unterstützenden Trainings-, Coaching- oder Supervisionsmaßnahmen.

Lauer, Christian: Lernen aus Erfahrung – Langfristige Sicherung von Erfahrungen aus der Projektarbeit. In: Projektmanagement – Forum '93. Dokumentation, hrsg. von U. Wolff. München 1993, S. 359–368

Lauer, Christian – Techt, Uwe: ProjektWerkstatt – Handbuch zur Projektführung und Wissensnutzung. Eisenberg 1992

Madauss, Bernd J.: Handbuch Projektmanagement. 5. Auflage Stuttgart 1994

Peters, Tom: Jenseits der Hierarchien – Liberation Management. Düsseldorf 1993

Schelle, Heinz/Reschke, Hasso/Schopp, Reinhard/Schub, Adolf: Projekte erfolgreich managen. Köln 1994

Wandel der Projekt-Kultur – Dynamik und Creativität per selbstgestaltetem Projekt-Design

Dipl.-Kfm. Roland Heß
WERKSTATT FÜR INNOVATION (BDU), Berlin

Ausgangssituation 1

Von meinem Auftraggeber höre ich bereits im 1. Kontaktgespräch per Telefon, wo ihm der Schuh in seinem Unternehmen drückt.

»Wir sind gerade beim Umstrukturieren des Werkes, die DIN EN ISO 9001-Zertifizierung haben wir erfolgreich hinter uns. Aber wir haben noch zuviele Mängel. Bei meinen Mitarbeitern sind Qualität und Effizienz noch unbefriedigend. Die dafür angeschobenen Projekte laufen nicht so richtig.«

Herr Schäfer ist seit 2 Jahren Geschäftsführer der WS GmbH. Vorher war er technischer Leiter in einem amerikanischen Unternehmen.

»Herr Heß, Sie haben meine Mitarbeiter und mich doch vor 10 Jahren für unsere Qualitätszirkel in Metaplan-Techniken trainiert. Können Sie etwas für unsere Projektleiter und Zirkelleiter in meiner neuen Firma anbieten?« Ich sende ihm per Fax mein Kurz-Angebot: Moderatorentraining für KVP- (Kontinuierlicher Verbesserungsprozeß), Kunden-Focus-, Innovations- und Projektteams. Es ist ein dreitägiges Basis-Training. Am folgenden Tag klärt sein Assistent, Herr Sorgenicht, telefonisch mit mir, wann, wo und mit welcher Ausstattung es stattfindet.

Situationsanalyse im Trainingsworkshop 2

Zehn ausgewählte Führungskräfte der WS GmbH treffen sich in dem größten Besprechungsraum des Werkes zu unserem 3-tägigen Moderatorentraining. Herr Sorgenicht, Assistent in der WS GmbH, macht auch mit.

Zum Glück habe ich noch eine halbe Stunde Zeit, um den Besprechungsraum zu optimieren. Die große Tischfläche muß verschwinden. Mit vereinten Kräften können wir die Tische im Vorraum stapeln und 50% der überflüssigen Stühle auch. Die früher eintreffenden Teilnehmer unterstützen mich tatkräftig. Statt der Bilder aus der Unternehmenschronik hänge ich leere Packpapiere an die Wände. Der Overheadprojektor wird als zusätzliche Beleuchtung für die Papiere positioniert. Im Zentrum des Raumes stehen nun 12 Stühle im Kreis.

Pünktlich erscheinen die Teilnehmer, die vorher noch rasch an ihrem Arbeitsplatz das Dringlichste delegiert haben. Von der Raumgestaltung völlig überrascht, nehmen sie doch dazu schweigend im Stuhlkreis Platz. Verwundert schauen sie sich die leeren Wände an. Herr Schäfer, Geschäftsführer der WS GmbH, erscheint zur kurzen Begrüßung und Zielausrichtung der Veranstaltung:

»Meine Dame und meine Herren, wir leisten uns diese Veranstaltung, damit Sie als trainierte Moderatoren helfen, die Qualität und die Effizienz in unseren überlebensnotwendigen Produkten und Projekten für unsere Zielgruppen in diesem Jahr erkennbar zu verbessern. Hierzu werden Sie an Ihren wichtigen praktischen Herausforderungen und Beispielen drei Tage unter Anleitung des externen Trainers, Herrn Heß von der WERKSTATT FÜR INNOVATION, üben. Die Ergebnisse möchte ich in diesem Jahr gern sehen und spüren. Wenn Sie mich und unseren Führungskreis infolge der Veranstaltung brauchen, so beziehen Sie uns rechtzeitig ein. Ich wünsche Ihnen viel Erfolg.«

Ich stelle kurz meinen Ablauf für die 3 Tage vor. Als erstes führe ich die Moderation einer schriftlichen Abfrage vor:

»Welche Hoffnungen verbinden Sie persönlich mit dieser Veranstaltung in Ihrem Projektalltag?«

Insgesamt erhalte ich 50 Antwortkarten, die wir gemeinsam zu 12 Themenfelder gruppieren. Mit Hilfe der individuellen ABC-Prioritäten der Teilnehmer ergibt sich eine gemeinsame Rangfolge aller Themenfelder. Die Überraschung ist da. Statt der üblichen Fachthemen wie Methoden der Qualitätszirkel oder Techniken des Projektleiters sind folgende Themen gewichtiger für die Teilnehmer der WS GmbH.

»I Wie verbessern wir die Informationen für die Mitarbeiter?

II Wie überwinden wir die Störungen und Widerstände der Abteilungsleiter?

III Wie motivieren wir die Außenstehenden fürs eigene Projekt?«

Zum weiteren Vorgehen stehe ich jetzt vor der Entscheidung: »Lasse ich die Antworten von den Teilnehmern erarbeiten, oder biete ich ihnen zur Selbst-Diagnose den Kultur-Barometer an?«

	++	+	-	--	
Jedes Projekt hat sein eigenes Kulturverständnis.					Projektkultur fürs gesamte Unternehmen definieren.
Projektkultur ist ein dynamischer Prozeß.					Projektkultur ist im Handbuch festgeschrieben.
Mehr als 50% der Zeit arbeiten wir in Projekten.					Arbeiten in Projekten wird als Sonderfall empfunden.
Teams organisieren ihr Handeln selbst.					Weisungen und Vorgaben des Chefs prägen Teams.
Projekte klären berufliche Entwicklungen.					Projekte vernebeln berufliche Veränderungen.
Teamorientierte Anreize stimulieren.					Nur individuelle Anreize stimulieren.
Vorgesetzter lebt Projektkultur vor.					Projektkultur ergänzt Hierarchiekultur der Chefs.
Alle Vereinbarungen werden schriftlich fixiert.					Mündliche Absprachen sind üblich.
Vereinbarungen haben Vertragscharakter.					Unverbindlichkeit herrscht vor.
Team formuliert eigenverantwortliche Vorgaben.					Hierarchische Vorgaben prägen internen Ablauf.
Mehr-Gewinner-Entscheide im Team sind normal.					Mehrheiten prägen Entscheidungen im Projekt.
Creative Wege und Lösungen werden gefördert.					Querdenken ist unerwünscht.
Gesprächsregeln machen Sitzungen effizient.					Laissez-Faire ist Maxim der Besprechungen.
Gleichberechtigtes Verhalten in Diskussionen.					Ranghöhere prägen Verhalten in Diskussionen.
Projektteam trifft sich zu fixierten Terminen.					Projektteam trifft sich bei aktuellem Bedarf.
Teamchef präsentiert Ergebnis nach außen.					Team erörtert mit dem Kunden Teilergebnisse.
Interaktionelle Moderation prägt Dynamik.					Vorformulierte Lösungen sichern den Ablauf.
Schaubilder dokumentieren Problem + Lösung.					Magie der Reden prägen Verlauf + Ergebnis.
Akten/PCs der Experten sind stets präsent.					Alle arbeiten mit einem gemeinsamen Medium.

Abb. 1: Kultur-Barometer für Projektteams

Die Gruppe entscheidet sich für das Letztere. Jeder erhält einen Kultur-Barometer für sein Projekt, Team bzw. seinen Zirkel. Binnen 5 Minuten tragen wir auf einem gemeinsamen Auswertungsposter die Ergebnisse der individuellen Angaben zusammen.

Die Para-Thesen erlauben es der Gruppe, sich zwischen guten Thesen zu entscheiden, dieses in der Gruppe am praktischen Beispiel kurz zu verdeutlichen und eine gemeinsame Verbesserung zu verabreden.

Der Gruppe sind 3 Themen besonders wichtig: 1. Schwarze Zahlen zur Existenzsicherung, 2. Zielorientiertes Handeln für den Kunden und 3. Arbeitsrichtlinien für Ziele und Prozesse im Unternehmen.

Damit haben wir die Knackpunkte der bisherigen Projekt-Kultur (siehe Abbildung 2) der WS GmbH aus Sicht der Teilnehmer identifiziert:

A Produktivitäts- und Qualitätskultur statt Weisungskultur

B Zeitlich paralleles Vorgehen, statt Warten auf die langsamen Perfektionisten

C Projekte des Führungskreises haben Vorfahrt vor den Prioritäten von einzelnen Abteilungsleitern.

Die Projektkultur...

...beinhaltet die Gesamtheit der Werte, Grundnormen, Einstellungen und Orientierungsmuster eines Projektes.
- *Sie kommt von innen und wirkt auch nach innen eines jeweiligen Projektes.*
- *Sie ist das implizite Bewußtsein eines Projektes.*

...ergibt sich aus dem Verhalten bzw. der Kommunikation aller Projektverantwortlichen einerseits und steuert als deren dynamisches Denkmuster das praktische Verhalten eines Projektes.
- *Sie prägt vor allem das Engagement und damit das Verhalten der Menschen im Projekt bzw. das nach außen hin wirksame Verhalten eines Projektes.*

...hat wechselseitige Prägungen mit der Kultur des umgebenden Systems des Auftraggebers und der Zulieferanten sowie der internen und externen Berater.
- *Sie prägt die Identifikation und Motivation der Projektmitglieder.*

...ist von außen betrachtet unsichtbar, da sie wie das Gehirn, dem geistigen Herzstück, im Inneren eines Projektorganismus wirkt.
- *Sie ist ein immaterieller Baustein der Projektidentität.*

Abb. 2: Definition Projekt-Kultur

Die insgesamt sehr lerneifrigen Teilnehmer erscheinen mir jetzt reichlich frustriert. Durch mein Nachfragen erfahre ich ihre Stimmungslage.

»Ja, das wußte ich schon vorher, aber was machen wir jetzt damit? Helfen Sie uns, damit es anders wird!«

Ich erkläre ihnen, daß jedes ihrer Projekte und Zirkel bei der WS GmbH jeweils ganz einzigartig von der Zielstellung, den Rahmenbedingungen und den Personen sowie deren Vorgehensweise sei.

Element	Dominanter Einfluß von Mensch + Organisation	
1. Konsens- und Vereinbarungsprozeß	M	
2. Akzeptanz/Glaubwürdigkeit	M	
3. Existenz von Rahmenbedingungen		O
4. Beziehungen der Unternehmens-, Projekt- und privaten Kultur		O
5. Umgang im Projektteam	M	
6. Selbst-Verantwortlichkeit	M	
7. Kommunikation	M	
8. Transparenz	M	
9. Verhalten in der Hierarchie	M	
10. Gemeinsames Verständnis	M	
11. Verfolgung wirtschaftlicher Ziele		O
12. Meßbarkeit wirtschaftlicher Ziele/Aktivitäten		O
13. Nützlichkeit der Kreativität	M	O
14. Veränderbarkeit im Zeitablauf	M	O
15. Kundenorientierte Qualität		O
16. Zwischenmenschliche Achtung	M	
17. Der Drang der ständigen Verbesserung	M	

Abb. 3: Elemente zur Beschreibung der Projekt-Kultur eines Unternehmens

Deshalb biete ich ihnen an, das Phänomen der Projekt-Kultur und deren Beeinflussungsweise verstehen zu lernen. Meinem visualisierten Vortrag hören sie aktiv zu, um die Feinheiten besser zu verstehen. Anhand der Folie *Projektidentität* veranschauliche ich ihnen die Zusammenhänge zwischen den von den Menschen gelebten oder angestrebten kulturellen Werten und den Regeln der Projektorganisation im Rahmen der Projekt-Architektur.

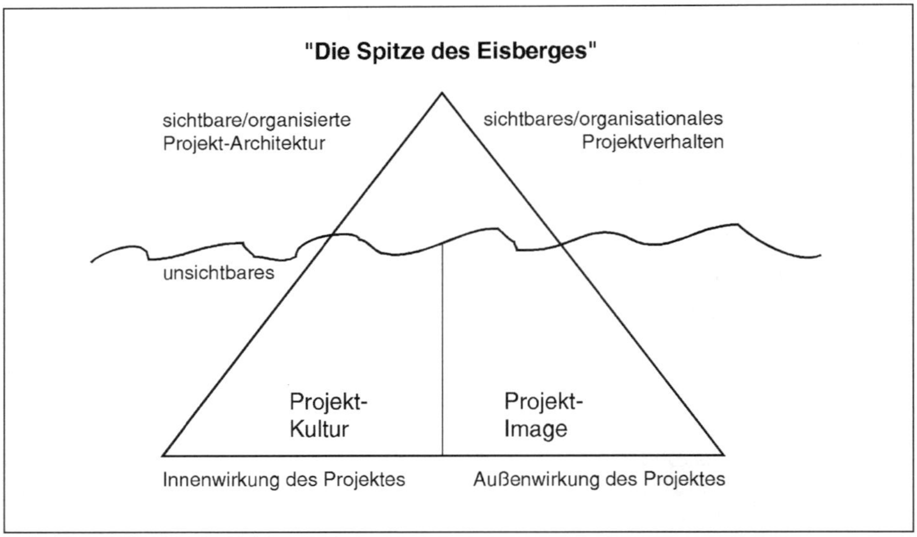

Abb. 4: Projekt-Identität, Phänomene der Projekt-Kultur

Ich verdeutliche ihnen, wie sie selbst die Projekt-Kultur im eigenen Team mit ihren Kollegen innerhalb ihrer Besprechungen definieren, konkrete Änderungswünsche individuell erfragen und kooperativ bearbeiten können. Da sie dieses exemplarisch an meiner Vorgehensweise gerade mitgemacht haben, gibt es jetzt bei einigen Teilnehmer ein Aha-Erlebnis (siehe Abbildung 1: Kultur-Barometer).

Mein persönliches Sendungsbewußtsein für diesen innovativen Methodenansatz wird nun gefordert. Ich referiere binnen einer halben Stunde sehr viele neue Inhalte und Begriffe. (siehe Abbildung 5: Begriffe fürs Projekt-Design).

Zum Ausgleich schicke ich die Teilnehmer zu zweit zum Spaziergang durchs Gelände außerhalb der WS GmbH. In Zweiergesprächen sollen sie in vertraulicher Weise den Bezug meines Vortrages zu ihrer Arbeit verarbeiten.

Nach einer halben Stunde können wir im gemeinsamen Kreis weiterarbeiten. Die 2. Kartenabfrage lautet:

»Was muß aufgrund der vertraulichen Gespräche zum Thema Projekt-Kultur in unseren Projekten und Zirkeln der WS geschehen, damit wir mehr Qualität und Effizienz in diesem Jahr erreichen?«

Es kommen 60 Antwortkarten zusammen. Jeweils die Hälfte übergebe ich zwei Teilnehmern, um diese gemeinsam mit Hilfe der Gruppe

Projekt-Identität

Projekt-Identität beinhaltet die Gesamtheit eines Projektes, d.h.
1. die unsichtbaren Projektphänomene, bestehend aus der nach innen wirkenden Projektkultur und dem nach außen wirkenden Projektimage sowie
2. die sichtbaren Projektphänomene, bestehend aus der Architektur des Projektes und dem Verhalten des Projektes.

Die Projekt-Identität verleiht der Projektkultur im gewissen Rahmen ein für jedermann sichtbares Erscheinungsbild.

Projekt-Architektur

Die Architektur eines Projektes bzw. das Projektkonzept oder das Projekt-Design führt die Regelung, z.B. der DIN 69901 in Form eines Projektmanagement-Handbuches bzw. eines spezifischen Projekt-Auftrages aus. Die Architektur eines Projektes drückt sich zum Beispiel aus in der Art der Öffentlichkeitsarbeit, Veranstaltungen, Räumlichkeiten, Medien, Qualitätsstandards.

Projekt-Verhalten

Das Verhalten eines Projektes wird vorab geprägt durch die Architektur des Projektes bei der Beauftragung und durch die sich im Laufe der Zeit prägende Kultur des Projektes. Entsprechend den Ziel-Vorgaben der Projektauftraggeber werden normalerweise die Rollen innerhalb eines Projektes wahrgenommen und damit creativ sowie zielführend ausgeschöpft. Konflikte und Leistungsdefizite im Projektverhalten resultieren zunächst aus den Mängeln der Projektarchitektur und/oder den Ungereimtheiten der Projektkultur.

Projekt-Image

Das Image eines Projektes wird von Außenstehenden durch deren Werte, Grundnormen, Einstellungen und Orientierungsmuster der umgebenden Systemkultur (z.B. Konzernkultur) geprägt.

Abb. 5: Begriffe fürs Projekt-Design

zu bearbeiten. Dank ein paar direkter Verhaltensempfehlungen von mir läuft dieser Moderationszyklus gleich auf Anhieb durch die beiden Trainierten recht gut. Das Moderationsresultat sind folgende Empfehlungen:

I Die Rahmenbedingungen sind – wie die Ziele – pro Projekt jeweils für die Beteiligten zu präzisieren.

II Ebenso wichtig wie Zielsetzung, Kapazitäten und Erfolgsmaßstab sind die öffentliche Mitteilung der beauftragten Teammitglieder und deren Abstimmungsverfahren mit der betroffenen Abteilungsleitung.

III Monatlich visualisierte Projektpräsentationen sollten im Kantinenbereich ausgestellt und in der Hauszeitung veröffentlicht werden.

IV Barrieren in den Projekten und den Zirkeln sind im Führungskreis der Bereichsleiter zu präsentieren und im Mehr-Gewinner-Verfahren mit den Betroffenen zu verabreden.

Mittlerweile ist der Abend hereingebrochen. Ich empfinde die Teilnehmer als sehr fleißig und effektiv. Aber die Stimmung ist angespannt. Zum Abschluß des 1. Tages frage ich jeden nach seinem persönlichen Blitzlicht zum Tagesverlauf ab. Das Resümee lautet:

- Die neuen Methoden finde ich gut.
- Noch haben wir mein Projektthema praktisch nicht voran getrieben.
- Morgen möchte ich für mein Projekt konkrete Schritte für mich erarbeiten.
- Ich will eine schwierige Situation für mein Team effizienter moderieren können.

Hieran erkenne ich, wie schwierig es immer wieder für Praktiker ist, zwischen den verschiedenen Ebenen, dem Grundsätzlichen und dem Beispielhaften wie dem Selbst-Betroffensein, zu wechseln.

3 Maßnahmenentwicklung im Trainings-Workshop

Am folgenden Tag, nach einer kurzen Anwärmphase, bitte ich die Teilnehmer, jeweils auf einem Packpapier ihr derzeitiges Projekt zu präsentieren. Hierzu erhalten sie meine Leitfragen zur Beauftragung von Projekten und Effektivitäts-/Qualitätszirkeln (siehe Abb. 6).

Danach sollen sie deutlich machen, in welcher Projektphase sie heute stehen. Anhand ihres eigenen Projekt-Kultur-Barometers sollen sie die aktuellen Verhaltensziele verdeutlichen.

Mit Hilfe der Visualisierungsmaterialien aus dem Moderationskoffer werden eifrig in kurzer Zeit bunte Projektposter entworfen. Rund um unseren Stuhlkreis präsentieren sich nun 10 verschiedenartige Projekt- und Zirkelstände auf Pinwänden.

Praktisch haben wir ein 1. Ausstellungsforum der WS GmbH erarbeitet. Dennoch höre ich:

»So kommen wir allein nicht weiter. Jetzt müssen wir unsere Kollegen innerhalb der Teams doch auch mal fragen, ob sie das auch so sehen wie wir!«

Titel des Projektes:

A Ziel (Vision vom Zustand des Ergebnisses)

Wie soll es sein, wenn es fertig ist?	1. 2. 3.
Was soll es wem einbringen (Nutzen)?	1. 2. 3.
Was muß wann für wen fertig sein?	1. 2. 3.

B Problem (aus Sicht des Ziels)

Was soll sich ändern?	1. 2. 3.
Warum soll es sich ändern?	1. 2. 3.
Wer ist heute betroffen?	1. 2. 3.
Wer entscheidet heute was?	1. 2. 3.

C Auftrag	WAS?	WER?	an WEN?	bis WANN?	
I. Situationsanalyse	1. Daten erheben 2. Methodisches Auswerten 3. Auswertung + Vorgehen präsentieren 4. Vorgehen entscheiden				
II. Maßnahmen	1. Methode auswählen 2. Maßnahmen planen 3. Realisierung vorbereiten + präsentieren 4. Programm entscheiden				
III. Realisierung im Alltag	1. Unterweisung 2. Erprobung 3. Fein-Korrektur 4. End-Abnahme				
IV. Erfolgs-Controlling	1. Nutzerbefragung 2. Wartungsvertrag				

D Team-Strukturen

- Wer hat welche Rolle im Projekt?
- Kapazitätsaufwand pro Rolle/Person?
- Gesamtaufwand fürs Projekt?
- Projektadresse/Medium?
- Öffentlichkeitsmedien?

Abb. 6: Beauftragung von Projekten und Zirkeln

Eine neue Herausforderung steht somit für den Nachmittag bevor. Sie lernen Moderationsfragen für ihre Teammitglieder zu formulieren, damit sie problemzentrierter zusammenarbeiten bzw. ihre Projekt-Kultur mitgestalten. Anschließend erproben wir die Wirksamkeit der projektspezifischen Fragestellungen. Praktisch üben die Teilnehmer ihren neuen Moderationsstil ein. Das Aussprechen der persönlichen Wahrnehmungen zu den Verhaltensübungen ist äußerst hilfreich für die Trainierenden.

In unserer Trainingsgruppe hat sich ein kooperativeres Klima kristallisiert. Zum Abschluß des 2. Tages wünschen sie sich noch mehr praktische Moderationstechniken für den folgenden Tag. Angewandt sollen diese an ihren Sachthemen werden.

Am 3. Tag üben wir, komplette Besprechungstermine zu strukturieren. Überraschenderweise stellen die Teilnehmer nun selber fest, daß sie ihre Besprechungen nun völlig anders angehen, damit mehr dabei herauskommt als früher. Ich beobachte, wie der Optimismus der Teilnehmer wächst, selbst ihre Besprechungen innovativer zu gestalten. Jeder hat seinen Veranstaltungsablauf strukturiert und für seine thematischen und Projekt-Kulturellen Belange visualisiert.

Am Ende der Veranstaltung bedanken sich die Teilnehmer für die gemeinsam erarbeiteten Besprechungskonzepte, die wir binnen 3 Tage nur teilweise als Moderationsübungen erlebbar machten. Jedoch die Vielzahl verschiedenartiger Projekte und Anforderungen der Kollegen im Training geben jedem genügend praktische Anregungen, seine Projekt-Kultur zukünftig noch effektiver zu entfalten.

4 Umsetzungsphase vor Ort

In der darauffolgenden Woche erhält jeder Teilnehmer unser gemeinsames Trainingshandbuch der WS GmbH als Nachschlagewerk für den eigenen Alltag.

Herr Sorgenicht, Assistent der Geschäftsleitung, ist mittlerweile zu über 50% seiner Zeit damit beschäftigt, den Service innerhalb der WS GmbH für die Ausstattung der Besprechungsräume zu verbessern und die Dokumentationsweise der visuell moderierten Besprechungen zu organisieren, sowie last but not least die Geschäftsleitung und die interne Presseabteilung über die Fortschritte und Terminwünsche auf dem Laufenden zu halten.

Nach 4 Wochen trifft sich unsere Trainingsgruppe, um erste Veränderungserfolge zu bilanzieren und neue Herausforderungen zu verdeutlichen. Als Resümee fassen wir zusammen, daß für die WS GmbH in diesem Jahr erstellt werden soll:

1. Eine illustrierte Broschüre über die Aufgaben, die Arbeitsweise und Kultur von Verbesserungsarbeitskreisen für Mitarbeiter, Lieferanten und Kunden.
2. Ein Organisations- und Methoden-Handbuch zur effektiven Bearbeitung und Steuerung von Projekten.

3. Ein Trainingsprogramm, um weitere Mitarbeiter in überfachlichen Verhaltensweisen zu qualifizieren.
4. Monatlich soll ein Forum der innerbetrieblichen Projekte stattfinden.
5. Jährlich soll die erfolgreichste Projekt-Kultur der WS GmbH einen Preis erhalten.

Diese Ergebnisse stellen Herr Sorgenicht und ich dem Führungskreis der WS GmbH vor. Wie erwartet, werden natürlich zunächst die Kosten und notwendigen Kapazitäten diskutiert. Doch dank der unternehmerischen Vision und den Anforderungen des Marktes entschließt sich der Führungskreis, dieses in diesem Jahr konsequent umzusetzen.

Zum Glück verlangt der Führungskreis der WS GmbH nach einer vierteljährlichen Erfolgskontrolle unter seiner eigenen Mitwirkung. In diesem Rahmen arbeite ich ganz pragmatisch daran mit, die Organisa-

Die Organisationsentwicklung eines Projektes...

...ist ein Entwicklungs- und Veränderungsprozeß, der die gesamte Projekt-Identität umfaßt, d.h. Projekt-Kultur, -architektur, -verhalten und -image sowie einschließlich des umgebenden Systems und die darin tätigen Menschen.
- *Der Prozeß beruht auf Lernen aller Betroffenen durch die direkte Mitwirkung und praktische Erfahrung.*
- *Am effektivsten und erfolgsträchtigsten sind kontinuierliche Verbesserungen in konkreten Situationen des Projektes.*

...ist der Wandel von dem Projekt zugrundeliegenden Werten, Leitbilder, Strukturen, Programmen und Aktionen.
- *Der organisationale bzw. der projektmäßige und die menschlichen Lernprozesse führen zum Abgeben von überholtem Verhalten (= alten Gewohnheiten) und zum Zutrauen, sich neues zu erobern.*
- *In turbulenten und sich rasch ändernden Markt-Kulturen können veraltete Muster oft nicht sofort zum gleichen Zeitpunkt durch neue Muster ersetzt werden. Dieses erfordert Frustrationstoleranz und Energien auf Zeit.*

...ist ein methodisches Verfahren, um die Interessen aller Beteiligten beim Wandel der Projekt-Kultur erfolgsorientiert zu steuern.
- *Die U-Prozedur (Abb. 8) ist eine grundlegende Vorgehensweise der Organisationsentwickler bzw. des Projekt-Coach.*
- *Aus der humanistischen Psychologie entstammen hilfreiche Methoden zur Verbesserung der Kommunikation der Menschen in einer Organisation. Siehe »Die 4-Seiten-einer-Nachricht« von Friedemann Schulz von Thun und die »Themenzentrierte Interaktion« von Ruth Cohn etc.*
- *Aus der Konfliktforschung entstammt das Mehr-Gewinner-Modell. Dies wird im Verkauf und in der Führung genutzt.*

Abb. 7: Definition der Organisationsentwicklung

tionsentwicklung einzelner Projekte und die sogenannte systemumgebende Projekt-Kultur der WS GmbH schrittweise zu verändern.

Als beauftragter externer Projekt-Coach begleite ich ein Jahr den erfolgsorientierten Prozeß zur projektorientierten Unternehmensentwicklung der WS GmbH. Dabei habe ich von den fachlichen Problemlösungen des Unternehmens durch mein Tun für mich viel hinzu gelernt.

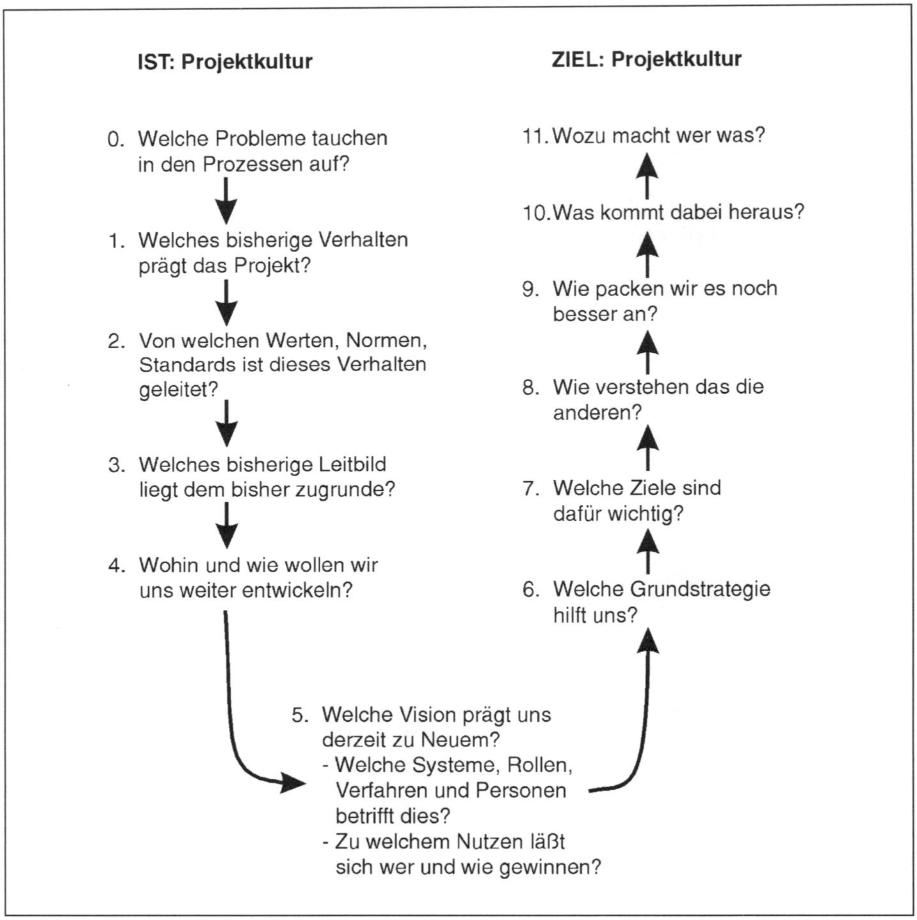

Abb. 8: U-Prozedur der Organisationsentwicklung

Weiterentwicklungsphase 5

Fürs kommende Jahr sollen aufgrund der bisherigen Erfolge der Projekte und Qualität mindestens 80% der Mitarbeiter der WS GmbH primär Projekten zugeordnet werden. Die alten Abteilungsstrukturen soll nach und nach aufgelöst werden. Der Status der Mitarbeiter sollen sich zukünftig am Stellenwert des Projektes fürs Unternehmen verdeutlichen. Die WS GmbH strebt eine kontinuierliches Kundenfocussing als Business Reengineering an.

Zusammenfassung 6

Leistungsorientierte und innovationsstarke Projekt- und Unternehmensteams verfügen über

- eine spezifische Philosophie
- gemeinsame Grundwertmuster und
- eine glaubhafte Vision.

Genau dieses ist mit dem Begriff Projekt-Kultur gemeint. Hierfür sind Praktiker wie Organisationsentwickler gefordert.

Der gemeinsame Blick nach vorn, wie er in interaktionell und visuell moderierten Besprechungen und Veranstaltungen schon häufig praktiziert wird, setzt neue Kräfte frei und macht sie verbindlicher, um evolutionäre Prozesse zu hinterfragen und Verbesserungen zu verabreden.

Der gemeinsame Blick und das aktive Zuhören prägen die Kommunikation von Personen in effektiven Projekten.

Die Art und Weise und das, worüber die Kommunikation und Kooperation stattfindet, ermöglicht es, schlummernde Energiepotentiale in Projekten und in derem Umfeld zu offenbaren und einzubringen.

Insbesondere bei zunehmend nichtlinearen Herausforderungen auf den Märkten und in den Institutionen ist eine entsprechende Qualität der Projekt-Kultur effektiver und erfolgsträchtiger als nur eine formalhierarchische Weisungskultur oder nur von der Projektsoftware dominierte Kultur.

Eine Projekt-Kultur, die sich als bestimmend für unterschiedliche Mitwirkende durchsetzt, erfüllt die kritischen Erfolgsfaktoren aus der Sicht der Auftraggeber eines Projektes auf ihre einzigartige Weise. Rein betriebswirtschaftlich betrachtet, ist damit der »return on investment« im engeren Sinne gemeint. Die Erfolgsfaktoren eines ganzheitlichen Projektmanagements, das sich der Projekt-Identität verpflichtet fühlt, mißt auch die qualitative Evolutionsdynamik.

Erfolgsmaßstäbe der Evolutionsdynamik in projektorientierten Unternehmen

A mittels gezielter Projektarchitektur

1.Grades:
Besserer Zielerreichungsgrad des Projektauftrages entsprechend dem Magischen Dreieck:

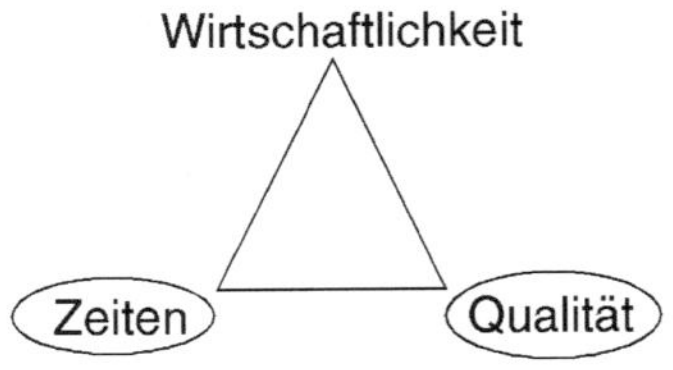

2. Grades:
Mehr Stärken bei Evolutionen durch Kompetenzzuwachs und mehr kleine Innovationsfertigkeiten durch kontinuierliche Verbesserung der Leistungsprozesse.

B mittels bewußterer Projektkultur

1. Zuwachs an Professionalität
2. Zufriedenheit der Beteiligten mit ihren Rollen und Jobs
3. Laufbahnperspektiven der Betroffenen
4. Creativitätsspielräume für die Einbezogenen

Abb. 9 Erfolgsmaßstäbe der Evolutionsdynamik

Um die Fraktale in projektorientierten Unternehmen fürs innovative Projektmanagement zu stärken, bieten sich folgende Tips aus meiner Beratungspraxis an:

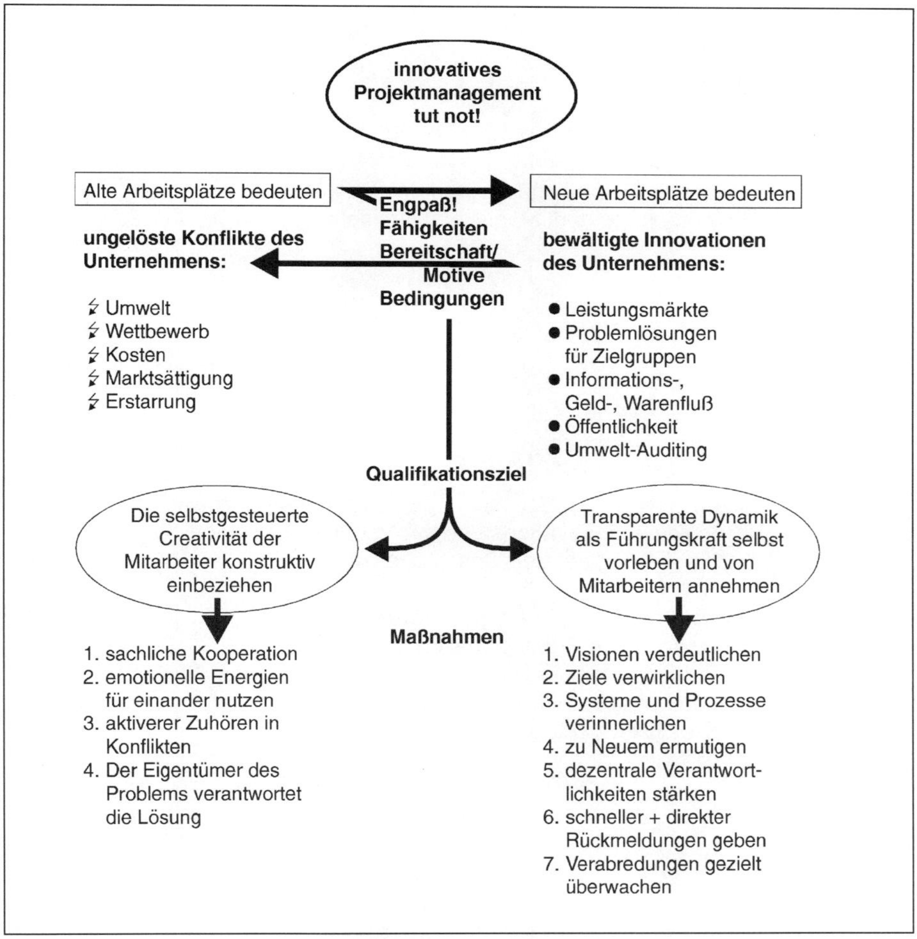

Abb. 10: Innovatives Projektmanagement

Sie sind Gegenstand einer mitarbeiterorientierten Unternehmensentwicklung. Ihr interner Referent für Personalentwicklung in Ihrem Unternehmen kennt gute Trainingsinstitute, die Sie auf Ihrem Weg zum Wandel in Ihrem Unternehmen begleiten können.

Für die Anwendung in Ihrem Unternehmen wünsche ich Ihnen, lieber Leser, viel Energie und viel Erfolg, um die kleinen Widrigkeiten zu überwinden.

Das projektorientierte Unternehmen – Management by Projects

Dipl.-Ing. Manfred Saynisch
SPM-CONSULT – Systeme und Service im Projektmanagement, München

Die Bedeutung des Projektmanagements 1

Zukünftiges Handeln und Arbeiten nimmt immer mehr Projektcharakter an. Das »*Prinzip Projektmanagement*« stellt das wirkungsvolle Organisations- und Gestaltungsinstrument für zukünftiges wirtschaftliches, technisches, soziales und politisches Handeln dar. »Projekte« werden die Arbeits- und Handlungsform der Zukunft darstellen, von der humanzentrierten, individuellen Ebene bis zur globalen Ebene der Weltproblematik – und das »Prinzip Projektmanagement« ist die adäquate Organisationsform dazu.

Management by Projects ist also nicht nur die zentrale Managementstrategie des projektorientierten Unternehmens, sondern stellt auch für lokalere und globalere Situationen die revolutionäre Organisation für das Leben in einer dynamischen Umwelt dar.

In Zeiten des dramatischen Wandels in gesellschaftlichen, wirtschaftlichen und technologischen Bereichen sind ein Management der tiefgreifenden Veränderungen (*Change Management*) und ein Management, das mit der Dynamik bei radikalen Umbrüchen umgehen kann, die strategischen Herausforderungen. Die Umfeldbeziehungen haben sich in den letzten Jahren in einem atemberaubenden Tempo gewandelt, wie dies in dieser zeitlichen Agressivität kaum jemand erwartet hat. Marktorientiertes, globales und auf Veränderung wie Innovation ausgerichtetes Denken und Handeln wird daher zum Schlüsselfaktor für den Erfolg in den Jahren zur anstehenden Jahrtausendwende.

»*Projekte*« und »*Projektmanagement*« sind richtige Antworten der Unternehmen und der staatlichen wie überstaatlichen Organisationen auf die Dynamik und die Veränderungen in ihrer Aufgabenumwelt. Die Fähigkeit zur effektiven Gestaltung und Planung und zur effektiven Steuerung und Kontrolle von Neuerungsprozessen in der Qualität von »Quantensprüngen« und ihren Reaktionen darauf mittels Projekte und Projektmanagement ist kurzfristig für den Erfolg und langfristig für das Bestehen von Organisationen umso entscheidender, je vielschichtiger und dynamischer der Wandel abläuft. Diejenigen Organisationen, die diese Fähigkeiten als eine der Ersten entfalten, somit das schnellste »organisationale Lernen« verwirklichen, werden die erfolgreichsten Unternehmen im globalem Wettbewerb sein.

Wie nun eine erfolgreiche Umsetzung erfolgen kann, schildert das Praxisbeispiel. Entscheidend dabei war der Support durch eine interne Beratung, die den Motor einer *»lernenden Organisation«* darstellte. Dieser Prozeß der Einführung und Verankerung eines »projektorientierten Unternehmens« aus einer Pionierzeit des Projektmanagements (70er Jahre) wird weiterhin vergleichend der Bedeutung von Projekten und Projektmanagement in den 90er Jahren gegenübergestellt.

Durch diese Gegenüberstellung wird auch deutlich, daß

- den heutigen anspruchsvollen und radikalen Anforderungen an eine Projektorientierung auf breitester Ebene der Leistungserstellungen wirksam begegnet werden kann,
- die damaligen Lösungsansätze und Erfahrungen dabei nichts von ihrer Aktualität eingebüßt haben – im Gegenteil, sie haben sogar an Bedeutung zugenommen und sind für heute richtungsweisend,
- damals eine totale Neuausrichtung auf ein Leitbild erfolgte, das erst 20 Jahre später in einen breiteren Zusammenhang gestellt wurde.

In der konsequenten Neuausrichtung erfüllt das Praxisbeispiel die Prinzipien, die heute durch das Konzept des »Business Reengineering« angewendet werden.

2 Erfahrungen aus einer Pioniersituation des »Managements by Projects«

2.1 Einleitung

Im folgenden wird nun ein Fall geschildert, in dem ein *Management by Projects* im Bereich der Fertigungsindustrie und dem Funktionsbereich Forschung und Entwicklung in einer Pioniersituation in den frühen 70er Jahren realisiert und angewandt wurde. An der Konzipierung und Verwirklichung dieser Arbeiten war ich in meiner damaligen Doppelfunktion als Leiter der Organisation und des zentralen Projekt-Controllings maßgeblich beteiligt. Die frappierenden Analogien zu heutigen Aussagen (siehe Kap. 4), die sich bei einem Vergleich ergeben, werden aufgezeigt.

Die Darlegungen stützen sich auf meine damaligen Veröffentlichungen. Die nachfolgenden Abbildungen stammen ebenfalls aus den 70er

Jahren und sind aus Authentizitätsgründen nicht an moderne Darstellungsformen oder moderne Begriffe wie Projekt-Controlling, Ressourcen-Pool, Management by Projects, situatives PM, usw. angepaßt worden. Auch gab es damals keine Begriffe wie Projekt-Kultur, Lean Management oder Outsourcing, obwohl die dahinter liegenden Inhalte prinzipiell (und sicherlich noch unvollkommen) realisiert wurden.

Die Situation 2.2

M.A.N., ein Großunternehmen des Maschinenbaus mit einem breiten Produktespektrum (insbesondere kundenorientierter Produktion), das zu den größten seiner Art in Europa zählte, etablierte einen zentralen Forschungs- und Entwicklungsbereich (M.A.N – Neue Technologie). Das breite und verschiedenartige Produktespektrum sowie die historischen Fusionen/Übernahmen bewirkten eine relative Autonomie der einzelnen Unternehmensbereiche des Konzerns und ließen nur einen geringen Umfang der Zentralbereiche zu. Aufgabe des neuen F+E-Bereiches war insbesondere die gezielte Entwicklung neuer Komponenten, Verfahren und Produkte (einschließlich Erschließung der Märkte), die außerhalb des bisherigen Produktespektrums des Konzernes lagen.

Das waren Vorhaben mit hohem Neuigkeitsgrad auf dem Gebiet der Kernverfahrenstechnik, neuer Energietechnik und alternativer Energien, neue Verkehrstechniken, Werkstofftechnologie und Raumfahrt. Die Leistungserstellung hatte eindeutigen Projektcharakter. Mit einem vorgegeben Kostenrahmen mußte innerhalb einer bestimmten Zeit jeweils eine definierte technische Leistung erbracht werden. Wie das jeweilige Projektziel erreicht werden sollte, war zu Projektbeginn oft nicht bekannt. Das Risiko, das Ziel nicht bzw. nur teilweise zu erreichen, war somit sehr hoch. Unterziele und Detailziele wurden dabei oft erst im Laufe des Arbeitsprozesses definiert. Die Zahl der Angestellten, insbesondere die der qualifizierten Angestellten, und damit der Anteil der Gehälter an den Einzelkosten war im Vergleich zu anderen Fertigungsunternehmen und den weiteren Unternehmensbereichen relativ hoch.

Die Projekte wurden oft in Zusammenarbeit mit anderen Firmen und Institutionen, oft auch im internationalen Rahmen, abgewickelt. Einige Auftraggeber stellten strenge und detaillierte Anforderungen an die Angebotsausarbeitung, Prozeßgestaltung und Berichterstattung während der Projektdurchführung. Zu nennen ist hier insbesonders im Raumfahrtbereich die ESA (European Space Agency) in Paris und ihre Vorläuferorganisationen ELDO und ESRO.

Projektmanagement der anspruchsvollen Art war gefragt. Zu gewissen technologischen Gebieten vergaben einige Auftraggeber mehrere gleichzeitig laufende Projekte, die je nach strategischer Bedeutung durch eigenfinanzierte Projekte ergänzt wurden. So ergaben sich auch auf bestimmten Gebieten »Projektnetzwerke«, mit denen eine innovative Aufgabe im größeren Zusammenhang bearbeitet wurde.

Die Arbeiten zur Anwendung des Projektmanagements begannen, als etwa 1 Jahr nach Gründung 50 Mitarbeiter beschäftigt waren. Die Mitarbeiterzahl stieg innerhalb weniger Jahre auf über 400 und erreichte nach 8–10 Jahren die Größenordnung von 800–1000. Das waren enorme jährliche Zuwachsraten, die teilweise 50–100% betrugen. Dieses Wachstum war eine Folge einer erfolgreichen Projektarbeit, die auch dadurch zu charakterisieren ist, daß in dieser Zeit die Kaufleute schwarze Zahlen schreiben konnten – für einen F&E-Bereich damals eine ungewöhnliche Situation.

Die nachfolgenden Bewertungen beziehen sich vornehmlich auf die Situation der ersten Jahre nach der Gründung des Unternehmensbereiches. Es wird somit eine Pioniersituation des Projektmanagements in einer Pioniersituation eines Unternehmens (bzw. Unternehmensbereichs) geschildert.

2.3 Das Organisationssystem: Die Matrix-Organisation steht Kopf

Da eine Vielzahl von Projekten gleichzeitig (parallel) zu bearbeiten war, ein Teil von ihnen jedoch gleiche Ressourcen (Personal/Fachfunktionen, Betriebsmittel und Einrichtungen) benötigte, wurde die Grundform einer Matrix-Organisation gewählt. Es herrschte die Ausprägungsvariante vor, bei der die Projektleitung die volle Verantwortung für die gesamte Abwicklung eines bestimmten Forschungs- und Entwicklungsprojektes besaß. Die Arbeiten wurden bei den Fachabteilungen und Unterauftragnehmern durchgeführt, jedoch von der Projektleitung koordiniert, die auch die direkten Kontakte zu den Auftraggebern (Kunden) wahrnahm (eine Vertriebs- und Marketingabteilung gab es praktisch nicht).

Die »Macht« der Projektleitung war beispielsweise oft so stark, daß die Projektleitung Arbeiten, die die funktional zuständige Fachabteilung zu aufwendig erledigen wollte, oder für die diese fachlich nicht kompetent genug war, an Unterauftragnehmer vergeben konnte. *Outsourcing* und *Konzentration auf Kernkompetenzen* nennt man das heute im modischen Lean-Management. Die Bedeutung der Projektleitung kommt auch in Abb. 1 zum Ausdruck, das in dieser Form als »Organigramm« für größere Projekte erstellt wurde. Die Projektleitung mit ihrer detaillierten Struktur steht im Zentrum, Hierarchien der Fachabteilungen interessieren weniger: Die klassische *Matrixorganisation steht Kopf* – in der Spitze steht die Projektleitung und nicht die Fachabteilung. Hingewiesen werden sollte noch auf den Begriff »System-Integration« in Abb. 1. Dahinter verbirgt sich die Systemverantwortung der Projektleitung.

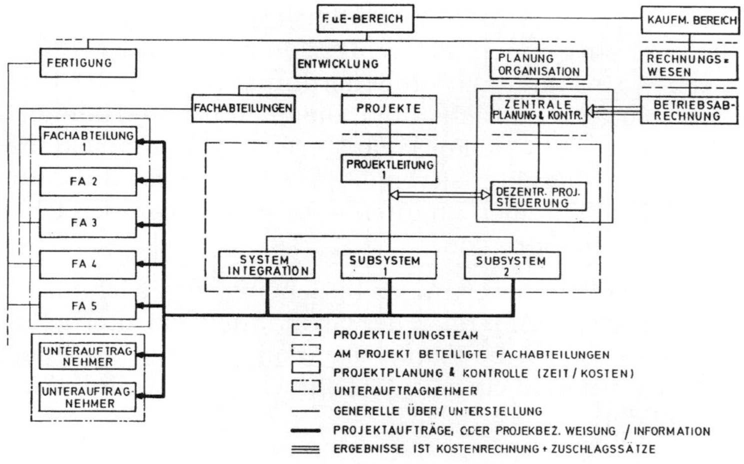

Abb. 1: Organisation der Projektdurchführung – Kompetenzen, Weisungen und Zusammenarbeit zwischen Projektleitung und Fachabteilung

Auf die spezielle Rolle des termin-, kosten- und administrationsbezogenen Projekt-Controllings (damals »Planung und Kontrolle« genannt) mit seiner im Abb. 1 und 2 angedeuteten gleichwertigen Zentralisierung und Dezentralisierung soll nicht näher eingegangen werden; es sei nur soweit darauf hingewiesen, daß der eigentliche Projekt-Controller Mitglied zweier Teams (oder Stellen) war – *Teamarbeit* nennt man das heute im Lean-Management. Derartige teamorientierte Zusammenarbeit gab es auch oft zwischen Projektleitung und Fachabteilung – insbesondere bei kleineren Projekten oder auf Arbeitspaketebene größerer Projekte. Weiterhin wurde zur Förderung einer schnellen Interaktion und Kommunikation versucht, insbesondere bei längerlaufenden Projekten möglichst alle Projektbeteiligte räumlich zusammenzulegen.

In Abb. 2 wird die zentrale und dezentrale Interaktion von Funktionen und Verantwortungen sowie von Teams nochmals deutlich, zusätzlich noch die Rolle, die eine Prioritätenfestlegung, strategische Planung und Personalauslastung innerhalb eines *Management by Projects* hatten.

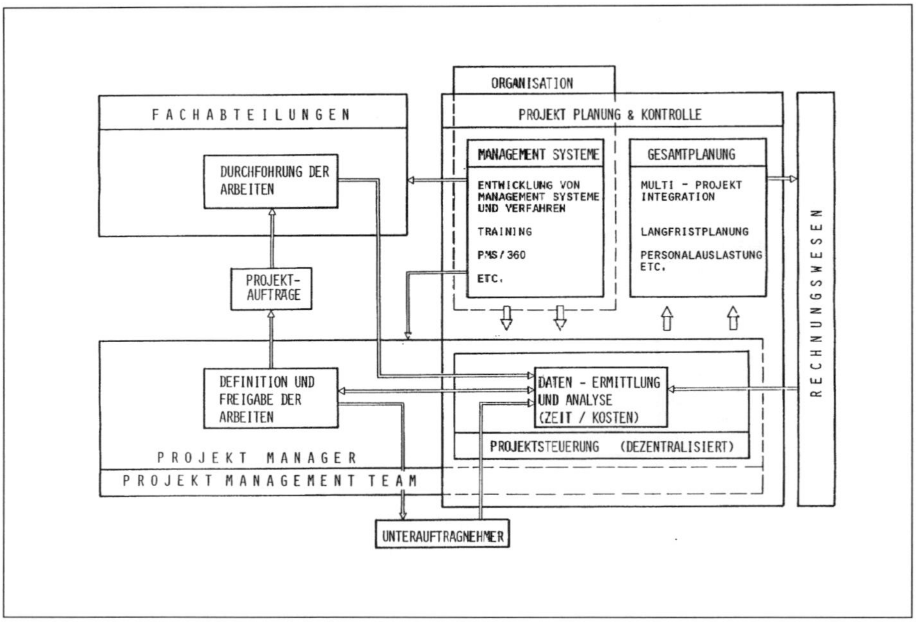

Abb. 2: Zentralisierung und Dezentralisierung von Funktionen – Die Zusammenarbeit zwischen Projektleitung, Projekt-Controlling (Projekt-Planung und -Kontrolle) und den Fachabteilungen

2.4 Das betriebsinterne Auftragswesen und die Ablauforganisation

Wesentliches Element, das die *Eigenverantwortlichkeit des Projektleiters* für das Budget ermöglichte, war das für diese Projektzwecke geschaffene betriebsinterne Auftragswesen.

2.4.1 Das Projektauftragswesen – Die betriebsinternen Aufträge

Dieses Projektauftragswesen stellte sicher, daß ohne Vorliegen eines von der Projektleitung und Projektplanung ausgestellten Projektauftrages die Fachabteilung nicht mit projektgebundenen Arbeiten beginnen konnte. Die Projektaufträge definierten die durchzuführenden Arbeiten im Hinblick auf

- technische Ausführung,
- Kosten / Kapazitäten
- Termine

und gewährleisteten, daß

- die Verantwortlichkeit für Einzelaufgaben klar festgelegt wurde (der/die Mitarbeiter wurden benannt),
- daß die einzelnen Teilaufgaben mit der Gesamtaufgabe (Projekt) abgestimmt wurden,
- Fach- und Projektabteilungen (jede aus ihrer Sicht) zum Kosten-, Termin- und Qualitätsdenken gezwungen wurden,
- alle einzelnen Aufgaben geplant, abgesprochen und dokumentiert wurden.

Und das in einem gemeinsamen Gespräch (Teamsitzung) zwischen Projektleiter und jeweiligen Beteiligten der Fachabteilungen, wobei der Fachabteilungsleiter nicht immer anwesend war. Durch die Unterzeichnung des Projektauftrages verpflichtete sich die ausführende Stelle (oder Stellen bei einer teamorientierten Durchführung) zur termin- und kostengerechten Erfüllung der technischen Aufgabe, für die sie jetzt die Eigenverantwortung hatte – *Empowerment* der Mitarbeiter nennt man das heute im Lean-Management.

Empowerment und Ressourcen-Pool Manager 2.4.2

Das wurde noch verstärkt durch die Möglichkeit des jeweiligen Inhabers des Projektauftrages in der Fachabteilung, eigenständig in diesem Rahmen weitere Fachabteilungen (bzw. Spezialisten) einzuschalten. So konnte eine Konstruktionsgruppe die für sie erforderlichen Festigkeitsberechnungen in der Festigkeitsabteilung eigenständig zum passenden Zeitpunkt veranlassen. Die Projektleitung war jedoch über alle Vorgänge informiert und konnte (mit einer geringen Zeitverzögerung) intervenieren, wenn sie ihre übergeordneten Belange gefährdet sah.

Der Fachabteilungsleiter füllte de facto in überwiegenden Fällen die Funktion eines Ressourcen-Pool Managers aus, wie das heute so schön im Lean Management heißt. Zu den Besprechungen beim Kunden nahm der Projektleiter meist den ausführenden Mitarbeiter mit und nicht den Fachabteilungsleiter (ein weiteres Prinzip des Empowerments).

Projektstrukturplanung, Termine und Kosten 2.4.3

Mittels des Projektstrukturplanes wurde das Projekt vom Projektleiter in überschaubare, projektorientierte – und nicht fachabteilungsorientierte – Einheiten/Arbeitspakete zerlegt, die für die Projektleitung das Steuerungsinstrument darstellten. Mit dem Projektauftrag wurde das Arbeitspaket weiter untergliedert in Verantwortungsbereiche der Fachabteilungen bzw. ihrer Teams, und diese Untergliederung stellte das detaillierte Kostenträgerelement für die Ist-Kostenrechnung (Projektkostenrechnung) dar – fraktale Strukturen würde man heute sagen, wenn man den Modebegriff der Chaos-Theorie verwenden möchte.

Dieses Projektauftragswesen war eng gekoppelt mit der übergeordneten terminplanbezogenen Projekt-Budgetierung und den Terminplänen. Die anspruchsvollen Prinzipien des *Earned Value, Cost to Completion*, etc. wurden hierbei konsequent verwirklicht. Die Beschreibungen des Projekt-Controlling-Parts werden aus Platzgründen nicht weiter ausgeführt, so interessant sie auch in diesem Zusammenhang sind.

2.4.4 Die Schlüsselfigur des Projektmanagers

Das Projektauftragswesen war so gestaltet, daß der Projektleiter nicht hoch in der (Macht-) Hierarchie (z.B. bei der F+E-Bereichsleitung) eingeordnet werden mußte. Oft wurde (bei kleineren Projekten) auch ein Mitarbeiter in der Fachabteilung damit beauftragt, manchmal auch ein Fachabteilungsleiter selbst. Gleich auf welcher Ebene der Projektleiter angesiedelt war, er hatte die Eigenverantwortlichkeit für das Budget und den direkten Kontakt zum Kunden und damit die »Macht«, das Projekt entsprechend zu steuern.

2.5 Das Projekt ist alles – Zusammenfassende Betrachtung

Zusammenfassend hier die wichtigsten Analogien des realisierten Projektmanagements zu den Aussagen der heutigen Zeit, wie sie nachfolgend in Kap. 4 dargelegt werden:

- Projekte waren der normale Arbeitsstil. Jungen Mitarbeitern wurde so früh wie möglich die Chance gegeben, Teilverantwortung zu übernehmen. Wer erfolgreich war, bekam in der Folge größeren Verantwortungsraum. Die »fraktale« Struktur des *Projektauftragswesens* förderte derartige Möglichkeiten.
- *Zielvereinbarung* mit dem Projektleiter (ggf. der Vertrag mit dem Auftraggeber) – und damit hat sich's. Er hatte dann die Eigenverantwortung für das Budget und die Verteilung der Arbeiten und den direkten Draht zum Kunden.
- Die Projektteams arbeiteten kundenorientiert und trugen die volle Verantwortung für ihr Tun. Sie waren mit angemessenen Befugnissen ausgestattet. Soweit wie möglich wurde Vollzeitmitarbeit im Projektteam verwirklicht (bei kleineren Projekten oder speziellen Problemen oft nicht machbar).
- Matrix-Organisationsprinzip, aber mit der Ausprägung, daß die Projektleitung die volle Verantwortung hatte – *Matrixorganisation steht Kopf.*

- Der Projektleiter und weniger der Funktionsvorgesetzte beurteilte die Arbeit der Projektmitarbeiter. Oft bestimmte der Projektleiter, wen er aus der Fachabteilung als Projektmitarbeiter haben wollte.
- Externe wurden mit einbezogen, Prinzip des Outsourcing wurde verwitklicht.
- Die Fachabteilungsleiter hatten mehr die Funktion eines Ressourcen-Pool Managers.
- Sicherung der fachlichen Qualität durch die Systemverantwortung beim Projektleiter.

Der Vergleich der realisierten Organisations- und Prozeßkonzepte zu den Merkmalen eines Lean-Managements wie Empowerment, Outsourcing, Teamarbeit oder fraktale Strukturen ist in Abb. 3 aufgezeigt.

- **Teamarbeit:**
  - Der Project-Controller war Mitglied zweier Teams: der Projektleitung und der zentralen Planung und Kontrolle.
  - Gemeinsame Teams von Projektleitung und Fachabteilungen.
  - alle Projektbeteiligten wurden (soweit wie möglich) zusammengelegt.
- **Empowerment:**
  Durch das Projektauftragswesen erhielten die ausführenden Stellen in den Fachabteilungen (projektorientierte Teams) die Eigenverantwortung für Aufgaben. Sie konnten in diesem Rahmen Leistungen weiter vergeben.
- **Ressourcen-Pool-Manager:**
  Fachabteilungsleiter hatte in überwiegenden Fällen die Funktion eines Ressourcen-Pool-Managers.
- **Outsourcing - Konzentration auf Kernkompetenzen:**
  Projektleiter hatte die Kompetenz, Externe mit einzubeziehen, wenn sie Leistungen wirksamer erbrachten als die eigenen Fachabteilungen.
- **Fraktale Strukturen:**
  Aufteilung des Projektes in Arbeitspakete und Projektaufträge - Teilprojekte mit entsprechenden Freiräumen und Eigenverantwortung.
- **Adäquate Projektstrukturen - Projektautonomie:**
  Diese waren das zentrale Prinzip - Jede produktive Leistung war projektorientiert und wurde über eine Kostenträger-Nr. abgerechnet.

Abb. 3: Verwirklichte Merkmale des *Lean Management* Prinzips

Der neugegründete Unternehmensbereich für Forschung und Entwicklung wies aufgrund einer erfolgreichen Projektarbeit überproportionales Wachstum auf (jährliche Zuwachsraten teilweise 50–100%), und die Kaufleute schrieben für diesen Bereich schwarze Zahlen – für einen F&E-Bereich damals eine ungewöhnliche Situation.

3 Die Einsatz- und Wirkungsanalyse einer »internen Beratung«

Externe Beratung auf dem Gebiete des Projektmanagements gab es in den 70er Jahren praktisch nicht. Das gilt noch umso mehr für Projektmanagement in der Forschung und Entwicklung bei großen Hochtechnologievorhaben, die oft sogar in internationaler Kooperation durchgeführt wurden. Beratungsunternehmen legten damals ihren Focus auf Rationalisierungen und Optimierungen von Routineprozessen, wie sie vornehmlich in der Fertigung vorhanden waren.

3.1 Professionelle Beratung

So mußte eine *interne Beratungskapazität* als Know-how Center aufgebaut werden. Diese entwickelte sich aus dem Projekt-Controlling (Projektplanung und -kontrolle damals genannt), die sich vornehmlich an dem Wissen und Erfahrung in den USA orientierte. Das führte nach einiger Zeit auf formaler Ebene zur Gründung einer »Organisationsstelle« (vergl. »Management-Systeme« in Abb. 2). Die damals klassischen Arbeitsprinzipien einer Organisationsabteilung, wie sie auch in den anderweitigen Organisationsstellen im Konzern üblich waren, konnten nur bedingt übertragen werden.

Das Umfeld der Organisationsstelle stellte andere Anforderungen. Große Organisationsprojekte zur Veränderung oder Neugestaltung, die zentral konzipiert und geplant wurden, verliefen meistens im Sand. Das Prinzip der »On-call Consultants« (vergl. Kap.4) zeigte bessere Erfolgschancen, obwohl der Begriff damals nicht bekannt war. Erst wenn die Anforderung, die Notwendigkeit da war (Motor war oft der Kunde, der Anforderungen stellte), das Feld eines Bedarfs auch »reif« war, mußte kurzfristig seitens der Organisationsstelle reagiert werden. Das Lösungskonzept wurde dann meist unter Einbezug der betroffenen Stellen bzw. deren Mitarbeiter (die »reife« Situation oder der Druck seitens des Kunden ermöglichte einen effektiven Einbezug) rasch erarbeitet und umgesetzt.

3.2 Die lernende Organisation

Um eine wirkungsvolle Beratung praktizieren zu können, mußte sich die Organisationsstelle ein entsprechendes Wissen aufbauen und vorhalten, *Lern-Netzwerke* etablieren, wie man heute sagt. Das geschah beispielsweise durch Ausschuß- und Gremienarbeit bei Fachverbänden oder Erfahrungsaustausch, auch auf persönlicher Ebene. Im deutschsprachigen Bereich wurde damals allerdings vornehmlich im Bereich des Bauwesens zaghaft Projektmanagement diskutiert und praktiziert, so daß Kontakte zu Stellen in den USA (dem Mutterland des Projektmanagements) und Organisationen der europäischen Luft- und Raumfahrt sowie das Studium der entsprechenden Literatur von dort die wesentlichen Wissensquellen waren.

Durch die enge organisatorische und personelle Verzahnung von Organisationsstelle und Projekt-Controlling (vergl. Abb. 2 und Kap. 2.1), einer Verkettung von *zentralen und dezentralen Funktionen*, wurde das Prinzip der Vernetzung von konkreter Projektarbeit durch Service mit organisatorischer Gestaltung durch Beratung zum *Erfolgsfaktor* und wichtigsten Transfer-Instrument.

PM unter heutigen und künftigen Anforderungen 4

Zu den Ausgangspunkten 4.1

Projektmanagement wird heute als neues Organisations- und Management-Leitbild angesehen und damit in einen breiteren Rahmen gestellt. In sehr einprägsamen Formulierungen legt dies Tom Peters in seinem Buch »*Liberation Management* « dar. Gerade weil Peters nicht der typische Projektmanagement-Profi ist, sondern von einer übergeordneten Ebene her argumentiert, sind seine Bewertungen von hoher Brisanz. Daher werden seine Aussagen mit in die nachfolgenden Darlegungen eingearbeitet.

Das Projekt ist alles – Der Projektmanager als Schlüsselfigur 4.2

Bereits vor 10 Jahren veröffentlichte Peters zusammen mit Bob Waterman den Bestseller »In Search of Excellence«. Unter den Ausführungen zum Primat des Handelns wurde schon hier auf das Prinzip des »Projektes« und des »Projektmanagements« zurückgegriffen.

- Projektteams (als übergroße Task forces), Projektzentren und Task-Forces selbst wurden als geeignete Instrumente für durchlässige, flexible Organisationen angesehen.
- Aktionsorientierung durch Experimente, Task-Forces, Kleingruppen und temporäre Strukturen waren das Credo.
- Die routinemäßige und durchgehende Projektorientierung von Boeing, Bechtel, Flour und NASA dienten als beeindruckende Beispiele für den schnellen Wechsel von einer Struktur zur anderen.

Gleichzeitig begeisterte man sich für die großen Fertigungsunternehmen wie IBM und General Motors als Spitzenfirmen – und das sieht Peters heute als gewaltigen Fehler an.

Die Realität von IBM in den letzten Jahren bestätigt nur dieses Urteil. Kundennähe kann nicht nur durch all die Dinge erreicht werden, die in dem Bestseller geraten werden (z.B. bürokratisch orientierte Vorgehensweisen wie Erledigungslisten mit mehr als hundert Punkten). Nein, auch die übergeordnete Unternehmensstruktur muß flexibel genug sein – und wenn nicht, dann niedergerissen werden.

So steht folgerichtig unter heutigen Anforderungen die »Organisationsstruktur« an erster Stelle und die Kunden kommen erst zuletzt an die Reihe. Also erst Mammutstrukturen auseinandergliedern und dann die Sache mit der Kundennähe verfolgen. Sonst wird das intensive Bemühen um Kundennähe zum Possenspiel.

Die Lösung zur Demontierung hierarchischer Mammut-Organisationen in Form von »Desorganisationen« ist in Abb. 4 dargestellt.

Die Lösung zur Demontierung hierarchischer (Mammut)Organisationen in Form von "Desorganisationen"

- Das Projekt ist alles! Aufgabenorientierung als eine der wichtigsten Grundlagen für die Gestaltung der Organisation. Locker und flexibel - aber auch verdammt diszipliniert. Die Aufgabenverantwortung ist unmißverständlich.
- Der Projektmanager wird zur Schlüsselfigur der Zukunft: "Hochkarätige Projektmanager ernten die größten Kartoffeln".
- Unabhängige Arbeitsteams und marktgerechte Einheiten: Unabhängig, global, mächtig und klein.
- Netzwerke statt vertikale Integration (Hierarchie): (Sub)Kontraktoren und externe Mitarbeiter.
- Wissensmanagement-Strukturen aufbauen: Know how Sicherung, Fachwissen aufbauen, Lern-Netzwerke. Eine neue Logik des Fachwissens: möglichst viel auf Projekt- und andere Arbeitgruppen verlagern, Rapid Response Network und On-call consultants.

Abb. 4: Das Projekt ist alles

4.3 Organisationsmodelle

Das Prinzip der Matrix-Organisation spielt eine wichtige Rolle. Vordergründig wird sie und ihre angebliche Bürokratie beispielsweise von Peters verdammt. So gibt es kaum eine Veröffentlichung über Organisationsfragen des Projektmanagements, in der die Matrixorganisation in ihrer breiten Vielfalt gewürdigt wird, sondern meist nur schlagwortartige Urteile wie »Die Matrix-Projektorganisation ist tot«.

Mit seiner Verdammung meint Peters allerdings nur eine der möglichen Ausprägungsformen des Prinzips der Matrix-Organisation, nämlich die, bei der die Geschäftsbereiche bzw. Fachabteilungen das Primat besitzen. Danach sind die Projektleiter somit zahlreichen Vorgesetzten und höherrangigen Stellen verpflichtet sind und besitzen de facto wenig Raum für Eigenverantwortung. Im vorhergehenden Praxisbeispiel wurde eine andere Ausprägungsform präsentiert, bei der die Projektleitung die volle Verantwortung und somit das Primat besaß

Typische Organisierungsvorschläge, die zur Erarbeitung neuer Strukturen zu formulieren sind, lauten somit beispielsweise:

- Die meiste Arbeit in allen Arten von Unternehmen wird Kopf-/ Geistes-/Wissensarbeit sein.
- Die meiste Arbeit wird in Zukunft in Projekten erledigt werden.
- Die Frage, wer wem verantwortlich ist, wird sich ständig ändern. Es wird zu einer ständigen Umorganisation im Sinne einer nie endenwollenden Neukonfiguration der Projektteam- und der Netzwerkstrukturen kommen.
- Vertrauen ist wesentlich wichtiger als eine richtig funktionierende Informationstechnologie. Vertrauen im Hinblick auf die Projektautonomie, Kontakt zu Externen und zum »auswärtigen« Arbeiten.
- Das Lernen wird in der Organisation hoch vergütet werden.
- Die Informationstechnologie ist alles – und nichts. Ihre Nutzung ist wesentlich für den Erfolg.
- Traditionelle funktionale Stabseinheiten werden so ziemlich verschwinden.

4.4 Auf dem Wege zu »Projekten für alle«

Auf dem Wege zu Projekten für alle sind für die richtige Orientierung die Prinzipien der Abb. 5 maßgebend.

- o Das Schicksal der Teammitglieder soll in den Händen des Projektleiters bleiben. Er, und nicht der Funktionsvorgesetzte muß die Arbeit der Teammitglieder beurteilen.
- o Externe mit einbeziehen - bei Produktentwicklungsteams z.B. Zulieferer oder Vorreiterkunden.
- o Führungsfähigkeiten gebührend würdigen. Projekte werden zum "normalen Arbeitsstil" und horizontale, multifunktionale Führungsfähigkeiten werden zu den höchstbewerteten Fähigkeiten in einem Unternehmen (die in Form von Geld und Beförderungen entsprechend honoriert werden).
- o Ziele und Termine für die Überprüfung wichtigster Untersysteme setzen (Technische Überprüfungen, Marketingstests, Experimente). /Zum Verständnis siehe auch Saynisch "Konfigurationsmanagement" 1984: Reviews, Revision und technische Überprüfungspunkte/.
- o Autarke Systeme aufbauen (Workstations, lokale Computernetze, Datenbanken). Projektteammitglieder müssen das Gefühl haben, "das Steuer in der Hand zu haben".
- o Karriere machen heißt, erfolgreiche Projektarbeit leisten. Karriere als Kette von multifunktionalen Aufgaben - sprich Projekten: Der Erfolg ist gleich dem Projekterfolg.

Abb. 5: Die Prinzipien auf dem Wege zu »Projekte für alle«

Unter »Projektmanagement begreifen« versteht Peters vor allem die *Meisterung des Paradoxen* als Kern eines effektiven Projektmanagements. Diese Anforderung kann beispielsweise realisiert werden durch:

- Umgang mit dem Spannungsfeld »Mehrdeutigkeit von Situationen und Sachverhalten versus Perfektion«.
- Situationen und Sachverhalte entfalten und entwickeln sich immer weiter. Das einzig »Sichere« ist das Unerwartete.
- Der effektive Projektmanager muß in der Lage sein, extrem ambivalente und ungewisse Situationen zu bewältigen mit gleichzeitigem Streben nach Perfektion.

Die zu diesem wichtigen Punkt zusammengefaßten Aussagen, die für ein klassisches Managementverständnis so ungewöhnlich (und vielleicht unseriös) klingen, sind in Abb. 6 wiedergegeben. Aber es sind Interpretationen, die den heutigen Anforderungen an ein Management der tiefgreifenden Veränderungen, das mit einer hohen Dynamik umgehen kann, entsprechen.

"Projektmanagement begreifen" meint vor allem die Meisterung des Paradoxen als Kern eines effektiven Projektmanagements:

- Mehrdeutigkeit von Situationen und Sachverhalten versus Perfektion: Situationen und Sachverhalte entfalten und entwickeln sich immer weiter. Das einzig "Sichere" ist das Unerwartete. Der effektive Projektmanager muß in der Lage sein, extrem ambivalente und ungewisse Situationen zu bewältigen mit gleichzeitigem Streben nach Perfektion: "Ein letztes Mal alles überprüfen - und dann noch einen allerletzten Check".
- Autokratisch führen versus Delegieren: Wenn es darauf ankommt, muß der Projektleiter Befehle erteilen - und zwar schnell. Er sollte als Führungskraft aber hervorragend delegieren können und Zuständigkeiten so verteilen, daß kaum Befehlssituationen entstehen.
- Groß versus Klein: Den Wald als auch den einzelnen Baum erkennen. Immer und überall die Beziehungen zwischen Klein und Groß (und umgekehrt) gleichzeitig erkennen.
- Ungeduldig versus Geduldig: Projektmanager müssen "Aktionsfanatiker" sein. Die Sache anpacken und immer den Blick auf morgen richten. Gleichzeitig leiten sie Netzwerke, die aus zerbrechlichen Egos, Kulturen und Beziehungen geknüpft sind. Daher "leiten" sie weniger, sondern sind mehr "primus inter pares".

Abb. 6: Die »Meisterung des Paradoxen« beim Projektmanagement

Zusammenfassung 5

Zusammenfassend werden die ausschlaggebenden Ergebnisse und Feststellungen dargelegt:

- Das Projekt ist alles – Der Projektmanager ist die Schlüsselfigur der Zukunft!
- Es ist alles schon einmal dagewesen – Das Praxisbeispiel aus den 70er Jahren ist für die heutigen Anforderungen richtungsweisend. Gewonnene Erfahrung kann bei heutigen Umsetzungen genutzt werden.
- »Projektmanagement« und das »projektorientierte Unternehmen« ist erfolgreich machbar und eine Notwendigkeit unserer Zeit. Projekte werden zum normalen Arbeitsstil.
- Eine wirkungsvolle Umsetzung, eine Einführung und Verankerung von Projektmanagement im Unternehmen setzen professionelle Beratung und das Prinzip einer »lernenden Organisation« voraus.
- Die Matrix-Organisation lebt – sie steht aber Kopf: An der Spitze steht die Projektleitung und nicht die Fachabteilung.

- Ein Projektauftragswesen stellt die Basis für die Eigenverantwortung des Projektmanagers dar.

Projektmanagement wird die *gefragteste Fähigkeit der Zukunft* werden, und in diesem Zusammenhang empfiehlt Tom Peters vor allem:

Trainieren – und nicht Projektmanagement als selbstverständlich vorausgesetzte Fähigkeit ansehen, die nicht einmal eines besonderen Trainings bedürfe.

Literatur 6

Gareis, R.: Lean Management und Projekte. In: Projekt Management, Nr. 2/93, Köln 1993

Peters, T . J.: Jenseits der Hierarchien – Liberation Management. Düsseldorf 1993

Peters, T. J./Waterman, R.H.: Auf der Suche nach Spitzenleistungen. Landsberg 1986

Saynisch, M.: Konfigurationsmanagement: Konzepte, Methoden, Anwendungen und Trends. In: Projekte erfolgreich managen, herausg. von H. Schelle, Köln 1994

Saynisch, M.: Projekte für alle – Alte und neue Einsatzfelder für Projektmanagement. Tagungsband der Internationalen Konferenz »Management by Projects – In der Praxis«, Juni 1993 in Wien, Wien 1993

Saynisch, M.: Die Zukunft des Projektmanagements. In: Projektmanagement, Nr. 2/92, Köln 1992

Saynisch, M.: Am Anfang war das System... Zur Genealogie des Systems-Engineerings und des Projektmanagements. In: Systemische Perspektiven – Interdisziplinäre Beiträge zu Theorie und Praxis, herausg. von K. W. Krathky, Heidelberg 1991

Saynisch, M.: Projektmanagement (PM) im Spannungsfeld eines sich wandelnden Führungs- und Management-Verständnisses – PM als Vorreiter oder Antiquität? In: Beiträge zum Projektmanagement-Forum 89, München 1989. Und in: Neuorientierung im Projektmanagement, herausg. von H. Balck, Köln 1990

Saynisch, M.: Konfigurationsmanagement – Entwurfsteuerung, Dokumentation, Änderungswesen, Köln 1984

Saynisch, M.: Die Projektkostenrechnung und ihre Integration mit dem betrieblichen Rechnungswesen. In: Projektmanagement – Konzepte, Verfahren, Anwendungen, herausg. von M. Saynisch u.a., München 1979

Saynisch, M.: Integrierte Zeit- und Kostenplanung bei Entwicklungsprojekten, dargestellt an einem praktischen Beispiel. In: Waffensystemplanung, herausg. von K. Huber u.a., München/Wien 1977

Saynisch, M.: Time/Cost – Integrated Multiproject Information & Control System in Action. In: Proceedings of INTERNET '72, 3. Internationaler Kongress für Projektmanagement in Stockholm – Congress book III, Stockholm 1972

Business Reengineering – Radikale Veränderungsprozesse mit Projektmanagement 2. Ordnung

Dipl.-Ing. Manfred Saynisch

SPM Consult – Systeme und Service im Projektmanagement, München

Die Situation – Ein Zustandsbild 1

Wunderwaffe »Business Reengineering« (BR): Nur die radikale Umgestaltung aller betrieblichen Prozesse führe zur Leistungsverbesserung um Größenordnungen, behaupten die beiden Reengineering-Gurus J. Champy und M. Hammer. Alles bisher Existierende muß auf den Kopf gestellt werden, um anschließend wieder auf die Beine zu kommen, stellt H. Metzen fest, der im Manager-Magazin 11/94 alle wesentlichen Bücher über BR analysiert hat. Letztlich erfolgt dann nach dem BR quasi der Neuanfang unternehmerischer Tätigkeiten, denn BR entwikkelt keine isolierten Lösungen, sondern verfolgt ganzheitliche Ziele und radikale Veränderungen.

In den USA ist es längst ein offenes Geheimnis: Eine Mehrzahl der radikalen Umgestaltungen scheiterten, brachten nicht die erwarteten Vorteile. Über die Logik des Mißlingens fundamentaler Restrukturierungen schrieb P. Scott-Morgan ein ganzes Buch. Seine Analyse: Schuld sind die »heimlichen Spielregeln«, die informalen Gesetze, nach denen ein Unternehmen wirklich funktioniert. Alles Unsinn, erklärt H. Metzen, bisher sei noch kein Prozeß abgeschlossen und verweist darauf, daß der Erfolg sehr stark von der Radikalität, der Breite und der Dauer des Reengineering-Prozesses abhängt. Die ersten Umsetzungsversuche sind höchstens drei Jahre alt und eben nicht lange genug, um ein Urteil zu fällen. Denn kaum ein Unternehmen ist in der Lage, mit einem Schlag seine tradierten Strukturen aufzubrechen und Neugestaltungen seiner gesamten Wertschöpfungskette vorzunehmen. Die Langlebigkeit und das Beharrungsvermögen der Unternehmenskultur (als der weichste Faktor im Reengineering-Prozeß) werden praktisch immer bei weitem unterschätzt.

Die Irritation ist groß. Warum die Schwierigkeiten und die widersprüchlichen Aussagen? Reengineering – was ist das eigentlich? Wie ist die Beziehung zwischen den Prinzipien »*Projekte*« und »*Projektmanagement*« und dem Reengineering-Gedanken? Wie ist die Rolle des Beraters dabei? Dazu sollen zunächst

- die Ursachen für ein Business-Reengineering analysiert werden,
- einige Grundprinzipien diskutiert werden, die die Eigenarten und besonderen Charakteristiken des Reengineering-Konzeptes erläutern,
- die bisherigen Ansätze des Projektmanagements dargelegt werden,

bevor die Notwendigkeit eines Projektmanagements 2. Ordnung für radikale Veränderungsprozesse des Business Reengineering dargestellt wird und die Rolle des Beraters bei der Umsetzung beschrieben wird.

2 Anlässe und Ursachen für ein Business Reengineering (BR) und ein BR-Projekt

2.1 Der radikale Umbruch

Die Wirtschaft befindet sich in einer Umbruchphase nie gekannten Ausmaßes in der zweiten Hälfte dieses Jahrhunderts. Die Märkte verändern sich schneller als jemals zuvor, die internationalen Verflechtungen werden immer enger. *Globalisierung der Märkte* und verstärkter *Wettbewerb* sind die Faktoren, die zur Zeit das unternehmerische Handeln prägen.

Diesen dramatischen Wandel der unternehmerischen Umfeldbedingungen nicht nur zu erkennen, sondern ihn zu meistern durch *aktive Mitgestaltung* der atemberaubenden Veränderungen ist die entscheidende strategische Herausforderung der nächsten Jahre. *Innovationen in Technologie und Organisation* sind die zutreffenden Antworten von Unternehmen auf die einschneidenden Veränderungen in ihrer Aufgabenumwelt: Komplexität und Dynamik des Umfeldes nicht als Bedrohung, sondern als *Chance* begreifen.

Unternehmen werden tagtäglich mit anderen Wertsystemen konfrontiert: mit denen der Kunden, ihrer Konkurrenten und von Lieferanten, aber auch von einer weiteren Unternehmensumwelt wie von Regierungen, Gewerkschaften und anderen Interessengruppen. Um diesen Anforderungen Rechnung zu tragen, wurde der jeweils geltende Bezugsrahmen für das Unternehmen schon immer in periodischen Abständen infragegestellt – insbesonders in der zweiten Hälfte dieses Jahrhunderts. Das führte zu einer mehr kontinuierlichen Veränderung der Unternehmen unter dem Gesichtspunkt einer Optimierung der Anpassung an bestehende Voraussetzungen.

Das Prinzip des Business Reengineering hat nicht derartige inkrementale Veränderungen in seinem Betrachtungsfeld – im Gegenteil,

Business Reengineering stellt bereits bestehende Voraussetzungen infrage und kommt daher zu einem Verständnis von Veränderungen, das nur mit radikal und tiefgreifend zu beschreiben ist, also völlig anders als alle bisherigen Verbesserungen. Das ist die Antwort auf die bereits laufende Umbruchphase in einem nie gekannten Ausmaß, die auch wesentlich gespeist wird durch effizientere Produktionsstrukturen im asiatischen Raum.

Diese fundamentale Eigenschaft von Business Reengineering und seine enge Verwandtschaft zu »Lean Management« werden insbesonders deutlich, wenn man sich ihre Vorgeschichte gegenwärtig macht. Anfang der 80er Jahre boomte die japanische Industrie noch mehr als vor der globalen Rezession, während die amerikanischen Vorzeigeunternehmen in immer größere Schwierigkeiten gerieten. Um die Ursache dieser einschneidenden Standortkrise zu analysieren, wurden drei umfangreiche Forschungsaufträge der Industrie an die berühmte Denkfabrik MIT (Massachusetts Institute of Technology) gegeben. Die Ergebnisse wurden Anfang der 90er Jahre veröffentlicht, allerdings nur in wissenschaftlichen Fachkreisen. Nur die erste vergleichende Studie über die Automobilindustrie wurde mit Hilfe einer Journalistin popularisiert und wurde mit »Die zweite Revolution in der Autoindustrie« ein Weltbestseller. Damit waren die Schlagwörter »Lean Production« und »Lean-Management« geboren. Die beiden weiteren Studien kursierten vornehmlich in engen Fach- und Beraterkreisen, bis schließlich M. Hammer und J. Champy in ihrer Reengineering-Bibel die Erkenntnisse popularisierten.

Der Schlüsselfaktor für den Erfolg 2.2

Auf Innovation ausgerichtetes, kreatives und marktorientiertes Denken und Handeln wird zum Schlüsselfaktor für den Erfolg zur Jahrtausendwende. Die Fähigkeit zur effektiven Gestaltung und Planung und zur effizienten Steuerung und Kontrolle von tiefgreifenden Neuerungs- und Veränderungsprozessen in »Technologie und Organisation« wird für den Erfolg und das langfristige Überleben von Unternehmen um so bedeutender, je dynamischer und vielschichtiger diese Veränderungen ablaufen:

- Fundamentale Neuerungen in der »Technologie« sind die Innovationen in der Technik, in ihren Produkten und Prozessen.
- Fundamentale Veränderungen in der »Organisation« sind die Reorganisationen in Unternehmen, wie sie unter dem Prinzip des »Businees-Reengineering« durchzuführen sind.

2.3 Projekte und Business Reengineering

Derartige grundlegende Neuerungs- und Veränderungsprozesse sind zu gestalten, zu organisieren und letztlich zu managen. Das Prinzip »*Projektmanagement*« spielt dabei eine entscheidende Rolle:

- Neuerungen in der »Technologie« werden mit Hilfe von Projekten und Projektmanagement in Forschung und Entwicklung realisiert.
- Veränderungen in der »Organisation« durch Reorganisationen in den Unternehmen sind durch Projekte und Projektmanagement für »Business Reengineering« machbar.

Dazu kommt noch, daß das Management der Neuerungsprozesse in der »Technologie« (Innovationen) und das Management der Veränderungsprozesse bei »Organisationen« (Reorganisationen) vernetzt sind, sich gegenseitig beeinflussen und untereinander abhängig sind. Beispielsweise erfordert das Management von derartigen Innovationen in der Technologie, insbesonders die der »radikalen Innovationen«, eine entsprechende Reorganisation im Unternehmen mittels des Prinzips »Business Reengineering«.

Aber Business Reengineering ist bei weitem nicht nur als Prinzip zu verstehen, für Innovationen in der Technik eine Management-Umgebung zu schaffen. Business Reengineering bedeutet die konsequente Ausrichtung der Organisation an den Kernprozessen wie Produktentwicklung, Auftragsgewinnung und Auftragsbearbeitung. Dabei wird die bestehende Organisation (die meist eine Organisation unter dem Primat der Funktionen ist) grundlegend in Frage gestellt und in ein Koordinationsmodell zur Leistungserstellung verändert, in der die Ablauforganisation aus *Prozeßketten* besteht, die sich konsequent an Kundenbedürfnisse ausrichtet (durchgängige Geschäftsprozesse). So werden sich fundamental verändern:

- die Organisationsstrukturen und Funktionen,
- das Management- und Bewertungssystem,
- die Informationstechnologie und -verarbeitung,
- das Verhalten und die Wertvorstellungen der Mitarbeiter.

Dabei ist es das Ziel des Business Reengineerings die Leistungsdaten wie Qualität, Kosten, Service und Geschwindigkeit dramatisch zu verändern und nicht zu optimieren oder an vorhandene Strukturen anzupassen. Das Prinzip Reengineering ist also kein kurzfristiges Kostenoptimierungsprogramm (wie es beispielsweise die Gemeinkostenwertanalyse darstellt) und ebenso kein Konzept zur Straffung von Organisationsstrukturen (wie vielfach der Lean-Management-Ansatz mißverstanden wurde). Wesentliche Schlüsselbegriffe dabei sind:

- radikal und fundamental,
- Verbesserungen um Größenordnungen,
- Unternehmens- bzw. Geschäftsprozesse.

Inzwischen hat auch der Reengineering-Guru J. Champy erkannt, daß eine radikale Umstrukturierung von Unternehmen ohne den entsprechenden Umbau des Managements und seiner Art zu Arbeiten nicht funktionieren kann. In seinem neuen Buch »Reengineering Management« nimmt die Umgestaltung der Arbeitsweise des Managements einen zentralen Punkt ein.

2.4 Die Herausforderung des Beraters

Das hört sich jetzt alles ganz tiefgreifend, unerbittlich und kategorisch an. Stellt man jedoch in diesem Kontext das berühmte Zitat von Knut Bleicher:

»Wir arbeiten in Strukturen von gestern mit Methoden von heute an Problemen von morgen vorwiegend mit Menschen, die die Strukturen von gestern gebaut haben und das Morgen innerhalb der Organisation nicht mehr erleben werden«, so werden die Grenzen einer Beherrschbarkeit und Machbarkeit von Management-Prozessen erschreckend deutlich. Hier ist nun der Berater gefragt – das ist seine Herausforderung!

Aber bevor die anspruchsvolle und entscheidende *Rolle des Beraters* in den Prozessen des Business Reengineering diskutiert wird, sind zunächst einige grundlegende Prinzipien zu untersuchen, um einen Bezugsrahmen zu schaffen. Das sind die Konzepte der Systemtheorie, Kybernetik, Evolution und der Wissensbasis zu erläutern. Ebenso ist die Notwendigkeit eines neuen Verständnisses von Projektmanagement – als wesentliches »Werkzeug« des Beraters – zu erläutern, das einen wirksamen Umgang mit radikalen Umbrüchen und ihren unberechenbaren Dynamiken ermöglicht.

3 Fundamentale Prinzipien beim Business Reengineering (BR)

BR baut auf Prinzipien, Prämissen und Konzepten auf, die unabhängig von BR entstanden sind, jedoch eine unabdingbare Voraussetzung zum Verstehen und Handeln beim BR sind. Einige wesentliche Prinzipien werden im folgenden dargelegt, die insbesonders die Radikalität beim BR erläutern und begründen.

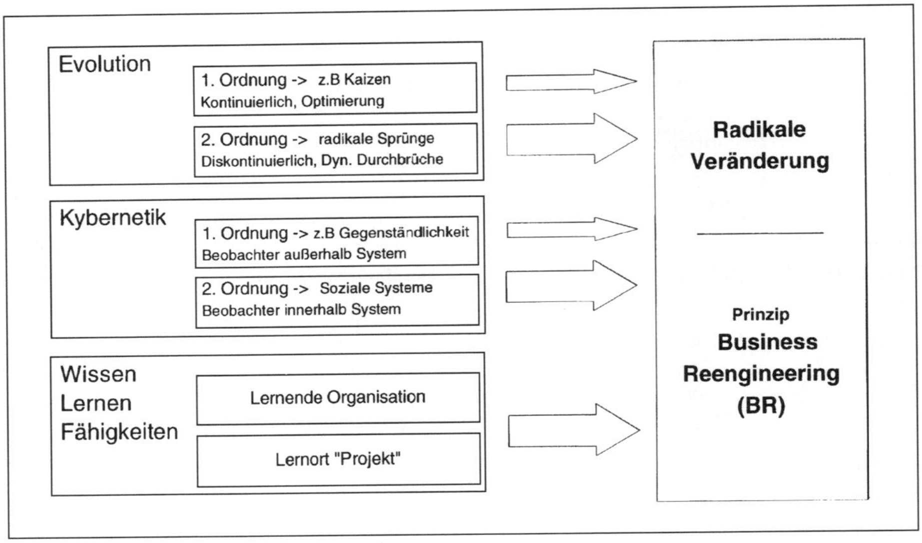

Abb. 1: Fundamentale Prinzipien zum Verständnis des Business Reengineering

3.1 Der evolutionär-systemische Ansatz: KAIZEN und Quantensprünge

3.1.1 Business Reengineering und KAIZEN

Bei BR geht es nicht um simple Rationalisierungen oder eine Optimierung von Funktionen, indem bei quasi gleichbleibenden Strukturen immer nur in kleinen Schritten verändert wird. Das ist das Prinzip »*KAIZEN*«, das stetige Bemühen um die Verbesserung von Prozessen, die Vornahme von Feineinstellungen nach dem Prinzip der *Evolution 1. Ordnung.*

Business Reengineering führt radikale Veränderungen ein. Das entspricht der Metapher der evolutionären oder chaosdynamischen Sprünge, der *Evolution 2. Ordnung*. Das sind Umbrüche, die an das Fundament gehen, die Strukturen und Prozesse grundlegend ändern und somit neue Systeme innerhalb eines engen Zeitraumes schaffen. Oft wird dies auch mit der populären und wirksamen Metapher »*Quantensprünge*« bezeichnet.

BR und KAIZEN sind grundsätzlich unterschiedliche Ansätze, somit auch nicht vergleichbar. Aber sie können sich ergänzen, wie sich in der Natur auch die Evolution 1. und 2. Ordnung ergänzen. Beispielsweise können verschiedene KAIZEN-Prozesse durch eine übergeordnete Strategie zu Projekt-Netzwerken gebündelt werden und so für eine radikale Veränderung gemäß BR das Tragegerüst abgeben. Im deutschen Sprachraum wird BR vielfach mit KAIZEN-Phänomenen verwechselt. Eine Vielzahl von Veröffentlichungen bauten auf dieser Verwechslung auf, schafften Irritationen, Fehlinterpretationen und die damit zusammenhängenden Mißverständnisse.

Das Prinzip der Evolution 3.1.2

Eine neue, integrierte Sicht der Evolution umfaßt die folgenden Prämissen:

- *Evolution 1. Ordnung*

  Dies ist der Mechanismus von Mutation und Selektion. Es sind die Prinzipien im Sinne von Darwin. Die mehr gleichmäßigen Veränderungen finden langsam statt – die gesamte Wirkungsdauer überzieht große Zeiträume. Die Veränderungen besitzen den Charakter von Feineinstellungen oder Optimierungen.

- *Evolution 2. Ordnung*

  Die großen Fortschritte in der Evolution vollziehen sich in Sprüngen oder in Durchbrüchen. Die gesamte Wirkungsdauer ist relativ kurz. Das Schaffen von Neuem geschieht durch sprunghafte Veränderungen. Dabei kann es auch einen Abbruch geben oder eine Katastrophe. Die Erkenntnis dieser sprunghaften Veränderung ist noch jung (ca. 20 Jahre).

Evolutionäre Veränderungen oder *synergetische* Prozesse finden im wesentlichen in Sprüngen statt (s. Abb. 2): Evolutionäre oder chaosdynamische *Sprünge* sind die Prinzipien eines neuen Verständnis der Evolution. Diese Prinzipien der *Evolution 2.Ordnung* sind aber entscheidend für die Interpretation von Prinzipien des BR, für die Erzielung großer, rascher Erfolge oder für andere fundamentale Veränderungen: neue Ordnungen und Strukturen aus einer instabilen Dynamik.

Sprunghafte oder radikale Veränderungen scheinen auf Schwierigkeiten im breiteren Verständnis zu stoßen. Das zeigt die Irritation über Business Reengineering, wie sie bereits in Kapitel 1 angerissen wurde. Das zeigt aber auch die weitverbreitete mißverständliche Interpretation von Evolution, die Evolution nur als langsam wachsende Veränderung ansieht und für schnelle Veränderungen den Begriff »Revolution« benutzt. Um die Kenntnis und das Bewußtsein der neuen integrierten Sicht einer Evolution, die ja entscheidend für ein tiefes Verständnis

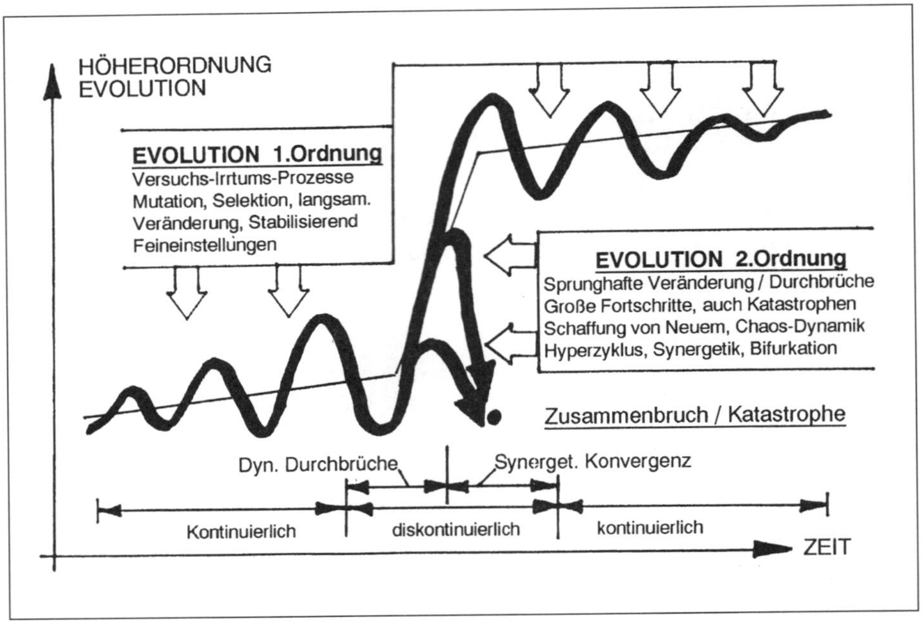

Abb. 2: Die neue integrierte Sicht der Evolution – die revolutionären und chaosdynamischen Sprünge

des Prinzips des Business Reengineering ist, zu fördern, erfolgen im Kapitel 4 vertiefte Aussagen zu diesem Thema.

3.1.3 Aspekte des Projektmanagements

Die *Instabilität mit ihren ordnenden Sprüngen* (das Bifurkations-Prinzip: Vom Chaos zur Struktur – die Evolution 2. Ordnung) ist ein zentraler Aspekt beim Projektmanagement. Diese Übergänge zu einer neuen Ordnung (Struktur aus Chaos) repräsentieren einmal die *Phasensprünge* im Projektablauf, zum anderen können die *Übergänge selbst Projekte darstellen.* Es gibt also den *dualen Aspekt* innerhalb der evolutionär-systemischen Perspektive bei Projekten:

- *Projekte als Evolutionsprozeß*

  Die Evolutionssprünge als Phasensprünge im Projektablauf, die diskontinuierliche Höherordnung von der Idee bis zum Projektergebnis.

- *Evolutionssprünge durch Projekte*

  Projekte, Projektmanagement, projektorientierte Organisationen oder Projektnetzwerke als operationale Instrumente für tiefgreifende Veränderungen (evolutionäre Sprünge) gemäß dem *Business Reengineering* Konzept.

Der zweite Aspekt, das *Management der radikalen Veränderungen* durch BR, steht nun im Focus dieser Darlegungen. Das sollen die folgenden thesenartigen Aussagen untermauern :

- Projekte sind Veränderungsprozesse, einmalige Prozesse, also irreversible Handlungsverläufe, und können daher *Evolutionsprozesse organisierbar* machen.
- Zukünftiges Handeln und Arbeiten nimmt immer mehr Projektcharakter an. *Projektnetzwerke* werden Unternehmen und ihre Umwelt durchziehen. Projektmanagement wird *schöpferische Arbeit katalysieren.*
- Projektmanagement ist ein *Veränderungsagent.* Es koordiniert Katalysatoren und Durchführungsstrategien für *radikale Veränderungen* des *Business Reengineerings.*

Wie sieht nun ein derartiges Projektmanagement aus? Welche Charakteristiken, Eigenschaften und Elemente liegen ihm zugrunde? Ist es das Verständnis von Projektmanagement, das im Urkonzept des Projektmanagements der Luft- und Raumfahrt, im Bauwesen oder bei DV-Projekten seine spezifische Ausprägungsform gefunden hat? Wie gestaltet sich die Rolle des Beraters, der für tiefgreifende Veränderungsprozesse Management-Empfehlungen zu geben hat oder gar teilweise Managementrollen zu übernehmen hat?

3.2 Der kybernetisch-systemische Ansatz: Harte und weiche Wirklichkeiten

3.2.1 Soziale Systeme und Kybernetik

Unternehmensorganisationen, die im Brennpunkt von BR-Prozessen stehen, stellen human-soziale Systeme dar. Derartige »lebende« Systeme weisen sich im Gegensatz zu Maschinensystemen (Fremdsteuerung, Fremderschaffung) durch folgende Eigenschaften aus:

- Fähigkeiten zur Selbststeuerung, Selbstschaffung und Selbstreferenz, die Selbstorganisation ermöglichen und somit eine hohe Evolutionsdynamik (hochkomplexe Instabilität), insbesondere auch bei der Evolution 2. Ordnung, bedingen.
- Sie konstituieren sich durch symbolische Sinnsysteme und Kommunikation.

Wenn man die Regelungs- und Steuerungsmechanismen der Kybernetik auch auf soziale Systeme anwendet, ergeben sich die folgenden zwei

Differenzierungen aufgrund unterschiedlicher Betrachtungsperspektiven:

- *Kybernetik 1. Ordnung*: Hier liegt die Steuereinheit (Beobachter, Manager) außerhalb des Systems, das zu steuern ist und das zweckorientiert ist. Die Ziele werden von außen vorgegeben (Fremdsteuerung). Dies ist im wesentlichen die Kybernetik der Maschinensysteme.
- *Kybernetik 2. Ordnung*: Hier ist die Steuereinheit (Beobachter, Manager) selbst Teil des Systems. Es besteht aus Subsystemen, die selbst eigene Ziele verfolgen. Dies ist die Kybernetik der sozialen Systeme, die den intentionalen Charakteristiken der Individuen, welche Organisationen konstituieren, adäquat Rechnung tragen kann.

Der Vater der Kybernetik 2. Ordnung, Heinz v. Foerster, definiert den Unterschied wie folgt:

- Kybernetik 1. Ordnung: The cybernetics of observed systems (die Kybernetik der beobachteten Systeme).
- Kybernetik 2. Ordnung; The cybernetic of observing systems (die Kybernetik von beobachtenden Systemen).

3.2.2 Harte und weiche Wirklichkeiten

Der Beobachtungsstandpunkt bestimmt, was gesehen wird. Kann eine klare Trennung zwischen Beobachter (Subjekt) und dem betrachteten Objekt gewährleistet werden, so haben wir es mit einer »*harten Wirklichkeit*« zu tun, die sich durch Beobachtung nicht verändert. Konstrukteure sind beispielsweise nicht Teil der Maschine und keine Maschine gerät in Persönlichkeitskrisen, wenn man sie ausrangiert. Die harten Wirklichkeiten mit ihren harten Wissenschaften sind das Feld der Kybernetik 1. Ordnung.

Ganz anders verhält es sich bei der »*weichen Wirklichkeit*«. In diesem Bereich von Wirklichkeit, der die sozialen Systeme umfaßt, kann die in den Naturwissenschaften so erfolgreiche Subjekt-Objekt-Spaltung nur sehr bedingt wirksam werden. Manager (oder Familienmitglieder), die in sozialen Organisationen steuern (bzw. intervenieren) wollen, sind Teil des Systems (Kybernetik 2. Ordnung). Beobachtung und Wirkung der Intervention sind nicht mehr trennbar (Selbstreferenz). Daher ist die Wirklichkeit menschlichen Handelns und Wirtschaftens, der Umgang mit der sozialen Realität, relativ weich – sie produziert viele Sichtweisen von Realität.

Der *Konstruktivismus* ist eine Theorie (bzw. philosophische Disziplin), die für Managementansätze verständlich macht, wie Organisationen und ihre Menschen (soziale Systeme) über Kommunikation »ihre Wirklichkeit« erzeugen bzw. »konstruieren«. Im Bereich der weichen Wirklichkeiten entsteht über die Vielfalt der Interpretationsmöglichkeiten eine ungeheure *Dynamik* im Wirkungskreis von Erkennen und Handeln.

Handlungen des *Business Reengineering* finden im Raum von *harten und weichen Wirklichkeiten* statt (z.B. Datenverarbeitungssysteme und menschliches Verhalten). Durch den Einbezug von weichen Wirklichkeiten entfaltet der Handlungsraum des BR eine Dynamik von Interaktionen ohnegleichen. Wie muß nun ein Projektmanagement-System beschaffen sein, das mit beiden Wirklichkeitskonstruktionen und dieser daraus entstehenden Dynamik umgehen kann? Welchen Einfluß haben diese Prinzipien auf die Rolle des Beraters in den fundamentalen Veränderungsprozessen?

3.3 Die Notwendigkeit einer Wissensbasis: Organisationales und Projekt-Lernen

Bei Veränderungsprozessen ist »fertiges Wissen« nicht brauchbar, ja sogar schädlich, da dieses ein statisches Moment manifestieren kann. Das gilt um so mehr bei radikalen Wandlungsprozessen. Andererseits sind Veränderungsprozesse auf eine extrem hohe Basis an Wissen und Fähigkeiten angewiesen. Diese bezieht sich nun nicht nur auf einen einzelnen Mitarbeiter, sondern auf die betroffene Organisation (soziales System) als Ganzes. In diesem Kontext bedeutet »Lernen«: Vom individuellen Lernen zum lernenden System, zur »lernenden Organisation«. So gesehen wird hier »Lernen« folgende Eigenschaften umfassen:

- Lernen in Bezug auf Organisation ist aufgabenorientiert.
- Lerneinheit sind soziale Systeme (Arbeitsgruppen, Unternehmen).
- Lernen bezieht sich nicht nur auf sachlich-fachliche Inhalte, sondern auch auf die sozialen Prozesse (Kommunikation), in denen Wissen und Können verknüpft werden.
- Lernen ereignet sich bei der Suche nach neuen Lösungen, durch gemeinsames Lernen in Arbeitsgruppen bei Aufgabenerfüllung: »Lernort Projekt« als kooperatives Lern- und Arbeitssystem.
- Lernen ist ein Prozeß aus Versuch und Irrtum. Fehler sind daher etwas Normales, es kommt nur darauf an, sie frühzeitig zu erkennen und schnell zu korrigieren.

Systeme, also Organisationen, sind lernfähig (institutionelles Lernen) – sie lernen aber anders als ihre Mitglieder (individuelles Lernen). Der Lernprozeß einer Organisation ist nicht mit der Summe der individuellen Lernprozesse der Organisationsmitglieder gleichzusetzen. Es ist durchaus möglich, daß das System mehr »weiß«. Organisationales Lernen hat konstante Austauschbeziehungen zwischen der Institution und ihren Mitgliedern zu ermöglichen. Damit das Unternehmen lernen und sich entwickeln kann, muß die Unternehmensorganisation flexibel sein, aber auch fehlertolerant.

Zentraler Bestandteil des Lernens wird die Einsicht in die Kontexte der Problemlösung sein, das zum Prinzip des »Lernen zum Lernen« führt, der Lernebene, die von G. Bateson als »Deutero-Learning« bezeichnet wurde. Die Organisation und ihre Mitglieder lernen somit voneinander. Ihre Veränderungsprozesse sind komplementär, aber nicht identisch. Um derartige Lernprozesse zu initiieren und zu steuern, sind Ziele, Strategien, Strukturen, Denkweisen zu ändern bzw. in Frage zu stellen. Ein »Lernvertrag« zwischen der Organisation und ihrer Mitglieder kann eine Basis für organisationales Lernen darstellen.

Auf BR und Projektmanagement bezogen bedeutet das: Wenn in einer Organisation nicht ein entsprechendes Know-how und eine lerntechnische Infrastruktur zur Steuerung des BR-Prozesses mit Projektmanagement vorhanden sind, braucht man gar nicht erst anzufangen. Oder es sind erst eine Basis und ein Umfeld zu schaffen, auf denen kooperative Selbstqualifikation und schnelles organisationales Lernen sich beim Projekt- und BR-Prozeß entwickeln können.

4 Evolutionär-systemische, chaosdynamische und synergetische Prinzipien im Detail

4.1 Das neue Bild in Natur und Gesellschaft

Evolutionstheorie, Chaosforschung und Synergetik lehren uns ein neues Bild von den Geschehnissen in Natur und Gesellschaft. Wesentliche Merkmale dieser neuen Erkenntnisse, die den Charakter von Paradigmen besitzen, sind insbesonders:

- *nichtlineare* Prozesse mit ihren *Instabilitäten* bestimmen die Entwicklung
- das *Werden* ist ein *Prozeß der Veränderung* – unumkehrbar (irreversibel) und nicht-deterministisch
- *evolutionäre* Veränderungen oder *synergetische* Prozesse finden im wesentlichen in *Sprüngen* statt (evolutionäre Sprünge) – Neue Ordnungen und Strukturen durch eine instabile Dynamik (Bild 2)

- Wandel in Sprüngen – Übergänge zu einer neuen Struktur/Ordnung durch die *Bifurkation* in der *Chaos-Dynamik* (Bild 3).

Die Schlüsselprozesse dabei sind die *dynamischen Durchbrüche mit synergetischer Konvergenz – das Chancenprinzip.* Das sind die evolutionären oder chaosdynamischen Sprünge, die Prinzipien eines neuen Verständnis der Evolution (2. Ordnung). Diese haben nun sehr wenig zu tun mit den evolutionären Prinzipien, die von Darwin im letztem Jahrhundert entdeckt wurden. Dieses wird in fast allen Arbeiten und Konzepten, die sich mit diesem Thema der Übertragung evolutionärer Konzepte auf das Management beschäftigen, nicht sorgfältig und verständlich differenziert. Das soll nun nachfolgend vorgenommen werden.

Die neue Sicht der Evolution 4.2

Eine neue, *integrierte Sicht der Evolution* (Bild 2) umfaßt die folgenden Bedingungen:

- *Evolution 1. Ordnung*

  Dies ist der Mechanismus oder die Modellierung im Zusammenspiel von Mutation und Selektion. Es sind die Prinzipien im Sinne von Darwin. Die mehr gleichmäßigen Veränderungen finden langsam statt – die gesamte Wirkungsdauer überzieht große Zeiträume. Das Prinzip der Selektion stabilisiert mehr, als es Neues schafft. Versuchs-Irrtum-Prozesse herrschen vor, das Kontinuum ist kontinuierlich. Die Veränderungen hier besitzen den Charakter von Feineinstellungen oder Optimierungen. Dieser Mechanismus ist recht gut erforscht.

- *Evolution 2. Ordnung*

  Die großen Fortschritte in der Evolution vollziehen sich in Sprüngen oder in Durchbrüchen, in einer Umgebung von Ungleichgewichten. Die gesamte Wirkungsdauer ist relativ kurz (im Verhältnis zur Evolution 1. Ordnung). Das Schaffen von Neuem geschieht durch sprunghafte Veränderungen in ein höheres Niveau. Das einpendeln in diesem Niveau geschieht durch synergetische Konvergenz. Der Verlauf ist diskontinuierlich. Dabei kann es auch einen Abbruch geben, einen Zusammenbruch oder eine Katastrophe. Die Erkenntnis dieser sprunghaften Veränderung ist noch jung (ca. 20 Jahre), und somit ist der Mechanismus im einzelnen noch wenig erforscht.

Das Prinzip der Evolution 2.Ordnung ist aber entscheidend für eine (analogiehafte) Interpretation von Prinzipien des Business Reengineering, für die Erzielung großer, rascher Erfolge oder anderer fundamentaler Veränderungen.

Im Bereich der biologischen Evolution wurde dieses Prinzip der sprunghaften, punktuellen Veränderung vor allem durch die Arbeiten von S. J. Gould und N. Eldredge in den 70er und 80er Jahren beschrieben (Punktualistische Evolution). Ausgangspunkt war die Erkenntnis, daß das heutige höhere Leben der Tiere und Menschen in dem Zeitraum, der bisher zur Entwicklung Verfügung stand, nur schwierig mit dem langsamen Prozeß von Mutation und Selektion (graduelle Evolution) zu erklären ist. Aber auch weitere grundlegende Theoriesysteme, die im letzten Vierteljahrhundert entstanden, haben die plötzliche, sprunghafte Veränderung, die abrupte Zustandsänderung, zum Inhalt. Zu nennen sind hier:

- Hyperzyklus (molekulare Evolution) von dem Nobelpreisträger M. Eigen
- Dissipative Strukturen (ungleichgewichtige Thermodynamik) von dem Nobelpreisträger I. Prigogine
- Synergetik von dem Physiker H. Haken
- Bifurkationsdynamik der Chaos-Theorie (Bild 3).

In den zukunftsweisenden Arbeiten des Systemtheoretikers E. Laszlo, Gründungsmitglied des Club of Rome, stellen die evolutionären Sprünge das Kernthema dar. Er behandelt die Konsequenzen von der Kosmologie bis zur Gesellschaft, von lokaler bis globaler Wirkung, von der Ökologie bis zur Ökonomie.

4.3 Das Zusammenspiel

In Bild 2 wird das Zusammenspiel von Evolution 1. und 2.Ordnung aufgezeigt. Die Evolution verläuft lange Zeit nach dem Prinzip der 1. Ordnung, wobei der Veränderungsgrad (die Höherentwicklung) gering und mehr oder weniger kontinuierlich ist. Beim Übergang zum diskontinuierlichen Bereich (Evolution 2.Ordnung) beginnen die Fluktuationen (größere Instabilität), die bisherigen Ordnungsstrukturen lösen sich auf (die Chaosforschung spricht hier von einem deterministischen Chaos, die Physik vom thermodynamischen und chemischen Ungleichgewicht), und ein qualitativer Sprung in einen anderen Zustand (Niveau) beginnt: Das ist der dynamische Durchbruch.

Dabei sind Richtung und Niveaudistanz nicht vorbestimmt, sondern an bestimmten Punkten des Weges gibt es Entscheidungsalternativen, wo sich ergibt, ob ein höheres Niveau erreicht wird oder ein

Element	Dominanter Einfluß von Mensch + Organisation	
1. Konsens- und Vereinbarungsprozeß	M	
2. Akzeptanz/Glaubwürdigkeit	M	
3. Existenz von Rahmenbedingungen		O
4. Beziehungen der Unternehmens-, Projekt- und privaten Kultur		O
5. Umgang im Projektteam	M	
6. Selbst-Verantwortlichkeit	M	
7. Kommunikation	M	
8. Transparenz	M	
9. Verhalten in der Hierarchie	M	
10. Gemeinsames Verständnis	M	
11. Verfolgung wirtschaftlicher Ziele		O
12. Meßbarkeit wirtschaftlicher Ziele/Aktivitäten		O
13. Nützlichkeit der Kreativität	M	O
14. Veränderbarkeit im Zeitablauf	M	O
15. Kundenorientierte Qualität		O
16. Zwischenmenschliche Achtung	M	
17. Der Drang der ständigen Verbesserung	M	

Abb. 3: Lineares und nichtlineares Verhalten – die Chaosdynamik mit ihren Bifurkationen

Zusammenbruch (Katastrophe) erfolgt. Im Falle einer Höherordnung wird nun ein Niveau erreicht, wo ein Einschwingen in den neuen Zustand erfolgt – die synergetische Konvergenz – und damit der Übergang zur Evolution 1.Ordnung erfolgt, die nun erneut in einem langen Zeitraum die »Feineinstellung« in diesem neuen Zustandsniveau vornimmt. Ein anschauliches Erklärungsmodell für den Einschwingvorgang, der Konvergenz in den neuen Zustand, liefert die Metapher von der »Versklavung durch Ordner« aus der Synergetik (H. Haken).

Beeinflußbar von außen, von einem externen System (z.B. Manager) ist dieser Sprungprozeß, der »Phasenübergang« zwischen zwei Zustandsniveaus, nur unter besonderen Bedingungen, da hier in hohem Maße Prinzipien der Selbstorganisation wirken:

- *Kooperatives Verhalten* vieler Untersysteme im Mikrozustand bewirkt ein Entstehen von komplexen Strukturen im Makrozustand. Dieses impliziert ein neues Verständnis von Wettbewerb und Kooperation.

- Mit kleinen Ursachen eine große Wirkung erzielen – das chaosdynamische Wirkungsgesetz.
- Das Phänomen der Attraktoren aus der Chaosdynamik ist ein weiterer Schlüssel hierzu.

Die Darstellung in Abb. 2 ist in diesem Zusammenhang auch als Makrozustand zu interpretieren.

4.4 Die evolutionäre Höherordnung

Das Prinzip der evolutionären Höherordnung geht nun davon aus, daß der evolutionäre Sprung (Evolution 2. Ordnung), wie er in Bild 2 als ein einzelner Sprung dargestellt ist, auch als kaskadische Folge möglich ist. Unter konsequenter Nutzung des dynamischen Durchbruchs mit seiner Konvergenz entwickelt sich von Bifurkation zur Bifurkation ein System zu immer höheren Niveaus von Komplexität, Fähigkeiten oder neuen Ordnungen.

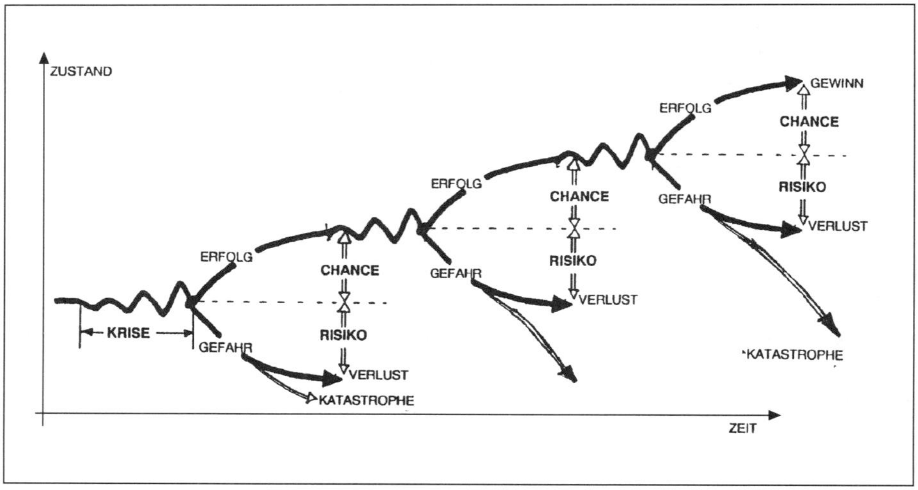

Abb. 4: Das Prinzip der evolutionären Höherordnung – die Bifurkationskaskade

Die diskontinuierliche Phase ist hier als Krise bezeichnet worden, die im Bifurkationspunkt zum Erfolgsniveau oder zum Verlust-Niveau führt. In dem einen Fall ist die Chance genutzt, in dem anderen ist das Risiko eingetreten.

Durch eine Hintereinanderschaltung in Form von Kaskaden des in Abb. 2 dargestellten Grundphänomens der evolutionären Sprünge entsteht das Prinzip der *evolutionären Höherordnung.* In Bezug auf das Verständnis von Business Reengineering kann nun interpretiert werden, daß BR aus einer Kaskade von einzelnen sprunghaften Veränderungen bestehen kann. Einzelne Sprünge können durch einzelne Maßnahmen oder Projekte erreicht werden. Der große Sprung der gesamten Kaskade kann das Ergebnis eines Projekt-Netzwerkes sein.

Dieses Prinzip der evolutionären Höherordnung wurde von E. Laszlo eingehend untersucht. »Evolutionärer Gigatrend EGT« ist das Schlagwort, das Laszlo für unsere gesellschaftliche Höherentwicklung geprägt hat (s. Abb. 5). Die Formulierung eines derartigen Gigatrends (oder Vision) als ehrgeiziges Ziel für einen Prozeß des Business Reengineering ist sicherlich ein wichtiger Akt zum Erfolg.

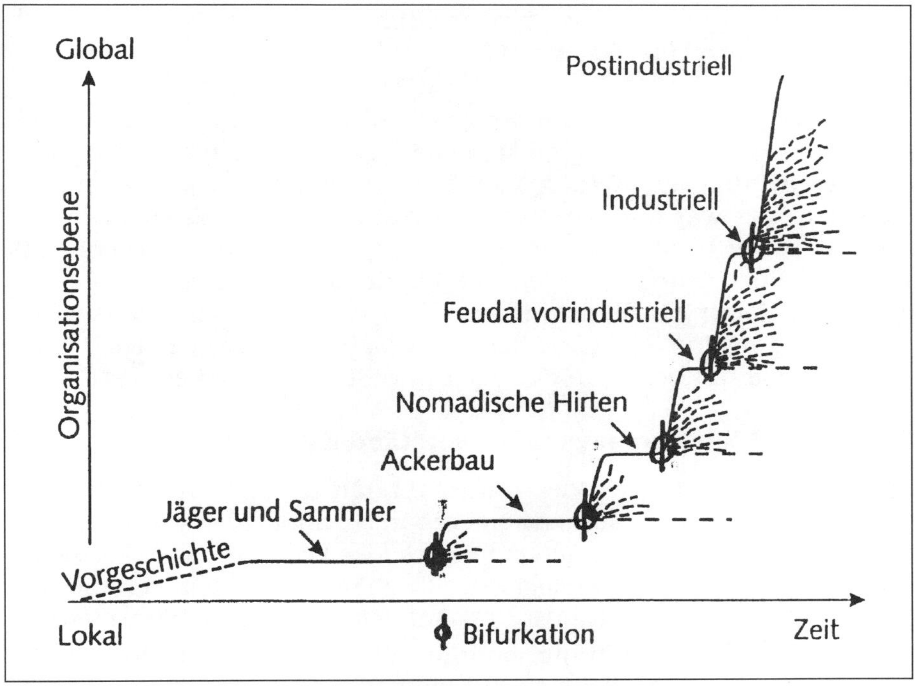

Abb. 5: Der evolutionäre Gigatrend (EGT)

5 Projektmanagement 1. Ordnung: Die bisherigen Ansätze

5.1 Das erste Projektmanagement-Verständnis

Die Entstehungsgeschichte des Projektmanagements fußt auf den Konzeptionen, die in den USA Ende der 50er Jahre für Großvorhaben (Mega-Projekte) in der Luft- und Raumfahrt entwickelt wurden. Die Umsetzung und Anwendung dieser Konzeptionen in andere Bereiche (Bauwesen, Anlagenbau, Datenverarbeitung etc., auch mit kleineren Vorhabensumfänge) war das große Thema der letzten 30 Jahre, mit dem sich die entsprechenden Fachorganisationen vor allem in den USA und Europa beschäftigt haben. Das waren die Themen, die bei den INTERNET-Kongressen oder den Projektmanagement-Formen der GPM im Vordergrund standen. Die Schlagworte lauteten hier beispielsweise: Projektstrukturplan, Konfigurationsmanagement, Matrix-Organisation, Projekt-Controlling, Planungs- und Kontrollebenen oder Risikomanagement.

Dieses Projektmanagement-Verständnis behandelte vornehmlich den Raum der »*harten Wirklichkeiten*«, bei denen die Prinzipien der »Kybernetik 1. Ordnung« zur Wirkung gelangen. Dem Urkonzept des Projektmanagements war dagegen bereits eine *evolutionär-systemische Perspektive* quasi in die Wiege gelegt – allerdings mit dem Erkenntnisstand der 50er Jahre. Somit enthält PM den Bruch mit tradierten Management-Konzepten bereits im Keim. Doch diese zaghaften Ansätze wurden durch eine »mechanistische« Rezeption von PM bei der Umsetzung in andere Bereiche in den 70er und 80er Jahre überlagert.

5.2 Das zweite Projektmanagement-Verständnis

Im letztem Jahrzehnt wurden immer verstärkter Strömungen im Projektmanagement-Verständnis bemerkbar, die andere Perspektiven aufwiesen und ihren Focus auf das *menschliche Verhalten* in Organisationen legten. Die phänomenologische Oberfläche in diesem Verständnis war der »kleine« Betrachtungsraum einer einschichtigen Wirkungsweise: die überschaubare Projektgruppe. Diese Auffassung von Projektmanagement wurde maßgeblich aus der Organisationsentwicklung (OE) gespeist. Hier ist ein geplanter Wandel vornehmlich auf der personalen Ebene angesiedelt, im Sinne von Verhaltens- und Einstellungsänderungen. Die OE beschäftigt sich mit der Prozeßgestaltung des Wandels (Projekte), wobei ein pädagogisches Konzept verfolgt wird, die Mitarbeiter soweit zu bringen, daß sie derartige Prozesse planen und steuern können. Eine enge Fokussierung auf den personalbezogenen sozialpsychologischen Bereich ließ in den vergangenen Jahren eine »Befindlichkeits-Organisationsentwicklung« entstehen, die oft als Beziehungsklärung Mitarbeiterorientierung als Selbstzweck betrieb.

Bei dieser Perspektive des Projektmanagements standen nun die »*weichen Wirklichkeiten*«, bei denen die Prinzipien der »Kybernetik 2. Ordnung« eine Rolle spielen, im Vordergrund. Maßgebliche Charakteristiken sind hier, daß weniger planerisch-prospektive Denk- und Handlungsschemata (z.B. Planungsphase), sondern menschliche Interaktionen im Brennpunkt stehen. Die Nutzung der Techniken aus den »weichen Wissenschaften« wie Psychologie und Soziologie (z.B. Gruppendynamik) standen im Vordergrund, wobei in den letzten Jahren auch Konzepte der systemischen Familientherapie (bzw. systemische Beratung) dazu zu zählen sind. Der Anwendungsumfang konzentrierte sich auf »kleine« Systeme, die mit ihren Intra-Gruppendynamiken im Vordergrund standen. Für die Vielschichtigkeit einer Inter-Gruppen-Betrachtung, wie sie bei größeren Systemen und Projekten eine Rolle spielt, lieferten die weichen Wissenschaften bisher wenig Hilfen.

Projektmanagement 1. Ordnung 5.3

Der unbedarfte Beobachter konnte beide Ansätze im Projektmanagement-Verständnis nur mit Schwierigkeiten unterscheiden, da beide immer mit dem Anspruch einer vollen Abdeckung der Realität des Projektmanagements agierten. Dabei versuchten beide vor allem in den letzten Jahren, auch Elemente der jeweils »anderen Seite« zu übernehmen, machten das aber nicht deutlich. Daher sollen zum Zwecke eindeutiger analytischer Betrachtungen die folgenden Begriffe eingeführt werden:

- *Projektmanagement der 1. Art und 1. Ordnung*: der Handlungsraum der *harten Wirklichkeiten*, das große Thema der letzen 30 Jahre, das auch das Urkonzept aus den USA einbezieht (umfassender Handlungsraum).
- *Projektmanagement der 2. Art und 1. Ordnung*: der Handlungsraum der *weichen Wirklichkeiten*, das menschliche Verhalten und die Interaktion in Gruppen bzw. Organisationen (kleiner Handlungsraum).

Frappant ist nun, daß beide Arten gemeinsame Wurzeln haben (s. Abb. 6), was in der vordergründigen Anwendungsdiskussion für die Praxis des Projektmanagements untergegangen ist. Die verästelten, aber vollkommen getrennten Wurzeln, entspringen bei dem amerikanischen Philosophen (phil. Pragmatismus) und Pädagogen J.D. Dewey, der seine Konzepte in der ersten Hälfte dieses Jahrhunderts entwickelte. Dewey war auch einer der wenigen Philosophen, der sich (neben K. Marx) mit der Evolutionstheorie von Ch. Darwin auseinandersetzte und Prinzipien daraus in seinen Konzepten übernahm.

- *Projektmanagement der 1. Art*: Der Initiator des Systems Engineerings, A.D. Hall, begründete sein Verständnis vom »Systems Engineering Process« im Dialog mit den Problemlösungskonzepten menschlichen Denkens und Handelns von Dewey in den 30er Jahren. Das Konzept des System Engineerings bildete wiederum eine wesentliche Basis bei der Entwicklung des Projektmanagement-Konzeptes in den USA.
- *Projektmanagement der 2. Art*: Das pädagogische Konzept des projektorientierten Lernens fußt auf den Arbeiten von Dewey und Kilpatrick in den 20er Jahren (damalige Schlagworte: Der Projekt-Plan – Die Projektmethode und das Problem der Freiheit – Zweckvolles Handeln im pädagogischen Prozeß – Erziehung für eine sich wandelnde Kultur).

  Dieser Zweig wurde, zusammen mit den inzwischen weiterentwickelten Konzepten des Begründers der Gruppendynamik (K. Lewin) von den Reformbewegungen der 60er Jahre, die ja auf den weichen Wissenschaften fußten, wieder aufgenommen. So bildete sich auch in diesem Bereich ein »Projekt-Verständnis« heraus, das sich aber auf Interaktionen in sozialen Systemen konzentrierte. Die Organisationsentwicklung (aus diesen weichen Wissenschaften, insbesonders der Gruppendynamik, hervorgegangen) schließlich entfaltete hieraus ihr Projekt-Konzept. Dieses ergänzte sich in den letzten Jahren um das Verständnis von *selbstreferentiellen Projekten* (Konstruktivismus).

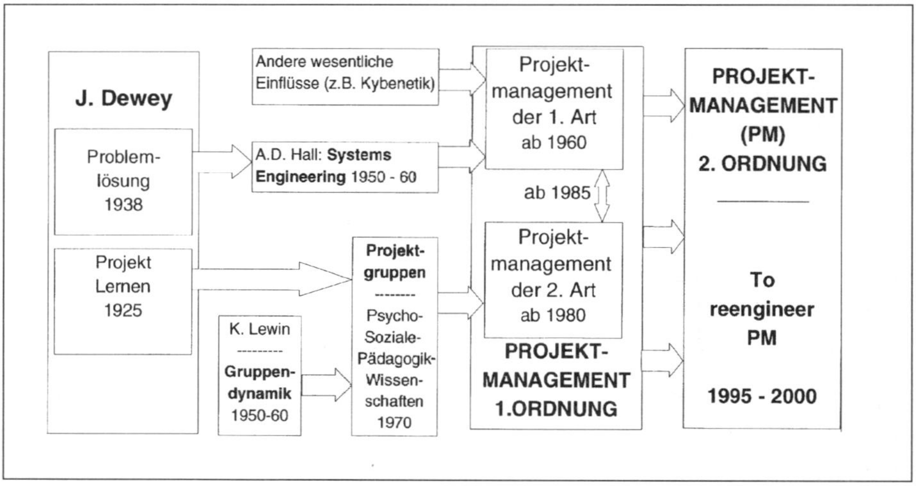

Abb. 6: Die Genesis zum Projekt-Management 2. Ordnung

Dieser gemeinsame Ursprung sollte nun mehr als ein Anlaß sein, zu überlegen, ob nicht beide Arten von Projektmanagement-Verständnissen wieder zu integrieren sind, und zwar konsequenter und umfassender als es bisher teilweise und zaghaft versucht wurde: getrennte Wege, die sich nun wieder treffen.

6 Die Vision des Projektmanagements 2. Ordnung: Die Notwendigkeit einer Integration

6.1 Die Herausforderung

Nur die radikale Umgestaltung aller betrieblichen Prozesse führe zur Leistungsverbesserung um Größenordnungen – so die Reengineering-Gurus J. Champy und M. Hammer. Dieses Konzept des Business Reengineerings (BR) mit seinen Prämissen zum fundamentalen Wandel ist mehr als anspruchsvoll. So ist es kein Wunder, daß über die Logik des Mißlingens derartiger tiefgreifender Restrukturierungen heute mehr geredet wird als darüber, daß kaum ein Unternehmen in der Lage ist, mit einem Schlag seine tradierten Strukturen aufzubrechen und Neugestaltungen seiner gesamten Wertschöpfungskette vorzunehmen.

Das ist eine *Herausforderung an das Projektmanagement*, in einer spezifischen Ausprägungsform Methoden und Vorgehensweisen für das Management radikaler Veränderungen des BR bereitzustellen. Es ist aber auch ein weiterer Anlaß, Projektmanagement der 1. und 2. Art zu einem neuen Konzept auf einer Meta-Ebene zusammenzufassen, zu einem »*Projektmanagement 2. Ordnung*«. Denn der hohe Anspruch des BR verlangt eine gleichzeitige Behandlung von weichen und harten Wirklichkeiten und keine isolierte Betrachtung. Zudem wird die synchrone Handhabung der *beiden Welten von harten und weichen Wirklichkeiten* ein Gebot der Zukunft sein, um den Anforderungen der sich entwickelnden postindustriellen Gesellschaft, der Informationsgesellschaft, Rechnung tragen zu können.

6.2 Die Zukunft des Projektmanagements

Fassen wir die Aussagen und Notwendigkeiten aus den vorstehenden Kapiteln zusammen:

- *Projektmanagement* kann prinzipiell Evolutionsprozesse und damit auch die *Durchführung radikaler Veränderungen des BR koordinieren.*
- *Evolutionsprozesse* einerseits und der Einbezug von *weichen Wirklichkeiten* und *Selbstreferenz* andererseits entfalten eine *Dynamik ohnegleichen*, mit der ein Management-System umgehen muß.

- *Netzwerke von Projekten*, die in ihrer flexiblen Bündelung sich schnell auf veränderte Anforderungen und Umfelder einstellen können, umfassen beispielsweise verschiedene KAIZEN-Prozesse (Evolution 1. Ordnung) als *Tragegerüst für einen radikalen Wandel* gemäß dem Prinzip der Evolution 2. Ordnung bzw. des BR.
- *Lernort Projekt*: Kooperatives und organisationales Lernen in Netzwerk-Projekten ist nötig.

Das sind wesentliche Herausforderungen, denen sich ein *Projektmanagement 2. Ordnung* stellen muß. Das bedeutet: »*Reengineering des Projektmanagements*« (totale Neuausrichtung), damit Reengineering-Prozesse in Unternehmen durch Projektmanagement handhabbar werden und den Anforderungen einer zukünftigen Informationsgesellschaft entsprochen werden kann.

Bemerkenswerte Ansätze dazu, einzelne Gestaltungsempfehlungen oder Prinzipien für Vorgehensweisen zum »Reengineering des Projektmanagements« gibt es bereits. Da sie meist Einzelaspekte behandeln, fehlt jedoch der systematisierende Überbau, eben das »*Projektmanagement 2. Ordnung*«, bei dem auch noch die »weißen Flecken« sichtbar werden.

Als eine beispielhafte Auswahl aus der bereits vorhandenen Vielfalt von Einzelaspekten, die mit den Methoden und Verfahren des Projektmanagements der 1. und 2. Art zu einem Projektmanagement 2. Ordnung zu verbinden sind, soll die »*weiche Systemmethodik*« genannt werden. Die weiche Systemmethodik wurde im Dialog mit dem *Systems-Engineering-Konzept* entwickelt. Da das Systems-Engineering sich nur bedingt brauchbar bei sozialen Systemen und weichen Wirklichkeiten erwiesen hat, wurde für das »missing link« die weiche Systemmethodik entwickelt. Die Problemlösungs- und Gestaltungsprozesse, die bei der St.Galler Management-Schule entstanden sind, fußen vornehmlich auf dem Prinzip der weichen Systemmethodik.

Ein weiteres Beispiel ist auch hier der Ansatz des *Change Managements* von Doppler/Lauterburg, die zeigen, daß auch OE-Berater mit ihrer sozialpsychologischen Basis jedoch betriebswirtschaftliches Wissen und Projektmanagement beherrschen sollen. Ihr Ansatz verbleibt aber noch weitgehend im lokalen Bereich.

Umsetzungsaspekte – Die neue Rolle der Berater 7

Projektmanagement zur Durchsetzung des Wandels 7.1

Mit Projektmanagement können die Herausforderungen an die Wandlungsfähigkeit der Unternehmen bewältigt werden. Konventionelle Führungsstrukturen unterstützen einen Veränderungsprozeß dagegen nur unzureichend. Für einen Wandel im Unternehmen heißt die Lösung schlicht und einfach: *Projektmanagement* – und zwar ein Projektmanagement 2. Ordnung. Dieses Projektmanagement als zielorientierte Managementdisziplin ist geradezu prädestiniert, die Rolle eines *Veränderungsagenten* zu erfüllen und der systematischen Durchsetzung des radikalen Wandels zu dienen. In seiner Anwendung unterscheidet es sich substantiell von den bisher benutzten Ausprägungsformen des Projektmanagements, sei es in der bisherigen Praxis der Organisationsentwicklung oder der Großprojektsteuerung im Anlagenbau oder in der Forschung und Entwicklung.

In einem vereinfachten Ansatz ausgedrückt, verfolgt Projektmanagement zwei Ziele: ein *Sachziel* und ein *Verhaltensziel*. Für Business Reengineering-Projekte, für das ja das Setzen agressiver Ziele erforderlich ist, gilt hier:

- Das *Sachziel* des Projektmanagements liegt in der Steuerung und Durchsetzung des tiefgreifenden unternehmerischen Wandels (in Technologie und Organisation).
- Das *Verhaltensziel* besteht darin, die Mitarbeiter durch Einschaltung einerseits und durch konsequente Interventionen des Projektmanagements zu wesentlichen Erfolgserlebnissen und damit zu lösungsorientiertem Verhalten zu führen. Dabei sind für BR-Projekte zwei Aspekte des Verhaltens zu berücksichtigen:
  - das Verhalten des engeren Projektteams,
  - das Verhalten der restlichen betroffenen Mitarbeiter im Unternehmen.

Dieser Doppelaspekt impliziert wiederum das Prinzip der Selbstreferenz. Hieraus ergeben sich vielschichtige Aktionsfelder des Projektmanagements (s. Abb. 7).

Wesentlicher *Schlüsselfaktor* ist die Unterstützung durch das *Top-Management*, das entscheidender Promoter des BR-Prozesses sein muß. Beim geringsten Zweifel an der Unterstützung durch das Top-Management sollte der Prozeß nicht begonnen werden.

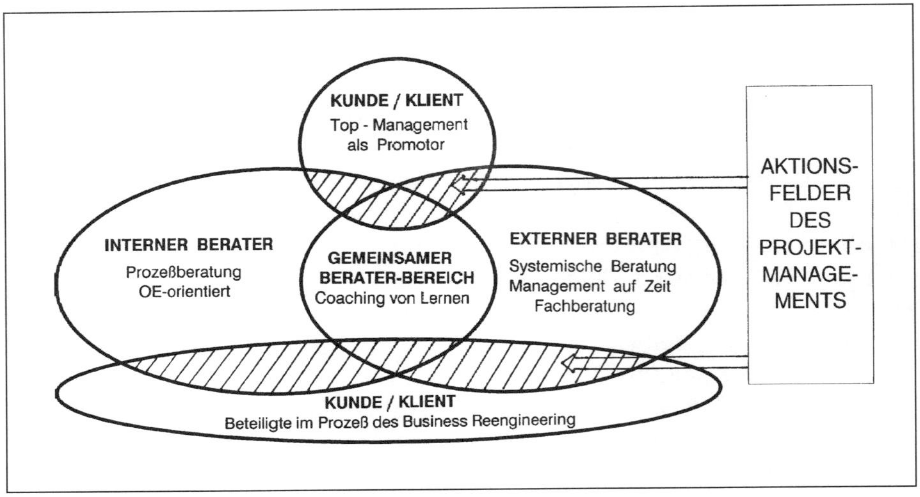

Abb. 7: Die vielschichtige Rolle der Berater bei Business Reengineering Projekten

Darüber hinaus sind folgende Einschaltungen wesentlich:

- Bei technologischen Aspekten der fundamentalen Reorganisation müssen diejenigen *Mitarbeiter*, die später mit den neuen Technologien umzugehen haben, auf jeden Fall am Überlegungsprozeß beteiligen sein.
- Den mehr kulturellen Aspekten eines radikalen Reengineering sollten weitgehend diejenigen Mitarbeiter Rechnung tragen, die für die Festlegung der Normen des Unternehmens primär zu sorgen haben, also vornehmlich die *Führungskräfte*.
- Die strategischen Aspekte der radikalen organisatorischen Veränderung sollten im *Aufgabenbereich des Projektleiters* liegen – die Klärung dieser Fragen ist letztlich eine seiner Hauptaufgaben.
- Reorganisationen von Machtstrukturen erfordern ein Höchstmaß an Kommunikation und Objektivität durch Abstimmung bzw. Aushandlung. Der damit verbundene Aspekt der Selbstreferenz verlangt aufgrund der Engführung im geschlossenen Kreislauf nach externer Beobachtung. Das sind *eindeutige Aufgaben für einen Berater*, sei er extern oder intern eingeschaltet (jedoch kann interne Beratung bei selbstreferentiellen Situationen leicht den Bezugsrahmen verlieren).

Ein Business Reengineering Projekt oder ein radikaler Veränderungsprozeß kann in folgenden drei Hauptphasen ablaufen, die sich an den Grundverlauf der Evolution 2. Ordnung (s. Abb. 2) orientieren:

- *Phase 1: Vorbereiten des dynamischen Durchbruchs.*

  Problemformulierungen, Voruntersuchungen und Feststellungen der Veränderungsbereitschaft. Abklärung der Lenkungsmöglichkeiten. Erstes Prozeßdesign und Einbettung in ein umfassendes Modell. Planen von Strategien und Maßnahmen.

- *Phase 2: Realisierung der Veränderung, der dynamische Durchbruch, der Sprung.*

  Detaillierte Durchführungsplanung, Kommunikation, Durchführungssteuerung, Controlling, Zielanpassung versus Zielbeibehaltung – Umgang mit Dynamik.

- *Phase 3: Synergetische Konvergenz.*

  Überführen des radikalen Veränderungsprozesses in einen kontinuierlichen Verbesserungsprozeß.

Die kritische Phase, und damit auch die Phase mit der wesentlichen Beeinflussung des Erfolgs, ist die erste Hauptphase. Hier ist eine weitere Differenzierung denkbar.

Die anspruchsvolle Zielsetzung des Business Reengineerings erfordert Netzwerke von Projekten, wobei das obige Phasenmodell für jedes einzelne Projekt des Netzwerkes anzuwenden ist. In derartigen *Projektnetzwerken* entwickelt Projektmanagement drei Säulen für den Aktionsraum:

- *Management der Projektentwicklungen:*

  Identifizierung von Veränderungsprojekten, Startfreigabe und Abgleich mit anderen Projekten des Netzwerkes.

- *Management der Projektdurchführungen:*

  Erreichung synergetischer Veränderungen durch vernetzte Projektdurchführung.

- *Management des Wissens, Lernens und des Know-Hows:*

  Schaffung einer erforderlichen kognitiven und verhaltensorientierten Infrastruktur für die Prozesse der Projektentwicklungen und -durchführungen..

7.2 Die neue Rolle der Berater

Wesentliche Merkmale des Projektmanagements 2. Ordnung, das auch die Management-Basis für Business Reengineering-Projekte darstellt, sind:

- Kybernetik 2. Ordnung. Der damit verbundene Einschluß des Beobachters im System muß beherrscht werden.
- Selbstreferenz, die in ihrer zirkulären Verkettung eng mit der Kybernetik 2. Ordnung verbunden ist.

Durch diese Charakteristiken bekommt der *Berater eine neue, entscheidende Legitimität* und seine Notwendigkeit wird dadurch verstärkt. Um mit der Fachsprache zu sprechen: jetzt kommt der *Beobachter 2. Ordnung* ins Spiel. Diese Einführung von Außenbeobachtungen ist eine der wesentlichen Funktionen, die eine externe Beratung leisten kann und die praktisch nur von einer externen Beratung geleistet werden kann. Für diese Art von Beratung hat sich der Begriff »*systemische Beratung*« eingebürgert. Die Bezeichnung »systemisch« wirkt mißverständlich, da nur ein begrenzter Teil (der jedoch für Management-Aspekte bedeutsam ist) angesprochen wird, nämlich das Kommunikations- und Erkenntnissystem.

Die *Notwendigkeit einer Außenperspektive* kann durch folgende Überlegung verdeutlicht werden:

- Unser alltägliches, lineares Ursache-Wirkungs-Denken, bei dem wir stillschweigend voraussetzen, daß wir es mit Objekten zu tun hätten, die unabhängig von unseren Handlungen so seien, wie sie sind, macht es uns schwer, Vernetzungen, Rückkopplungsprozesse und Schleifen, wie sie bei der Selbstreferenz auftreten, zu erfassen.
- Das führt manchmal dazu, daß wir uns mit unserem Handeln in Paradoxien verstricken und bestimmte Ziele so lange nicht erreichen, wie wir es auf diesem Wege versuchen – sie aber gerade dann erreichen, wenn wir unsere Versuche aufgeben ...
- Der Sinn von Entscheidungen und Handlungen ist aus dem interaktionellen Kontext bestimmt, in dem sie erfolgen – und der ist für den Beteiligten aus der Innenperspektive nur begrenzt erfaßbar. Der Blick aus der Außenperspektive dagegen kann ihn verdeutlichen. Er ermöglicht es, die Wirkungen des eigenen Handelns an den Zielen und Absichten zu messen, gegebenenfalls alternative Strategien zu entwickeln und durch Interventionen auf das System einzuwirken.

Die neue Rolle der Beratung beschränkt sich jedoch nicht nur auf den systemischen Beratungsansatz, auf der Außenperspektive. Weiteres wesentliches Merkmal von Business Reengineering Prozessen ist die Kombination von Kybernetik 1. Ordnung, der Gegenständlichkeit, und der Kybernetik 2. Ordnung, der sozialen Systeme. Fremdreferenz (Bezug zur Umwelt, die klassische Projektbetrachtung) und Selbstreferenz (Eigenbezug) bilden einen Mix, agieren komplementär und schaffen eine hybride Situation, die zu meistern ist: Business Reengineering Prozesse sind somit *fremd- und selbstreferentielle Projekte* in einem, also *Projekte 2. Ordnung*. Dazu kommt noch das Merkmal der lernenden Organisation.

Diese Anforderungen führen zu einer *Vielschichtigkeit* der Berater-Rollen, in der verschiedene Beratungsansätze integriert werden können. Das ist das *eigentliche »Neue« an der Beraterrolle* im Business Reengineering-Prozeß mit Projektmanagement 2. Ordnung.

So wird es erforderlich sein, *verschiedene Beraterrollen zu integrieren:*

- Eine Fachberatung in Form von Gutachten. Sie kann besonders wirksam werden bei den technologischen Aspekten.
- Eine prozeßorientierte Fachberatung, die von dem Spezialisten auf Zeit bis hin zur eindeutigen Trennung von Prozeß- und Fachberatung geht (Beteiligte einbeziehen). Dieser Aspekt ist auch bedeutsam für die Unterstützung des Projektmanagements 2. Ordnung durch Berater, die jedoch hierbei mehr eine Service-Funktion wahrnehmen.
- Ein OE-orientierter Beratungsansatz, der den Schwerpunkt auf Verhaltens- und Einstellungsänderung legt.
- Die systemische Beratung in Sinne der Kybernetik 2. Ordnung, die sich in der Außenperspektive von der »Gutachten-Beratung« unterscheidet, indem sie interveniert, d.h. prozeßbegleitend tätig ist.

Die Integration der verschiedenen Beraterrollen erfolgt über das Business-Reengineering-Projekt bzw. über des entsprechende Projekt-Netzwerk. Eine derartige Integration kann auch zeitlich sequentiell wirken und nicht nur parallel. Hier wird dann das Prinzip der »on call consultants« wirksam. Berater müssen demnach auch bereit sein, mit anderen Kollegen im Verbund zu arbeiten.

Diese Zusammenarbeit der Berater im Verbund ist ein weiterer neuer Aspekt für die Beraterrolle, der nicht nur auf der Beraterseite zu akzeptieren ist, sondern auch beim Kunden bzw. Klienten. Es wird zu den Aufgaben eines Kunden bzw. Klienten gehören, einen derartigen Verbund zu fordern.

Eine zweite Integrationsebene ergibt sich, indem *interne und externe Berater* zusammenarbeiten. Zu den wesentlichen Aufgaben einer internen Beratung kann beispielsweise gezählt werden:

- Alle »bottom-up« Prozesse zu initiieren und zu steuern (OE-Orientierung).
- Schaffung der nötigen Freiräume auf allen Ebenen im Unternehmen.
- Humanressourcen Consultant und Unterstützung der Umsetzung.

Die gemeinsame Schnittfläche kann gebildet werden durch die Trainingskomponente bzw. das Coaching der Lernprozesse (s. Bild 7).

8 Zusammenfassung in Kernaussagen

Anlässe und Ursachen für ein Business Reengineering

- Die Wirtschaft befindet sich in einer Umbruchphase nie gekannten Ausmaßes und Radikalität. Als Antwort darauf agiert das Business Reengineering mit einem Verständnis von *radikalen Veränderungen.*
- Die tiefgreifenden Veränderungs- und Neuerungsprozesse gehen Hand in Hand mit der Technologie und der Organisation. Sie sind durch das Prinzip »*Projekte und Projektmanagement*« machbar.
- Der *Berater* spielt bei diesen Prozessen eine anspruchsvolle und entscheidende Rolle.

Die fundamentalen Prinzipien

- Das Prinzip der *Evolution 2. Ordnung*, das Erreichen großer Fortschritte in Sprüngen (Quantensprünge) kann als instruktive Interpretation der radikalen Veränderungsphilosophie dienen und eine Basis für Handlungsanleitungen darstellen.
- Projekte, Projektnetzwerke und Projektmanagement sind *operationale Instrumente* für die tiefgreifenden Veränderungen, wie sie den evolutionären Sprüngen oder dem Business Reengineering Konzept zugrunde liegen.
- Unternehmensorganisationen sind humansoziale Systeme mit den Eigenschaften der *Selbstschaffung, Selbstreferenz und Selbstor-*

ganisation. Die Kybernetik der sozialen Systeme ist die *Kybernetik 2. Ordnung*, die Kybernetik für die »weiche« Wirklichkeit. Business Reengineering findet im Raum von harten und weichen Wirklichkeiten statt und entfaltet daher eine *Dynamik* ohnegleichen.

- Bei Veränderungsprozessen ist fertiges Wissen nicht brauchbar. Eine lerntechnische Infrastruktur ist erforderlich: vom individuellen Lernen zur *lernenden Organisation*. Als kooperatives Lern- und Arbeitssystem kann der »*Lernort Projekt*« angesehen werden.

Die Notwendigkeit von Projektmanagement

- Die synchrone Handhabung der beiden Welten von harten und weichen Wirklichkeiten ist ein hoher Anspruch des Business Reengineering und ein Gebot der Zukunft unserer Gesellschaft. Das ist eine Herausforderung an das Projektmanagement, ein neues Konzept zu entwickeln, ein *Projektmanagement 2. Ordnung*, um derartige Prozesse handhabbar zu machen.
- Ein *Business Reengineering-Projekt* läuft in drei Hauptphasen ab, die sich an dem Grundverlauf der Evolution 2. Ordnung orientieren.

Die neue Rolle des Beraters

- Durch die Zirkularität und Selbstreferenz, die in der Betrachtungsperspektive der Kybernetik 2. Ordnung existent sind, bekommt der *externe Berater* eine neue, entscheidende Legitimität.
- *Die Vielschichtigkeit* der Berater-Rollen, in der verschiedene Beratungsansätze integriert werden können, ist das *eigentliche »Neue« an der Beraterrolle* im Business Reengineering-Prozeß mit Projektmanagement 2. Ordnung. Die Integration erfolgt über Projektnetzwerke. Berater müssen demnach auch bereit sein, mit anderen Kollegen im Verbund zu arbeiten. Eine weitere Integrationsebene ergibt sich, indem Business Reengineering Projekte die *Chance zur Zusammenarbeit* zwischen *internen und externen Beratern* bietet.

9 Literatur

Ashby, W. R.: Design for a Brain. London 1960

Bateson, G.: Ökologie des Geistes. Frankfurt 1988

Champy, J.: Reengineering Management. New-York 1994

Dewey, J./Kilpatrick, W. H.: Der Projekt-Plan. Weimar 1935

Dewey, J.: Logic, The Theory of Inquiry. New-York 1938

Doppler, K./Lauterburg, Ch.: Change Management. Frankfurt 1994

Foerster, H. von: Sicht und Einsicht. Braunschweig 1985

Hall, A. D.: Methodology for Systems Engineering. Princeton 1962

Haken, H.: Synergetik – Nichtgleichgewichts-Phasenübergänge und Selbstorganisation in Physik, Chemie und Biologie. Berlin 1990

Hammer, M./Champy, J.: Business Reengineering. Frankfurt 1993

Jensen, E.E.: Reengineering – ein für die Nutzung des Mitarbeiterpotentials bedeutsames Konzept. In »Organisationsentwicklung« , Heft 2/94

Laszlo, E.: Evolutionäres Management – Globale Handlungskonzepte. Fulda 1992

Laszlo, E.: Evolution – Die neue Synthese.Wien–Zürich 1987

Luhmann, N.: Soziale Systeme. Frankfurt 1984

Metzen, H.: Leidensweg. In: Manager Magazin 11/1994

Probst, G. J. B.: Organisation. Landsberg/Lech, 1992

Saynisch, M.: Business Reengineering durch Projekte und Projektmanagement. In: Projektmanagement-Forum '95, herausgegeben von M. Wermter. München 1995

Saynisch, M.: Selbstorganisation und Konstruktivismus. In: Projektmanagement 2/95

Saynisch, M.: Krisenmanagement – Chancennutzung oder Risikoabsicherung?. In: Erfolgsfaktor Krise, herausgegeben von R. Gareis. Wien 1994

Saynisch, M.: Am Anfang war das System... . In: Systemische Perspektiven, herausgegeben von K.W. Krathky. Heidelberg 1991

Saynisch, M.: Auf dem Weg zu einem systemisch-evolutionären Projektmanagement. In: Neuorientierung im Projektmanagement, herausgegeben von H. Balck. Köln 1990

Saynisch, M.: Project Management in Relation of a changing Understanding of Management and Social Systems. In: Proceedings/Vol.2 of the 10th INTERNET World Congress »Management by Projects«. Wien 1990

Schwaninger, M.: Management-Systeme. Frankfurt 1994

Scott-Morgan, P.: Die heimlichen Spielregeln. Frankfurt a.M. 1994

Simon, F. B.: C/O/N/E/C/T/A: Radikale Marktwirtschaft. Heidelberg 1992

Simon, F. B.: Harte und weiche Wirklichkeiten. In: Das systemisch-evolutionäre Management, herausgegeben von R. Königswieser et al, Wien 1990

Trebesch, K.: Unternehmensentwicklung. In: Organisationsentwicklung, Heft 2/94

Erfolgreiche Zusammenarbeit mit Unternehmensberatern

Dipl.-Kfm. Christoph Weyrather
Bundesverband Deutscher Unternehmensberater BDU e.V., Bonn

Was Unternehmensberatung umfaßt 1

Strategische Unternehmensplanung, Unternehmensgestaltung, Organisation, Personalsuche, Personalentwicklung, Controlling, Marketing, Logistik ... und natürlich Projektmanagement – dies sind einige Stichworte zu Aufgabenbereichen, in denen Unternehmensberater tätig werden.

Das Feld der *Unternehmensberatung* wird deutlich abgegrenzt von den Bereichen Rechtsberatung, Steuerberatung, Wirtschaftsprüfung, Versicherungsberatung, Immobilien- und Anlageberatung, Vermögensverwaltung sowie Versicherungs-, Immobilien- und Anlagevermittlung. Auch wenn die vorgenannten Tätigkeiten alle etwas mit der Beratung von Unternehmen zu tun haben, wird in der Unternehmensberatung allein das Angebot von unabhängigem Rat und unabhängiger Hilfe in Bezug auf Management-Aufgaben gesehen. Dies schließt typischerweise die Identifizierung und Untersuchung von Problemen und/oder Chancen, die Empfehlung von angemessenen Aktivitäten und die Hilfe bei der Umsetzung der Empfehlungen ein.

Unternehmensberater können dazu beitragen, durch ihre Erfahrungen unternehmerische Entscheidungen abzusichern und auf Risiken aufmerksam zu machen. Durch ihre Tätigkeit sind die Berater tagtäglich mit Problemen konfrontiert, die für einzelne Unternehmer und Manager vielleicht völlig neu sind und eventuell auch später nie wieder auftreten werden. Um handlungsfähig zu bleiben, sind sie gezwungen, Entscheidungen zu treffen und dies trotz Informationsmangel oft unter erheblichem Zeitdruck.

Erfahrene Unternehmer und Manager wissen die Vorbereitung von Entscheidungsalternativen auf qualifizierte Unternehmensberater zu delegieren. Dies ist auch bei größeren Unternehmen wirtschaftlicher als der Aufbau eigener Stabsabteilungen.

2 Die Wahl eines Unternehmensberaters

Lassen Sie sich von mehreren Beratungsunternehmen allgemeines Informationsmaterial zusenden und ziehen Sie dann maximal drei in die engere Wahl. Vereinbaren Sie einen Gesprächstermin. Da Unternehmensberatung ein komplexes Thema ist, lassen sich die Eckpunkte, die der Berater zur Ausarbeitung seines Angebotes braucht, besser in einem persönlichen Gespräch herausstellen. Die schriftliche Aufforderung zur Angebotsabgabe bedingt meist zahlreiche telefonische Rückfragen.

Bei diesem kostenlosen Vorgespräch können auch Sie folgendes in Erfahrung bringen:

- Unternehmensstruktur mit Gründungsjahr und Größe (Umsatz, Personal),
- Unternehmensphilosophie,
- Beratungsgebiete mit angebotenen Leistungen,
- Erfahrungen in bestimmten Branchen und Tätigkeitsbereichen,
- Referenzen, bei denen eine vergleichbare Problemstellung bereits bewältigt wurde – machen Sie von den Referenzen auch Gebrauch und prüfen mindestens zwei persönlich,
- Qualifikation der Mitarbeiter, besonders derjenigen, die im Projekt eingesetzt werden sollen,
- regionale Präsenz (Niederlassungen).

In dem Gespräch sollte natürlich das Projekt selbst ausführlich behandelt werden: wie will der Unternehmensberater vorgehen, in wieviel Phasen sollte das Projekt sinnvoll aufgeteilt werden. Meist wird auch eine Betriebsbesichtigung notwendig, damit der Berater sich ein Bild von Ihrem Unternehmen machen kann.

Bei besonders komplexen Problemstellungen wird der Berater in einer kurzen Untersuchung (3–5 Tagewerke) feststellen, wie die Aufgabe strukturiert werden kann und auf welche Unternehmensfelder sich der Beratungsbedarf erstreckt. Auch ist es möglich, in einem gemeinsamen Workshop mit dem Auftraggeber und dessen Führungsmannschaft Aufgaben und Zielsetzung der Beratung definieren.

3 Das Angebot des Unternehmensberaters

Nach den Vorbesprechungen werden Ihnen die Unternehmensberatungen schriftliche Angebote übermitteln oder – je nach Komplexität des Projekts – die Angebote persönlich präsentieren. Bei diesen Angebotspräsentationen sollten bereits die Führungskräfte anwesend sein, die später in das Projekt einbezogen werden.

Das schriftliche Angebot des Unternehmensberaters sollte folgende Punkte behandeln:

- Aufgabenstellung (Ziel der Beratung)
- Vorgehensweise
- Beratungsmethode
- Beratungsdurchführung (Projektteam)
- Abstimmungs- und Entscheidungsinstanzen
- Geplanter Zeitaufwand und Honorarhöhe
- Zahlungsbedingungen
- Beginn der Beratung/Zeitdauer
- Regelung einer vorzeitigen Beendigung

Folgende Anhaltspunkte sollten Sie bei der endgültigen Entscheidung berücksichtigen:

- Erfahrungsschatz des Beratungsunternehmens,
- Qualität der überprüfbaren Referenzen,
- branchenspezifische und übergreifende Kenntnisse,
- fachliche Qualifikation der Unternehmensberater,
- persönliche Überzeugungskraft der Unternehmensberater,
- Sympathie und Vertrauensbildung zu dem vorgesehenen Projektteam,
- Problemverständnis der Unternehmensberater,
- fundiertes und sachgerechtes Angebot,
- Terminplanung (Detaillierung, Abschätzung des Zeitrahmens),
- Vorschläge zur Projektorganisation (Teambildung),
- Honorarbildung und Nebenkosten, Zahlungstermine,
- Preis-Leistungs-Verhältnis,
- Mitgliedschaft in bekannten berufsständischen Organisationen.

Der Vertrag mit dem Unternehmensberater 4

Da sich der Unternehmensberater in wirtschaftlicher und sozialer Unabhängigkeit und Selbständigkeit gegenüber dem Kunden befindet, schließen Sie mit ihm keinen Arbeitsvertrag ab, wie er zwischen Arbeitnehmer und Arbeitgeber zustandekommt. Früher unterschied man bei den Beratungsverträgen zwischen Dienstvertrag (§ 611 BGB) und Werkvertrag (§ 631 BGB). Beim Dienstvertrag schuldet der Unternehmensberater die Arbeitsleistung als solche, beim Werkvertrag schuldet er die Herbeiführung eines gegenständlich faßbaren Arbeitsergebnisses, beispielsweise einen fehlerfreien Personal- und Organisationsplan. Im Werkvertrag verpflichtet sich der Unternehmensberater aber nicht dazu, daß der erarbeitete Plan auch zu einer entsprechenden Umsatzsteigerung führt. Letzteres ist Risiko des Unternehmers, das der Unternehmensberater durch entsprechend qualifizierte Entscheidungsvorbereitung vermindern, nicht aber übernehmen kann.

In den häufigsten Fällen kommt der Vertrag zwischen Unternehmensberater und Klient dadurch zustande, daß der Unternehmensberater ein Angebot machte und der Kunde unter Bezug auf dieses Angebot den Auftrag erteilt.

Diesen Auftrag sollten Sie schriftlich erteilen. Die meisten Streitigkeiten zwischen Unternehmensberater und Klient beziehen sich darauf, daß der Kunde eine andere als die geleistete Arbeit erwartet hat. Deshalb sollten Sie ganz besonderen Wert darauf legen, daß die Formulierung von Aufgabenstellung und Vorgehensweise exakt ist und Ihren Vorstellungen entspricht.

Änderungen der vertraglichen Regelungen, insbesondere der Aufgabenstellung, die sich während der Projektlaufzeit ergeben, sollten durch Besprechungsprotokolle dokumentiert und von beiden Vertragsparteien unterzeichnet werden.

Das Wichtigste ist letztendlich, daß die Chemie stimmt. Sie müssen dem Unternehmensberater Vertrauen schenken können, mit ihm gut auskommen. Der beste Experte nützt Ihnen nichts, wenn er Ihnen unsympathisch ist und Sie den Eindruck haben, daß er mehr danach strebt, sich selbst in seinem Werk zu verwirklichen als Ihnen zu dienen. Eine Berater-Fehlentscheidung bedeutet oft nicht unerhebliche finanzielle Verluste, Ärger mit den Mitarbeitern oder gar Offenlegung von Betriebsgeheimnissen, zum Beispiel von Produkt- und Marktinnovationen.

Eine Hilfe für Klienten ist da die freiwillige Anerkennung von Berufsgrundsätzen und das Durchlaufen eines umfangreichen Aufnahmeverfahrens, wie es zum Beispiel für die Mitglieder im Bundesverband Deutscher Unternehmensberater BDU e.V. gilt. Mit diesen Grundsätzen verpflichten sich die Mitglieder u.a. zur Vertraulichkeit. Unter diesem Grundsatz ist z.B. geregelt: »Wir behandeln alle internen Vorgänge und Informationen des Klienten, die uns durch unsere Arbeit bekannt werden, streng vertraulich. Insbesondere werden auftragsbezogene Unterlagen nicht an Dritte weitergegeben.«

Honorare 5

Da es für die Unternehmensberater keinen Schutz der Berufsbezeichnung und keine Kammern wie z.B. bei Rechtsanwälten gibt, gibt es auch keine Gebührenordnung. Die Unternehmensberater sind in der Kalkulation ihrer Honorare frei. Das hat Vorteile für beide Seiten, denn es kann über die Honorarhöhe verhandelt werden und es können sich für bestimmte Leistungen Marktpreise bilden, die sich nach Angebot und Nachfrage richten.

Das Honorar wird üblicherweise als Zeithonorar in »Manntagen« berechnet. Unter einem Manntag versteht man die Arbeit eines Beraters an einem Tag. Ein Manntag sind acht bis zehn Beratungsstunden. Werden in einem Projekt 5 Berater jeweils 10 Tage benötigt, sind das 50 Manntage. Die durchschnittliche Spannbreite für das Honorar pro Manntag liegt zur Zeit bei 1.000 bis 4.000 DM. Die große Differenz im Preis zeigt deutlich, wie heterogen der Markt ist. Bei seriösen Unternehmensberatern hängt die Honorarhöhe unmittelbar mit der Qualifikation und Erfahrung sowie mit der Spezialisierung und nicht zuletzt mit der technischen Ausstattung zusammen. Sie dürfen die Höhe des Tageshonorars deshalb nicht isoliert betrachten. Unter Umständen ist der Unternehmensberater mit dem billigeren Tagessatz insgesamt teurer, weil er mehr Tage braucht, um das für Sie wichtige Ergebnis auszuarbeiten.

Setzt die Beratungsgesellschaft bei größeren Projekten mehrere Unternehmensberater als Projektteam ein, kann das Unternehmen differenzierte Preise für die Berater im Projektteam berechnen.

Analyse und Umsetzung 6

Oft können Sie allein mit einem Beratungsbericht, der die Analyse und Lösungsvorschläge enthält, wenig anfangen. Sie sind darauf angewiesen, daß der Unternehmensberater Sie auch bei der Umsetzung unterstützt. Deshalb ist es wichtig, daß Sie in der vertraglichen Regelung der Aufgabenstellung bereits vereinbaren, daß der Berater auch für die *Umsetzung des Projektes* zur Verfügung steht. Sie erreichen dadurch ganz nebenbei, daß der Unternehmensberater keine »Luftschlösser« baut, sondern realitätsnah mit Ihnen plant.

Man kann beim Beratungsprozeß gewöhnlich die folgenden Phasen unterscheiden:

- Informationsbeschaffung
- Informationsverarbeitung
- Erarbeitung von Lösungsalternativen

- Bewertung der Lösungsalternativen
- Ergebnispräsentation und Empfehlung
- Einführung/Umsetzung.

7 Einbeziehung der Mitarbeiter und interne Zuarbeit

Als Unternehmer und Manager wissen Sie, daß Ihre Mitarbeiter Ihre wichtigste Ressource sind. Sie sollten deshalb von Anfang an den Eindruck vermeiden, daß Sie den Unternehmensberater als Ihre Verstärkung im Kampf gegen die Mitarbeiter ansehen. Erklären Sie deshalb den Mitarbeitern den Gesamtzusammenhang des Projektes und beziehen Sie besonders Ihre Führungskräfte intensiv ein.

Der qualifizierte Unternehmensberater wird ohnehin gemischte Projektteams bilden, in denen die jeweiligen Spezialisten Ihrer Abteilungen eine wichtige Rolle spielen. Das Know-How um Schwachstellen und Chancen ist in den meisten Unternehmen vorhanden, muß aber gebündelt werden und in organisatorische Maßnahmen einfließen. Der Berater versteht sich als Moderator in Teamsitzungen und gibt gegebenenfalls instrumentelle Hilfen.

Die Führungskräfte und anderen Mitarbeiter müssen das Konzept als von ihnen selbst entwickelt verstehen. Argumente wie »das kann doch nicht funktionieren« oder »der Unternehmensberater will uns wegrationalisieren« werden Sie dann nicht hören. Im Idealfall sagen die Mitarbeiter: »Das hätten wir eigentlich auch selbst gekonnt« – aber sie haben es im drängenden Tagesgeschäft nicht gemacht. Die Initiativ- und Moderationsfunktion des Beraters ist nicht zu unterschätzen. Im englischsprachigen Raum wird deshalb der Unternehmensberater auch gern als »*Change Agent*« charakterisiert.

8 Die Beratungsbranche

Anbieter sind sowohl Einzelberater und kleine Beratungsbüros, die oft nach Fachrichtung, Branche und Unternehmensgröße spezialisiert arbeiten, als auch mittlere und große Beratungsgesellschaften, die über Fachleute für alle Beratungssektoren verfügen und auch große und komplexe Aufträge aus einer Hand abwickeln können.

Der Beruf des Unternehmensberaters unterliegt in der Bundesrepublik Deutschland keiner speziellen Berufsordnung und keinem Berufsbezeichnungsschutz. Die Bezeichnung Unternehmensberater, Wirtschaftsberater, Betriebsberater, o.ä. kann jeder führen, unabhängig von Qualifikation und Erfahrung.

Der BDU hat nur einen Teil der Branche organisiert. Dies hängt auch damit zusammen, daß der Verband nur Berater aufnimmt, die über mindestens 5 Jahre Berufserfahrung in der Unternehmensberatung verfügen und seit mindestens 3 Jahren selbständig sind. Vor der Aufnahme werden drei Referenzen von Klienten und zwei Referenzen von anderen BDU-Mitgliedern eingeholt. Zusätzlich überwacht ein Ehrenrat das seriöse Verhalten der Mitglieder und kann notfalls die sofortige Beendigung der Mitgliedschaft eines Unternehmensberaters beschließen. Die Mitgliedschaft im BDU gilt daher allgemein als »*Gütesiegel für Unternehmensberater*«.

Die Autoren

Klaus J. Bechler

Geboren 1943 in Berlin. Nach den Stationen Kalkulation Großmaschinenbau, Software-Entwicklung und Leiter Materialwirtschaft einer Relaisfabrik in Portugal in der Siemens AG ist er seit 1984 in der Beratung tätig.

Er ist heute Abteilungsleiter in der Sietec Consulting GmbH mit den Schwerpunkten Einführung, Coaching, Assistenz und Audits von Projektmanagement für Kunden des Anlagenbaus, der Konsumgüterindustrie, der Informationstechnologie und des Behördenbereichs.

Er arbeitet mit im Normenausschuß Projektmanagement (ANPM) und im Normenausschuß für Qualitätsmanagement und Zertifizierungsgrundlagen (NQSZ) im DIN. Er ist Vorsitzender der BDU-Fachgruppe Projektmanagement.

Wolfgang Böhm

Jahrgang 1951. Studium zum Diplom-Betriebswirt (FH). Er hat langjährige Industrieerfahrung in verantwortlicher Position in Materialwirtschaft, Controlling und Organisation. Seit 1988 ist er mit den Schwerpunkten Strategie- und Organisationsberatung in der Unternehmensberatung tätig und leitete unter anderem große Reorganisationsprojekte in Industrie, Handel, Finanzdienstleistung und öffentlicher Verwaltung. Er ist auch Trainer für Projektmanagement.

Heute ist er Mitglied der Geschäftsleitung der Ernst & Young Unternehmensberatung München GmbH.

Wilhelm Doetsch

Geboren 1956 in Köln. Nach einer Ausbildung zum Industriekaufmann und einer Fortbildung zum Wirtschaftsassistenten in der Eisen- und Stahlindustrie schloß er ein Studium der Betriebswirtschaftslehre als Diplom-Kaufmann ab.

Danach folgten Tätigkeiten in den Bereichen Beteiligungscontrolling, Rechnungswesen, Bilanzierung und Planung. Seit 1989 ist er in Dienstleistungsunternehmen leitend tätig, heute als Geschäftsführer eines internationalen Engineering-Unternehmens im Anlagenbau.

Die Schwerpunkte seiner beruflichen Erfahrung liegen im Dienstleistungsbereich und im Projektmanagement des Großanlagenbaus. Darüber hinaus führte er Aufgaben im internationalen Beteiligungscontrolling, Rechnungswesen und beim Aufbau neuer Geschäftsfelder im Ausland durch.

Nino Grau

Geboren 1950. Er schloß sein Studium mit dem Diplom sowohl in Informatik als auch in Wirtschaftsinformatik und mit der Promotion ab. Von 1983 bis 1990 hatte er Projektverantwortung für EDV- und Organisationsprojekte in Industrieunternehmen.

Seit 1994 ist er Professor an der Fachhochschule Gießen-Friedberg mit den Arbeitsgebieten Projektmanagement, Operations Research und Computer Integrated Manufacturing.

Er ist Mitglied der GPM-Fachgruppe Berater.

Roland Heß

Jahrgang 1950. Nach dem Studium mit Abschluß als Dipl.-Kaufmann war er 1,5 Jahre als Trainer der Metaplan GmbH für Konzerne und Ministerien tätig. 7 Jahre war er als interner Berater der Schering AG für Strategische Unternehmensentwicklung, Führungsorganisation und Verbesserungsarbeitskreise engagiert. Seit über 10 Jahren ist er als selbständiger Trainer und Unternehmensberater aktiv für Marketing, Innovationen und Qualifizierungen in mittelständischen Unternehmen, Nonprofit-Organisationen und kommunalen Einrichtungen.

Er ist Geschäftsführer der WERKSTATT FÜR INNOVATION (BDU).

Als Mitglied des BDU arbeitet er aktiv in den Fachgruppen Projektmanagement sowie Marketing und Management mit. Er ist Mitbegründer der GPM-Fachgruppe Berater und war zwei Jahre Vorstandsmitglied der Gesellschaft für Organisationsentwicklung e.V.

Rolf Kaestner

Jahrgang 1952. Nach dem Abschluß des Studiums als Diplom-Volkswirt führte sein Weg von der Vorstandsstabsabteilung eines Finanzinstituts über die Abteilungsleitung Organisation in einem Verlag und über die Geschäftsfelder Projektmanagement-Qualitätssicherung, -Methodenberatung und -Training bei einer skandinavischen Consultancy 1988 in die freiberufliche Projektberatung und -betreuung im Verbund der PROJEKT PARTNER Gruppe.

Er hat seit 1980 konkrete PM-Beratungspraxis innerbetrieblich und außerbetrieblich in der Projektleitung und Projektmanagement-Unterstützung bei EDV-Projekten, Organisationsprojekten, OE-Projekten, Produktentwicklung, Technischer Zusammenarbeit und Private-Public-Partnership.

Er ist aktiv als Leiter der GPM-Regionalgruppe Hamburg/Kiel, als Leiter zweier GPM-Fachgruppen sowie als Mitglied der GPM-Fachgruppe Berater. Er brachte seine Erfahrungen in das Sammelwerk »Projektmanagement-Fachmann RKW/GPM« als Autor ein.

Thomas Köbberling

Geboren 1951 in Arolsen. Er schloß sein Studium 1977 in Göttingen als Diplom-Kaufmann ab und war zuletzt bis 1992 Geschäftsführer eines DV-Dienstleisters (IBM Großrechner-Welt, PC-Netzwerke, SAP).

Heute ist er kaufmännischer Prokurist der MICHEL-INSTITUT für Unternehmensberatung GmbH in Rattelsdorf mit konkreter Beratungspraxis in Projektleitung (Managementberatung, Organisationsprojekte, DV-Auswahl und -Einführung, Einführung von Kostenrechnung, Prozeßkostenrechnung) und Training (Seminarreihe »Wirtschaftlichkeitsbetrachtung« und »Qualitätsmanagement« bei Banken sowie Leasing- und Handelsfirmen).

Dietmar Lange

Jahrgang 1942. Er schloß das Studium der Betriebswirtschaftslehre als Dipl.-Kaufmann ab und wurde 1971 in Aachen promoviert. Nach dem Start als WP-Assistent 1967 folgten die beruflichen Stationen (DV-) Projektleiter, Leiter (DV-)Systemanalyse, Leiter Betriebswirtschaft/Controller, Abt.-Direktor Controlling.

Seit 1981 ist er Geschäftsführer der ICCON International Consulting Cooperation GmbH und seit 1992 Vorstand der BDU-Fachgruppe Projektmanagement.

Dr. Lange ist ferner seit 1990 Leiter der GPM-Regionalgruppe Stuttgart/Karlsruhe, übernahm 1991–1993 die Projektleitung des »Projektmanagement-Forum '92« in Mannheim und ist seit 1994 Leiter der GPM-Fachgruppe Berater.

Seit 1971 hat er Lehraufträge zu Betriebswirtschaftslehre, Organisation und Wirtschaftsinformatik an mehreren Hochschulen und tritt mit Seminaren, Vorträgen und Veröffentlichungen zu Projektmanagement, Projektcontrolling und Controlling an die Öffentlichkeit.

Christian Lauer

Geboren 1949 in Landau/Pfalz. Nach dem Abschluß des Studiums als Diplom-Kaufmann beschäftigte er sich als Programmierer und Projektleiter mit Dezentralisation in der DV, Informationsmanagement, Controlling und Projektmanagement.

Schwerpunkte sind Organisationsentwicklung, Führung, Dokumentation, DV-Organisation sowie Projektmanagement-Unterstützung und Controlling von EDV-Projekten.

Er hält Trainings über Moderation, Function-Point-Methode, Führungskräfteentwicklung, Projektführung und Wissensnutzung sowie Einführung des Projektmanagement. Hauptsächlich arbeitet er für Hotellerie, Industrie und Rechenzentren.

Er ist heute Geschäftsführer und Gesellschafter der Netzwerk Kommunikation GmbH und ist Mitglied der GPM.

Roland Ottmann

Jahrgang 1961. Er erwarb den Techn.Dipl. und den Betriebswirt. Seit 1985 hat er praktische Erfahrung in Projekt- und Qualitätsmanagement in der Industrie und in Dienstleistungsunternehmen als Projektleiter und Berater.

Heute ist er Geschäftsführender Gesellschafter der Ottmann & Partner GmbH Management Consulting (u.a. Management-Systemberatung). Seit 1994 ist er Vorstandsmitglied der BDU-Fachgruppe Projektmanagement.

Er ist aktiv tätig als Leiter der GPM-Fachgruppe Mittelstand und als Fachreferent für den »Projektmanagement-Fachmann« (RKW/GPM) sowie als Repräsentant für Deutschland im Council of Delegates der International Project Management Association. Er ist auch Lehrbeauftragter für Projektmanagement an der Fachhochschule Nürnberg.

Manfred Saynisch

Jahrgang 1936. Als gebürtiger Sauerländer studierte er Maschinenbau und Kerntechnik an den Fachhochschulen Iserlohn und Kiel mit dem Abschluß Dipl.-Ing.

Er hat über 25 Jahre Erfahrung auf dem Gebiet der Organisation und des Projektmanagements in führenden Industrieunternehmen der Entwicklung und Produktion sowie bei maßgeblichen nationalen und internationalen Projekten in leitender Position sammeln können.

1985 gründete er die SPM-CONSULT – Systeme und Service im Projektmanagement. Neben Aufgaben der Beratung, Einführung und praktischen Unterstützung in der Projektarbeit führt er auch Forschungstätigkeiten aus und nimmt Lehraufträge auf dem Gebiet des Projektmanagements wahr.

Er ist Gründungsmitglied der GPM und Mitglied der GPM-Fachgruppe Berater sowie Verfasser von über 50 Veröffentlichungen und zweier Bücher und Mitglied weiterer Fachausschüsse und Gremien.

Eric Schott

Geboren 1965 in München. Er studierte Wirtschaftsingenieurwesen mit dem Abschluß als Dipl.-Wirtschaftsingenieur und wurde 1994 promoviert.

Seit 1985 arbeitete er als Projektmitarbeiter bei einer Gesellschaft für Marktplanung und forschte am Institut für Entscheidungstheorie und Unternehmensforschung der Univ. Karlsruhe sowie am Fraunhofer-Institut für Systemtechnik und Innovationsforschung. Er wechselte danach als Systemberater in den Bereich Expertensysteme und war zuletzt als Wissenschaftlicher Mitarbeiter an EG-Projekten zu Projektmanagementsystemen tätig.

Seit 1992 ist er bei Campana & Schott Realisierungsmanagement zuständig für Organisationsberatung und Projektmanagement.

Dr. Schott leitet die GPM-Fachgruppe Projektmanagement und Informationssysteme und ist Mitglied der GPM-Fachgruppe Berater.

Seit 1994 ist er auch Lehrbeauftragter an der Universität zu Köln.

Bernd R. Schwander

Geboren 1946 in Wuppertal. Er sammelte Erfahrung in der Programmierung und der Systemanalyse bei einem Hardware-Hersteller und war Leiter der Datenverarbeitung in einem Werbe-Unternehmen. Seit 1981 ist er als Unternehmensberater tätig, meist als Projektleiter, aber auch als Trainer für Projektmanagement und als Gutachter. Seine Branchenschwerpunkte sind Versicherungen und öffentliche Hand.

Heute ist er als Prokurist der KPMG Unternehmensberatung GmbH Leiter des Geschäftsbereichs Versicherungen.

Seit 1994 ist er Vorstandsmitglied der BDU-Fachgruppe Projektmanagement.

Uwe Techt

Geboren 1964 in Hamburg-Bergedorf. Er ist seit 1986 in der Projektmanagement-Beraterpraxis als Unternehmensbegleiter und Trainer tätig. Schwerpunkte sind Organisationsentwicklung, Projektmanagement, Qualitätsmanagement und Wissensnutzung. Tätigkeitsfelder sind Projekte und Trainings in Dienstleistungsbereichen wie Banken, Hotellerie und öffentliche Verwaltung.

Heute arbeitet er als Partner in der Netzwerk Kommunikation GmbH.

Er ist Vorstand der Fachgruppe Banken und Versicherungen im bdvb Bundesverband Deutscher Volks- und Betriebswirte e.V. Er ist ferner

Mitglied der DGQ Deutsche Gesellschaft für Qualität e.V., Mitglied der GPM Gesellschaft für Projektmanagement und der GABAL Gesellschaft zur Förderung anwendungsorientierter Betriebswirtschaft und aktiver Lehrmethoden in Fachhochschule und Praxis e.V.

Sebastian Wahl

Geboren 1958 in Saarbrücken. Er schloß das Studium der Pharmazie mit der Approbation als Apotheker ab und arbeitete als wissenschaftlicher Mitarbeiter im Fachbereich Pharmazeutische Chemie an der Universität des Saarlandes bis zur Promotion 1986.

1986–1991 war er bei SmithKline Beecham, München zuständig für Planung, Organisation und Bewertung klinischer Studien der Phasen II-IV. 1991 wurde er Abteilungsleiter am Forschungsinstitut für klinische Pharmakologie der SmithKline Beecham, Neuss mit Hauptaufgabenbereich Koordination der humanpharmakologischen Studien des Konzerns in Deutschland.

Seit 1992 ist Dr. Wahl Leiter der Projektkoordination der FOCUS Clinical Drug Development GmbH, Neuss.

Christoph Weyrather

Geboren 1957 in Düsseldorf. Er absolvierte eine Ausbildung zum Industriekaufmann bei dem Walzwerksbauer SMS Schloemann-Siemag. Danach schloß er ein Studium der Betriebswirtschaft als Diplom-Kaufmann ab. 1985 trat er als Referent in die Bonner Geschäftsstelle des Bundesverband Deutscher Unternehmensberater BDU e.V. ein.

Seit 1991 hat er die Geschäftsführung der BDU-Service- und Verlags-GmbH, des wirtschaftlichen Geschäftsbetriebs des BDU e.V., inne und übernahm 1994 zusätzlich die kaufmännische Geschäftsführung des BDU e.V.

Schlagwortregister

Verzeichnis der Mitglieder der Fachgruppen

Praxiserfahrene Berater der BDU-Fachgruppe Projektmanagement

Dipl.-Wirtschaftsing. Dr. Eric Schott M.A.
Campana & Schott
Realisierungsmanagement
Trierer Straße 21A, 50676 Köln
0221/23 54 59 (Tel), 0221/240 54 29 (Fax)

Dipl.-Betriebsw. Wolfgang Böhm
ERNST & YOUNG
Unternehmensberatung München GmbH
Elisenstraße 3A, 80335 München
089/559 85-0 (Tel), 089/559 85-444 (Fax)

Dr. Sebastian Wahl
FOCUS
Clinical Drug Development GmbH
Stresemannallee 6, 41460 Neuss
02131/1 55-242 (Tel), 02131/1 55-394 (Fax)

Dipl.-Kfm. Wilhelm Doetsch
FRASER Gesellschaft für
Projektmanagement GmbH
Kleiststraße 2, 45128 Essen
0201/8 20 53-0 (Tel), 0201/8 20 53-20 (Fax)

Dipl.-Kfm. Günter Rackelmann
GCA Gesellschaft für
Computeranwendungen mbH
Obermaierstraße 16-18, 90408 Nürnberg
0911/3 50 37-0 (Tel), 0911/3 50 37-11 (Fax)

Dipl.-Ing. Edward E. Gilor
Edward E. Gilor
Unternehmensberatung
Oldenburger Straße 22, 10551 Berlin
030/395 94 45 (Tel), 030/395 94 45 (Fax)

B. Ludwig Winkelhaus
GUO Unternehmens- und
Organisationsberatungsgesellschaft mbH
Oldenkottplatz 1, 48683 Ahaus
02561/ 10 25 (Tel), 02561/6 91 97 (Fax)

Dipl.-Betriebsw. Michael Harz
Michael Harz & Partner GmbH
Großblittersdorfer Str. 261, 66119 Saarbrücken
0681/87 20 21 (Tel), 0681/87 37 97 (Fax)

Dipl.-Kfm. Dr. Dietmar Lange
ICCON International
Consulting Cooperation GmbH
Karlsberger Weg 2, 70569 Stuttgart
0711/687 39 88 (Tel), 0711/687 39 89 (Fax)

Bernd R. Schwander
KPMG Unternehmensberatung GmbH
Barbarossaplatz 1a, 50674 Köln
0221/20 73-306 (Tel), 0221/20 73-205 (Fax)

Dipl.-Kfm. Thomas Köbberling
MICHEL-INSTITUT
für Unternehmensberatung GmbH
Mühlgasse 149, 96179 Rattelsdorf
09547/94 02-0 (Tel), 09547/2 23 (Fax)

Uwe Techt
Netzwerk Kommunikation GmbH
Pointstraße 9, 91233 Neunkirchen am Sand
09153/99 79 77 (Tel), 09153/99 79 79 (Fax)

Techn. Dipl. Betriebsw. Roland Ottmann
Ottmann & Partner GmbH
Management Consulting
Adenauerring 5, 90552 Röthenbach/Pegnitz,
0911/570 00 04 (Tel), 0911/570 76 95 (Fax)

Hans Helmut Pfaffmann
Ingenieurbüro Pfaffmann & Pooth
Merkurstraße 60, 67663 Kaiserslautern
0631/534 03 41 (Tel), 0631/534 03 41 (Fax)

Dipl.-Volksw. Rolf Kaestner
Projekt Partner
Kiekmoor 9, 22115 Hamburg
040/715 09 93 (Tel), 040/715 09 93 (Fax)

Dipl.-Betriebsw. Wilfrid Roßner
Unternehmensberatung BDU
WR Wilfrid Roßner
von-Gahlen-Straße 30, 40625 Düsseldorf
0211/28 49 75 (Tel), 0211/29 67 05 (Fax)

Klaus-Jürgen Bechler
Sietec Consulting GmbH & Co. OHG
Nonnendammallee 101, 13629 Berlin
030/386-27 484 (Tel), 030/386-28 395 (Fax)

Walter Skarka
Walter Skarka Unternehmensberater BDU
Heinrich-Heine-Str. 10, 01267 Neu-Anspach/Ts.
06081/88 26 (Tel), 06081/75 78 (Fax)

Dipl.-Ing. Manfred Saynisch
SPM Consult
Düppeler Straße 19, 81929 München
089/93 30 03 (Tel), 089/930 53 57 (Fax)

Wolfgang Klama
UfP Unternehmensberatung
für Projektmanagement GmbH
Pempelforter Straße 47, 40211 Düsseldorf
0211/36 99 82-84 (Tel), 0211/36 54 19 (Fax)

Dipl.-Ing. Hans-Ulrich Wegener
Wegener & Partner
Unternehmensberatung BDU
Karl-Friedrich-Straße 74, 52072 Aachen
0241/93 02 69 (Tel), 0241/17 56 14 (Fax)

Dipl.-Kfm. Roland Heß
WERKSTATT FÜR INNOVATION (BDU)
Unternehmensentwicklung und Training
Hohensteinallee 4, 14055 Berlin
030/3 04 94 61 (Tel), 030/3 04 77 32 (Fax)